Der hundertste Geburtstag Erich Fromms am 23. März 2000 ist für die Autoren dieses Bandes Anlaß zu der Frage, welche Aktualität die Erkenntnisse Erich Fromms an der Schwelle zum dritten Jahrtausend haben und welche seiner humanistischen Überzeugungen für die Gegenwart und Zukunft unserer Gesellschaft von bleibender Bedeutung sind.

In Abgrenzung zum Zeitgeist hat Fromm den Menschen ganzheitlich verstanden, indem er die biologischen, psychischen, sozialen und kulturellen Prägungsfaktoren in ihrer Wechselwirkung auf den Menschen erforscht hat. Doch Fromm untersuchte nicht nur, welche Bedingungen den Menschen in einer bestimmten Weise denken, fühlen und handeln lassen, er verband die wissenschaftliche Analyse immer auch mit der Frage nach den Voraussetzungen für ein gelingendes Leben. Dieses weitgespannte Interesse am Menschen ermöglicht es, den nachhaltigen Erkenntniswert seines Werkes in den verschiedensten Bereichen zu erheben: in Psychoanalyse und Sozialpsychologie, in Pädagogik und Sozialer Arbeit, im Bereich der Religion, der Politik und der Gesellschaftstheorie.

Rainer Funk, geboren 1943, ist Psychoanalytiker in eigener Praxis. Er war Fromms letzter Assistent, hat seine Schriften herausgegeben und ist sein literarischer Rechte- und Nachlaßverwalter.
Helmut Johach, geboren 1941, als Sozialtherapeut für Suchtkranke und als Supervisor tätig, war jahrelang Schriftleiter des *Jahrbuchs der Internationalen Erich-Fromm-Gesellschaft.*
Gerd Meyer, geboren 1942, ist Professor für Politikwissenschaft an der Universität Tübingen und auf Fragen der Politischen Kultur und Politischen Psychologie spezialisiert.

Erich Fromm heute

Zur Aktualität seines Denkens

Herausgegeben von
Rainer Funk, Helmut Johach und Gerd Meyer

Deutscher Taschenbuch Verlag

Originalausgabe
Januar 2000
© Deutscher Taschenbuch Verlag GmbH & Co. KG,
München
Umschlagkonzept: Balk & Brumshagen
Umschlagfoto: Erich Fromm, 1974 (© BPK, Berlin)
Satz: Fotosatz Reinhard Amann,
Aichstetten
Gesetzt aus der Stempel Garamond 9,5/10˙
Druck und Bindung: C.H. Beck'sche Buchdruckerei,
Nördlingen
Gedruckt auf säurefreiem, chlorfrei gebleichtem Papier
Printed in Germany · ISBN 3-423-36166-2

Inhalt

RAINER FUNK, GERD MEYER, HELMUT JOHACH
Einleitung: Die Aktualität Erich Fromms 7

RAINER FUNK
Psychoanalyse der Gesellschaft
Der Ansatz Erich Fromms und seine Bedeutung
für die Gegenwart 20

GERD MEYER
Gesellschafts-Charaktere in Deutschland:
Eine »Charaktermauer« zwischen Ost und West? 46

HELMUT JOHACH
Gelebter Humanismus
Zeitdiagnose und politisches Engagement 68

BURKHARD BIERHOFF
Gesellschafts-Charakter und Erziehung 85

HELMUT WEHR
Biophile Alternativen in der Weiterentwicklung der Schule ... 101

LUDWIG PONGRATZ
Ökonomisierung der Bildung
Eine Packungsbeilage zu Risiken und Nebenwirkungen 121

JÜRGEN KALCHER
Über die Vermessenheit des Messens Sozialer Arbeit 138

VOLKER FREDERKING
Vom Haben zum Sein
Fromms Gesellschaftskritik und die Mystik Meister Eckharts 156

JÜRGEN HARDECK
Humanismus und Religion
Pluralismus der Wege, nicht der Werte 171

JAN DIETRICH
Religion und Gesellschafts-Charakter 187

CARSTEN SCHMIDT
Der Umgang mit der NS-Vergangenheit im Spannungsfeld
zwischen individuellem und gesellschaftlichem Unbewußtem   203

K. PETER FRITZSCHE
Die neue Furcht vor neuen Freiheiten 218

RAINER OTTE
Es geht um den Menschen!
Erich Fromms Bedeutung für eine Weltwirtschaftsethik 232

Die Autoren 246
Nachweise der Zitate aus dem Werk Erich Fromms 250

Einleitung:
Die Aktualität Erich Fromms

Erich Fromm wäre am 23. März 2000 hundert Jahre alt geworden. Dies ist Anlaß genug, das Lebenswerk des 1980 verstorbenen Psychoanalytikers, Sozialphilosophen und Humanisten zu würdigen. Sein Einfluß auf die Kritische Theorie der Frankfurter Schule, die Entdeckung des autoritären und später des »Marketing«-Charakters sowie der Nekrophilie und seine Bedeutung als zentrale Figur des Humanismus des 20. Jahrhunderts sind ebenso erwähnenswert wie die weltweite Wirkung seiner Bücher *Die Furcht vor der Freiheit* (1941), *Die Kunst des Liebens* (1956) oder *Haben oder Sein* (1976).

Die Beiträge des Bandes illustrieren – auf bestimmte Anwendungsbereiche bezogen – Erkenntnisse Fromms, die von bleibender Bedeutung sind. Zunächst jedoch sollen hier einige wichtige allgemeine Einsichten dieses Humanisten und Gesellschaftskritikers skizziert werden.

Das Marketing als neues Strukturprinzip

In keiner uns bekannten Epoche der Menschheit hat das Marketing eine so umfassende und alle Lebensbereiche bestimmende Bedeutung gehabt wie im ausgehenden 20. Jahrhundert. Das Marketing (im Sinne von »Vermarktung«) ist zur Philosophie der Wirtschaft, ja für viele heute zum Sinn des Lebens geworden. Alles orientiert sich daran, ob sich etwas »vermarkten« läßt: Politik richtet sich fast ausschließlich danach, was beim Wähler »ankommt« und das eigene Image fördert; Religion ist wahr, wenn sie »'rüberkommt«; Kultur mißt sich am Umsatz, also daran, wie gut sie sich verkaufen läßt; Persönlichkeit gilt es zur Darstellung zu bringen (dann hat man eine »Ausstrahlung«); Not, Bedürfnisse, Wünsche sind interessant, solange man mit ihnen Geschäfte machen kann; soziale Dienste haben sich am Kunden zu orientieren usw. Die Zauberformel heißt überall: Orientierung am Marketing.

Dies war vor fünfzig Jahren noch völlig anders. Damals war das wirtschaftliche, gesellschaftliche und kulturelle Leben vom Anspruch auf »Herrschaft« (in Form von Kapital, Wissen, Standes- oder Klassenzugehörigkeit, Macht, Wahrheitsbesitz, Sachkompetenz usw.) bestimmt. Fromm hatte als erster Psychologe in den dreißiger Jahren mit dem Konzept der »autoritären Orientierung« aufgezeigt, daß der Anspruch auf Herrschaft damals alle Bereiche menschlichen Lebens dominierte und strukturierte. Was gemeinhin mit den »68er Jahren« apostrophiert wird, läßt sich als Protest gegen diese autoritäre Orientierung verstehen und bildete eine Voraussetzung dafür, daß die Marketing-Orientierung dominant werden konnte.

Mit Fromms Konzept der Marketing-Orientierung, von ihm bereits in den vierziger Jahren entwickelt, lassen sich viele Zeichen der Zeit verstehen. Konformismus, Flexibilität, Mobilität, Leistungswille, Individualisierung, Egoismus, Sentimentalisierung, »Coolness« usw. sind deshalb Leitwerte des gegenwärtigen Menschen, weil sie unerläßliche Voraussetzungen für ein erfolgreiches Marketing sind und weil das Marketing zum wichtigsten strukturierenden Prinzip in den meisten Lebensbereichen geworden ist.

Psychologisch gesehen bedeutet die Orientierung am Marketing immer, daß nicht das eigene Sein zählt – also die tatsächlichen Fähigkeiten, Eigenheiten, Bedürfnisse, Gefühle, Gedanken eines Menschen –, sondern das, was sich verkaufen läßt, was ankommt, was vielversprechend verpackt ist. Es kommt nicht auf das eigene Sein und den tatsächlichen Inhalt an, sondern auf die Vorspiegelung und die Inszenierung. Nicht das, was faktisch gegeben ist, sondern das, was erzeugt und suggeriert werden kann, bringt weiter, ist und macht erfolgreich. So führt die Marketing-Orientierung faktisch zu einer Entwertung des Seins und des authentischen Selbsterlebens des Menschen.

Diesen Mangel an (Selbst-)Sein und im Selbsterleben versucht der Mensch auf verschiedene Weise zu kompensieren. Fromm hat einige der häufig praktizierten Kompensationsversuche aufgezeigt und damit zugleich der Gesellschaft »Spiegel« in die Hand gegeben, in denen sie sich und ihr Tun und Streben wiedererkennen kann.

Haben statt sein

Der mit der Marketing-Orientierung einhergehende Mangel an (Selbst-)Sein wird heute von vielen Menschen bevorzugt dadurch kompensiert, daß sie sich statt am (Selbst-)Sein am Haben orientieren. Die zweite, noch immer aktuelle Erkenntnis Fromms ist deshalb die Orientierung am Haben statt am Sein.

Wurde die Alternative »Haben oder Sein« nach dem Erscheinen des gleichnamigen Buches im Jahr 1976 vor allem als Aufforderung zum Verzicht, zum Nicht-Haben und Nicht-Besitzen (miß-)verstanden, so wird ihre eigentliche Bedeutung erst mit dem durch das Erstarken der Marketing-Orientierung bewirkten Verlust des (Selbst-)Seins offenkundig: Dieser Verlust an Eigenem wird etwa spürbar im Gefühl einer inneren Leere und in einem permanenten Verlangen, sich etwas aneignen zu müssen; in einer quälenden Langeweile, bei der man mit sich nichts anzufangen weiß; in einem Unvermögen, von innen heraus aktiv zu sein; in einer depressiven Antriebslosigkeit, bei der ohne äußere Stimulation »nichts los« ist; manchmal wird der Verlust des (Selbst-)Seins in Verlustängsten spürbar, die als Panikattacken erlebt werden, sobald man mit seinem Selbst alleingelassen ist.

Wie immer auch der Mangel an Sein erlebt wird, das Unvermögen, aus sich selbst etwas hervorzubringen, wird noch immer bevorzugt dadurch kompensiert, daß man sich etwas aneignet. Haben-Orientierung meint dabei gerade nicht, daß man fehlende immaterielle Güter durch materielle Güter ersetzt. Im Gegenteil, das Haben bezieht sich heute in zunehmendem Maße auf immaterielle Güter wie Kreativität, Gesundheit, Aktivität, Lebendigkeit, Spontaneität, Innovationskraft usw. Haben-Orientierung meint immer die ersatzweise und kompensatorische Konstituierung des (Selbst-)Seins durch das Haben – das Haben von Werten, Überzeugungen, Wissen, Ansehen, Recht, Wahrheit, Schönheit usw. Die Logik ist immer: nicht das, was wir aus eigenem Vermögen hervorbringen und aus uns »herausführen« (»pro-ducere«) können, ist wichtig, sondern das, was wir in uns hineintun, uns aneignen können. Eigentum entsteht nicht durch Aktualisierung des Eigenseins, sondern durch Aneignung von außen. Darum scheint die Orientierung am Haben wertvoller zu sein als die Orientierung am Sein. Das Habenwollen tritt an die Stelle des Seinwollens.

Die Bevorzugung inszenierter Wirklichkeit

Eine dritte Erkenntnis Fromms knüpft unmittelbar an die Kompensation des Seins durch die Orientierung am Haben an. Das Habenwollen erstreckt sich nicht nur auf Waren, Beziehungen, Werte usw., sondern auf ein anderes Wirklichkeitserleben. Statt die vorgegebene Wirklichkeit wahrzunehmen und zu gestalten, gilt es, Wirklichkeit zu inszenieren und inszenierter Wirklichkeit den Vorzug zu geben.

Der mit dem Erstarken der Marketing-Orientierung einhergehende Verlust an (Selbst-)Sein führt auch zu einer Schwächung der Ich-Funktionen. Wichtige Funktionen des Ichs sind die Realitätskontrolle und das Vermitteln von eigenen Bedürfnissen, Wünschen, Gegebenheiten einerseits mit den Gegebenheiten und Anforderungen der Außenwelt andererseits. Zu den Gegebenheiten der Außenwelt gehört, daß sie uns die Befriedigung unserer wichtigsten körperlichen, psychischen und geistigen Bedürfnisse ermöglicht, aber auch bedrohlich, hinderlich und enttäuschend sein kann. Diese Ambivalenz der Wirklichkeitserfahrung wird um so besser ausgehalten und positiv bewältigt, je mehr wir fähig sind, aus unserem eigenen Sein zu leben und auf eigenen Füßen zu stehen. Wer aus seinem eigenen Vermögen leben kann, erlebt sein Ich stabiler (»Ichstärke«), verhält sich realitätsgerechter (»Wirklichkeitssinn«), kann Versagungen leichter ertragen (»Frustrationstoleranz«) und sich mit der Endlichkeit des Lebens besser abfinden (»Leidfähigkeit«).

Die Schwächung des (Selbst-)Seins geht mit einer Schwächung der genannten Ich-Funktionen einher, so daß sich der Versuch, den Mangel an (Selbst-)Sein zu kompensieren, bevorzugt darauf konzentriert, die Schwächung der Ich-Funktionen zu kompensieren. Die Lösung lautet hier: Statt die Wirklichkeit in ihrer Ambivalenz wahrzunehmen, erzeugt, konstruiert und inszeniert man sich eine Wirklichkeit, die so beschaffen ist, daß sich die Ich-Funktionen (Ichstärke, Wirklichkeitssinn, Frustrationstoleranz, Leidfähigkeit usw.) weitgehend erübrigen. Die Alternative: Wahrnehmung und Erforschung oder Konstruktion und Inszenierung von Wirklichkeit hat es schon immer gegeben. (Man denke nur an die Inszenierung von illusionärer Wirklichkeit in der Religion zur Zeit des Absolutismus.)

Die Möglichkeit, Wirklichkeit zu inszenieren, statt sie mühsam, leid- und versagungsvoll wahrzunehmen, hat aber mit den Errungenschaften der Technik und der industriellen Produktion, vor allem aber mit Hilfe der elektronischen Medientechnik und Unterhaltungsindustrie eine ungeheure Verführungskraft erlangt. Die »Unterhaltungsgesellschaft«, die »Erlebnisgesellschaft«, die »Informationsgesellschaft« – wie immer auch all die Trendbegriffe heute heißen –, sie setzen vor allem auf die Inszenierung von Wirklichkeit. Die künstlich geschaffenen Erlebniswelten sind aufregender und spannender als das Erleben der Natur oder die Beziehung zu den Kindern; die vermittelte Nachricht ist glaubwürdiger als die selbst ermittelte; in den vom Menschen geschaffenen virtuellen Welten fühlt man sich mehr zu Hause als in den eigenen vier Wänden. Die Faszination für Drogen und halluzinogene Manipulationen und Wirkstoffe erklärt sich aus der Bevorzugung selbst erzeugter Wirklichkeit und Wirklichkeitswahrnehmung. »Cyberwelt« ist »in«, weil die selbst erzeugte Wirklichkeit als wirklicher und willkommener erachtet wird als die reale Wirklichkeit.

Fromm hat bereits in seinem Erstlingswerk *Die Furcht vor der Freiheit* (1941a, GA I) erkannt, daß Menschen, deren Selbst geschwächt ist, diesen Mangel mit der Erzeugung von »Pseudo-Wirklichkeiten« kompensieren. Er illustrierte diese Erzeugung damals mit dem hypnotischen Experiment und sprach von Pseudo-Denken, Pseudo-Fühlen, Pseudo-Wollen und Pseudo-Handeln. Heute könnte man provokativ sagen, daß die uns über Werbung und Medien vermittelte Wirklichkeit zu einer kollektiven Hypnotisierung führt und es sich kaum noch ausmachen läßt, ob das, was die Mehrheit denkt und fühlt, Produkt einer Massenhypnose ist oder das Ergebnis einer tatsächlichen Wirklichkeitserkenntnis vieler Menschen. Folgerichtig wird in der Postmoderne die Wahrheitsfrage und die Suche nach der Wirklichkeit als illusorisch und altmodisch denunziert. In den siebziger Jahren sprach Fromm vom »kybernetischen« Menschen und sah einen Zusammenhang zwischen dem Funktionieren des kybernetischen Menschen und schizophrenen Prozessen.

Kollektive narzißtische Größenphantasien
und die Ächtung des Schwachen

Eine vierte Erkenntnis Fromms von bleibender Bedeutung ist sein Narzißmuskonzept und die Erkenntnis, daß gerade Gruppen dazu neigen, ihr Minderwertigkeitserleben mit kollektiven narzißtischen Größenphantasien zu kompensieren.

Die Anfang der sechziger Jahre entdeckte Bedeutung kollektiver narzißtischer Größenphantasien kommt erst heute richtig zum Tragen, wo immer mehr Menschen an Gefühlen innerer Leere, Depressivität, Langeweile und Nichtigkeit leiden. Wird der Mangel an Sein und Eigenvermögen nicht mit der Inszenierung einer weniger frustrierenden und leidvollen Wirklichkeit kompensiert, kommt es immer häufiger dazu, daß das geschwächte Selbsterleben mit Hilfe phantasierter eigener Großartigkeit kompensiert wird. Man inszeniert also keine paradiesische, selbstgesteuerte Wirklichkeit, sondern ein Größenselbst, das das minderwertige Selbsterleben vergessen läßt.

Dieser narzißtische Kompensationsversuch führt freilich nicht nur dazu, daß man sich selbst großartig (»grandios«), unfehlbar, perfekt und auf der ganzen Linie als Sieger erlebt, sondern man braucht immer andere, auf die das eigene Versagen, das Fehlbare, Schmutzige, Häßliche, Unvollkommene, das bei einem selbst nicht erlebt werden darf, projiziert wird. Narzißtische Menschen spalten einfach den Mangel im (Selbst-)Sein von sich ab, verlagern ihn in ihre Umwelt und bekämpfen ihn dort. Dieses Aufspalten des ambivalenten Selbsterlebens geschieht einerseits dadurch, daß sie eine dicke (unsichtbare) Mauer um sich herum aufbauen, die sie vor jeder Kritik und Infragestellung ihrer Grandiosität schützt, andererseits durch eine aktive Verteufelung derer, auf die der eigene »Müll« projiziert wurde, um sich diese vom Leib zu halten.

Nähe und Verbundenheit zu anderen Menschen gibt es bei der narzißtischen Kompensation nur dann, wenn der andere oder die anderen die eigene Grandiosität teilen, fördern, spiegeln, ergänzen. Diese anderen werden als Anbetungsverein oder Fan-Club, als Leibeigene oder Spiegel der eigenen Großartigkeit akzeptiert. Solange sie dieser Funktion gerecht werden und zur eigenen größeren Ehre beitragen, wird ihre Nähe wertgeschätzt und bekommen sie etwas vom eigenen Glanz ab. Entpuppen sie sich als Kritiker, Nestbeschmutzer, autonom denkende, fühlende und handelnde Menschen, dann muß man sie sich vom Hals schaffen.

Fromms bis heute nur wenig rezipierter Beitrag besteht darin, daß er diese narzißtische Dynamik in seinem Buch *Die Seele des Menschen* (1964a, GA II) auch auf soziale Größen angewandt hat. Auf diese Weise läßt sich nicht nur verstehen, was nationalistische, rassistische und fundamentalistische Bewegungen motiviert und warum es nach dem Ende des Kalten Krieges und dem Fall des Eisernen Vorhangs in Europa zu neuen Formen des Fremdenhasses kommt. Auch im mikro-sozialen Bereich der Paar- und Familienbeziehung läßt sich diese narzißtische Überhöhung des Eigenen und die Entwertung und Stigmatisierung des Nicht-Eigenen auffinden: Das traute Glück der Zweisamkeit lebt nur allzuoft von der Projektion aller Aggressivität auf die böse Umwelt; das harmonische Binnenleben der Familie gründet auf der Entwertung aller, die nicht zum eigenen Clan gehören; der Zusammenhalt der alternativen Gruppierung braucht die Chemiegiganten als Umweltfeinde ebenso lebensnotwendig wie die Erfolgreichen in Wirtschaft und Politik die Ausgrenzung der Leistungsschwachen brauchen, um vom eigenen Versagen ablenken zu können.

Fromms Aktualität läßt sich ohne Zweifel bestens ins Bild bringen, wenn man den interaktions-sozialen, gruppenspezifischen und kollektiven Narzißmus ins Auge faßt, der für Gruppierungen typisch ist, die beim Marketing auf die Verliererseite geraten sind oder die von vornherein vom System zu Verlierern und Versagern gemacht und durch eine soziale und finanzielle Ächtung aus dem Blickfeld der Erfolgreichen verbannt werden wie etwa Behinderte, chronisch Kranke, psychisch Überforderte, Drogenabhängige, Langzeitarbeitslose.

Die Faszination für das Leblose und Dingliche

Neben der Marketing-Orientierung hat Fromm in den sechziger Jahren eine weitere, immer deutlicher zutage tretende Grundstrebung entdeckt: die heute immer stärker werdende Faszination für das Leblose und Dingliche. Auch mit ihr wird ein Mangel an (Selbst-)Sein und Selbsterleben wettgemacht. Wer nicht aus seinem

Sein und Eigenvermögen lebt, fühlt sich innerlich leblos und ist auf belebende Stimuli angewiesen. Ein immer häufiger praktizierter Ausweg aus dieser Misere besteht darin, sich mit dem Leblosen zu identifizieren und alles das attraktiv zu finden, was dinglich und leblos ist bzw. in diesen Zustand gebracht werden kann.

Fromm hat lange gezögert, bis er (1964 in dem Buch *Die Seele des Menschen* und dann 1973 in dem Buch *Anatomie der menschlichen Destruktivität*) das Konzept einer solchen »nekrophilen« (von »ne-kros« = Leichnam, Lebloses) Grundstrebung in den hochindustrialisierten Gesellschaften veröffentlicht hat. Sie folgt immer der Logik, alles, was leblos und tot ist, attraktiver zu finden als das, was lebendig ist. Spektakulärer Ausdruck der Nekrophilie sind gewalttätige Exzesse einzelner Gruppierungen (zum Beispiel Autonome, Hooligans, Rechtsradikale, Terroristen, gewaltbereite Fundamentalisten, fanatische Abtreibungsgegner). Für solche Gruppierungen ist die Destruktivität zum Selbstzweck geworden. Sie üben »grundlos« Gewalt aus, das heißt aus purer Faszination für das Gewalttätige. Viele Gewaltexzesse (im Zusammenhang mit Fremdenhaß, bei Fußballspielen, schwarzen Messen, Schießereien in Schulen, kollektiven Suiziden, aber auch völlig unmotivierte, aus der puren Langeweile und »weil nichts los ist« geborene Gewalthandlungen) lassen sich als Kompensationen einer meist nicht selbst verschuldeten Unfähigkeit, das Leben lieben zu können, verstehen nach dem Motto: Wenn ich aus einem mangelhaften Selbstvermögen schon nicht lieben und beleben kann, dann will ich wenigstens im Zerstören mich selbst erleben können.

So sehr die Nekrophilie in einem Mangel an (Selbst-)Sein und lebendigem Selbstvermögen wurzelt, so läßt sich dieses Defizit jedoch nur begrenzt mit der heute allgegenwärtigen Marketing-Orientierung begründen. Die Wurzeln für die nekrophile Gewalt reichen tiefer und haben mit der seit Jahrhunderten wachsenden Attraktivität des Berechenbaren zu tun. Berechenbar sind freilich nur Dinge oder lebendige Prozesse, die zum Zwecke der Berechnung verdinglicht werden. Lebloses und Berechenbares attraktiver zu finden als das Lebendige ist heute zum Allgemeingut geworden, entspricht dem »Zeitgeist« und wird vom »gesunden Menschenverstand« diktiert.

Die nekrophile Faszination für das Leblose und Dingliche stellt mindestens eine ebenso große Bedrohung des Lebens und der Kultur dar wie die Gewaltexzesse autonomer oder neonazistischer Gruppierungen. Angesichts der weitverbreiteten Ratlosigkeit, die

Faszination für das Leblose zu verstehen und Wege zu finden, wie ihr gegengesteuert werden kann, sind Fromms Einsichten in die Psychodynamik des Nekrophilen von größter Aktualität.

Gerade die zuletzt genannte Konkretisierung der Aktualität Fromms läßt verstärkt fragen, was Fromm als Alternative zu bieten hat, ob er Antworten weiß und, wenn ja, ob seine Antworten noch aktuell sind. Eine letzte Verdeutlichung der Aktualität Fromms handelt deshalb von seinem Wissen um die Kunst des Lebens.

Das Wissen um die Kunst des Lebens

Fromm hat immer den Versuch gemacht, auch Lösungsstrategien zur Bewältigung der von ihm erkannten Fehlentwicklungen zu finden. Dies meint freilich nicht, daß Fromm Rezepte und Verhaltensnormen mitgeteilt hätte, deren Anwendung zu Lösungen führen würden. Mit »Lösungsstrategien« sind Orientierungen, Zielvorgaben und Leitwerte menschlichen Wollens gemeint, die dem konkreten normativen Verhalten eine bestimmte Ausrichtung und Qualität geben sollen.

Um einige Beispiele zu nennen: Wenn ein bestimmtes Verhalten der Orientierung am Haben folgt, dann bietet Fromm eine alternative Lösungsstrategie an, nämlich das konkrete Verhalten so zu gestalten, daß in ihm das Sein und das Eigenvermögen zum Ausdruck kommen. Wenn mit einer konkreten Verhaltensreaktion die Fähigkeit, ein Versagen auszuhalten, umgangen wird, indem man in eine illusionäre Wirklichkeit flieht oder Zuflucht zu Grandiositätsphantasien nimmt, dann plädiert Fromm dafür, das Versagen und die Enttäuschung auszuhalten und damit die Eigenkraft der Frustrationstoleranz zu stärken. Dies hat nichts mit dem Ideal des Verzichts zu tun, sondern ist ein Plädoyer für die Stärkung des Selbsterlebens. Oder: Wenn ein konkretes Verhalten die Unterwerfung unter die Autorität eines anderen Menschen zum Ziel hat, dann bietet Fromm als alternative Lösung den Ungehorsam an, um zu vermeiden, daß jemand durch sein Verhalten seine Autonomie verliert. Auch hier hat die Aufforderung zum Ungehorsam nichts mit Aufruhr und Rebellion zu tun, sondern soll die Selbständigkeit als Ausdruck des Eigenvermögens sichern helfen.

Darin, daß Fromm nicht müde wurde, solche Lösungsstrategien zu benennen, unterscheidet er sich von den meisten anderen früheren Mitstreitern im Institut für Sozialforschung, die ihn wegen seines Wissens um Alternativen des Rückfalls in idealistisches Denken beschuldigt haben. Dieses Wissen um Alternativen und Fromms Fähigkeit, die Alternativen plausibel machen zu können, ist sicher ein wesentlicher Grund dafür, warum Fromms Denken eine so nachhaltige Wirkung zeigt.

Der tiefere Grund ist aber noch ein anderer: Fromm war zeitlebens bemüht, an sich zu arbeiten und sein Selbsterleben von Verdrängungen und Projektionen zu befreien, um auf diese Weise sein (Selbst-)Sein zu erweitern und zu stärken. Insofern war das, was Fromm an Entfremdung und Mangel des Selbsterlebens erkannte, für ihn nicht das Ergebnis einer Analyse der Gesellschaft »da drüben«, sondern immer zugleich auch ein Stück Selbsterkenntnis. Er verstand sich selbst als Manifestation der Gesellschaft, so daß Veränderung der Gesellschaft mit der Veränderung der in ihm spürbaren Defizite an (Selbst-)Sein zu beginnen hat. Dies unterscheidet Fromm von vielen anderen Wissenschaftlern und Gesellschaftskritikern, die die Defizite nur in ihrem Erkenntnisobjekt auszumachen versuchen und die Wissenschaftlichkeit ihrer Erkenntnisse gerade dadurch zu sichern meinen, daß die Untersuchungsmethode subjektive Faktoren und Defizite auszuschließen hat.

In dieser Hinsicht verbindet Fromm wenig mit dem, was heute meistens unter »Wissenschaft« verstanden wird. Vielmehr steht er diesbezüglich Literaten und Künstlern näher, die in ihrem künstlerischen Tun ihr Leiden an der Gesellschaft in sich selbst erkennen und kreativ durch die Aktivierung ihres künstlerischen Talents zu gestalten versuchen. Genau dies ist der gemeinsame Nenner von Fromms Lösungsstrategien: den Mangel, aus sich selbst und seinen Eigenkräften leben zu können, zu spüren, an ihm zu leiden und mit der Aktualisierung des in jedem Menschen selbst liegenden Vermögens kreativ – oder wie Fromm sagt: pro-duktiv – zu antworten.

Solche »Lösungsstrategien« oder »pro-duktiven« Orientierungsmodelle besagen immer, daß die geistigen, psychischen und körperlichen Eigenkräfte und Möglichkeiten des Menschen aktualisiert und potenziert werden – nach dem Vorbild der Kunst. Um den Vergleich mit dem Tun des Künstlers fortzuführen: Das, was bei der Realisierung der Eigenkräfte herauskommt, das »Produkt«, ist die Kunst des Lebens.

Diese Kunst des Lebens ist gekennzeichnet durch

- die Fähigkeit, in liebender Weise auf andere bezogen zu sein, an ihrem Anderssein interessiert zu sein und dieses Eigensein des anderen respektieren zu können (= Liebesfähigkeit);
- die Fähigkeit, trotz des Angewiesenseins (nicht Abhängigkeit) auf andere auf eigenen Füßen zu stehen und die Ansprüche auf Autonomie (nicht Autarkie) auch durchsetzen zu können, also andere auch enttäuschen zu können (= Autonomiefähigkeit);
- die Fähigkeit, sich selbst auch in den verdrängten und verleugneten Persönlichkeitsaspekten wahrnehmen zu können (= Selbsterkenntnis);
- die Fähigkeit, sich selbst in seiner Ambivalenz als vermögendes und fehlbares, schöpferisches und vergängliches Wesen erleben zu können (= ambivalentes Identitäterleben: Selbstbewußtsein; Selbstsicherheit; Selbstliebe; Angst-, Schuld- und Schamfähigkeit);
- die Fähigkeit, die Wirklichkeit in ihrer Gegebenheit, ohne Verzerrungen durch Wunschbilder und ohne durch Angst erzeugte Verleugnungen wahrnehmen zu können (= Wirklichkeitssinn; Vernunftfähigkeit);
- die Fähigkeit, die Wirklichkeit in ihren befriedigenden und versagenden, erfreulichen und bedrohlichen Aspekten gleichermaßen erleben zu können (= ambivalentes Wirklichkeiterleben: Ichstärke; Leidfähigkeit, Frustrationstoleranz, Lebensfreude).

Die Beiträge – eine Übersicht

So naheliegend es ist, anläßlich eines hundertsten Geburtstags auf Leben und Werk *zurück*zublicken, so wird mit den hier versammelten Beiträgen eine andere Blickrichtung gewählt. Die Autoren lassen sich von der Frage nach der *Aktualität der Erkenntnisse Erich Fromms für die Gegenwart* leiten: Wie aktuell sind sie für den Menschen an der Schwelle zum dritten Jahrtausend? Welcher wissenschaftlichen Erkenntnis, welcher Sicht des Menschen, welcher Deutung gesellschaftlicher Prozesse, welcher Analyse kultureller Entwicklung kommt eine bleibende Bedeutung zu?

Die Beiträge dieses Bandes handeln von der Aktualität Fromms unter verschiedenen Perspektiven. Zunächst fragen die drei Herausgeber nach der Bedeutung des psychoanalytischen Ansatzes Fromms und seiner Sozialpsychologie: *Rainer Funk* zeichnet den Weg nach, wie Fromm zu seinem Verständnis von Psychoanalyse der Gesellschaft kam, und hebt seine Bedeutung für die Gegenwart am Beispiel der heute allgegenwärtigen Marketing-Orientierung hervor. *Gerd Meyer* zeigt am Beispiel einer an Fromm orientierten sozialpsychologischen Studie über Gesellschafts-Charakterorientierungen von LehrerInnen in Ost- und Westdeutschland nach der Wende (*»Die Charaktermauer«*) Ertrag und Relevanz, aber auch offene Fragen des Frommschen Ansatzes auf. *Helmut Johach* befaßt sich, ausgehend von Fromms deutsch-jüdischer Biographie, vor allem mit den praktischen Konsequenzen seiner humanistischen Grundhaltung und zieht Verbindungslinien zur aktuellen politischen Situation.

In einem zweiten Teil wird Fromms Aktualität unter der Perspektive von Pädagogik und Sozialer Arbeit erhoben. *Burkhard Bierhoff* untersucht den Einfluß sich verändernder Sozialisationsbedingungen auf den Gesellschafts-Charakter der heutigen jungen Generation. *Helmut Wehr* stellt dar, wie sich die Rollen von Schülern und Lehrern verändern würden, wenn Fromms Biophilie-Konzept breiten Eingang in die Schule fände. *Ludwig Pongratz* analysiert die Einwirkungen der Marketing-Orientierung auf das Verständnis von Bildung und Weiterbildung, während *Jürgen Kalcher* mit Fromm die quantifizierende Sozialpsychologie und deren Wirkung auf die Soziale Arbeit kritisch betrachtet.

Drei weitere Beiträge fragen nach der Aktualität des Frommschen Konzepts einer humanistischen Religion. *Volker Frederking* zeigt, in welch radikaler Weise bereits Meister Eckhart die in Fromms Alternative von Haben oder Sein enthaltene Gesellschaftskritik vorweggenommen hat. Während *Jürgen Hardeck* die Unterscheidung von autoritärer und humanistischer Religion für ein undogmatisches, mehr auf »Seel-sorge« zielendes Religionsverständnis fruchtbar zu machen versucht, fragt *Jan Dietrich* mit Fromm unter sozialpsychologischer Perspektive nach der Religion und der Funktion, die der Gesellschafts-Charakter für die Religion in ihrer historischen Verfaßtheit hat.

Die drei abschließenden Beiträge zeigen beispielhaft die gesellschaftspolitische Relevanz und Aktualität des Frommschen Denkens auf. *Carsten Schmidt* untersucht am Beispiel von Martin Walsers Rede in der Paulskirche am 11. Oktober 1998 Elemente der Angst, des individuell wie kollektiv Verdrängten oder des »gesellschaftlichen Unbewußten« (Fromm) im Umgang mit der NS-Vergangenheit. *K. Peter Fritzsche* greift die in Fromms Buch *Die Furcht vor der Freiheit* entwickelten Grundgedanken der Flucht vor der Freiheit auf und illustriert, wie Modernisierung und der gegenwärtige Systemwechsel zwar neue Freiheiten ermöglichen, aber auch zu »sozialem Stress« führen. *Rainer Otte* schließlich reflektiert die Globalisierung im Lichte von Fromms Aussage, daß das physische Überleben der Menschheit von einer »radikalen seelischen Veränderung des Menschen« abhängt, und sucht Grundzüge einer Weltwirtschaftsethik zu entwickeln.

Alle Beiträge verdeutlichen, daß Fromm mit seiner Anleitung zur Kunst des Lebens Modelle und Orientierungen geschaffen hat, mit denen sich eine humanistische Ethik begründen läßt, die Leitwerte für die humanistische Organisation und Strukturierung von Wirtschaft, Gesellschaft, Politik und Kultur zu formulieren imstande ist. Freilich sind seine Antworten meistens konträr zum Mainstream der am Marketing und an der nekrophilen Berechenbarkeit orientierten Wirtschaft und Gesellschaft. Darum scheiden sich gerne die Geister an Fromm. Die einen halten ihn für einen blauäugigen Illusionisten oder machen ihn wegen seiner Gesellschaftskritik zu einem Pessimisten, die anderen spüren in seinen Erkenntnissen und Schriften einen unerschütterlichen Glauben an den Menschen, der ihnen Mut macht bei der eigenen Suche nach der Kunst des Lebens. So hat die bleibende Aktualität Fromms ihren eigentlichen Grund in der Aktualität der Kunst des Lebens.

Rainer Funk, Gerd Meyer und Helmut Johach

Psychoanalyse der Gesellschaft
Der Ansatz Erich Fromms und seine Bedeutung für die Gegenwart

Schwächen zuzugeben, Fehler einzugestehen, Schwierigkeiten zu haben, traurig zu sein, sich ohnmächtig zu fühlen – dies alles schickt sich nicht für ein Mitglied der Erfolgs-, Erlebnis-, Fun-, Risiko- und Karrieregesellschaft. Wer erfolgreich sein will, der kann sich nicht damit begnügen, das negative Selbsterleben vor anderen und vor sich selbst zu verstecken; vielmehr darf er es nicht mehr fühlen und seiner auch nicht mehr gewahr sein. Er übt sich darin, nur noch positiv zu denken, und fängt an, alles Schwache und jedes Erleben von Versagen bei sich selbst und bei anderen aus seinem Bewußtsein zu verdrängen. Mehr noch: Wer wirklich erfolgreich sein will, der muß immer »gut drauf sein« und sich gut fühlen, die Menschen um ihn herum interessant und belebend finden und zu jenen, die schwach sind und versagen, auf Distanz gehen, sie aus seiner Lebenswelt ausschließen. Um zu den Erfolgreichen zu gehören, wird das Erleben von Schwäche unterdrückt, verdrängt oder verleugnet.

Daß es diesen Typus von Erfolgsmensch heute gibt und daß er das Denken, Fühlen und Handeln von immer mehr Menschen bestimmt, kann kaum in Abrede gestellt werden. So liegt es nahe, solche gesellschaftlichen Entwicklungen zum Gegenstand der Psychoanalyse zu machen. Dabei sind es zwei Phänomene, die es zu erklären gilt: zum einen das soziologische Phänomen, daß immer mehr Menschen versuchen, diesem Typus zu entsprechen; zum anderen das psychologische Phänomen, daß dieser Typus von Mensch immer attraktiver und dominanter wird, das heißt, daß mit immer noch größerer Leidenschaftlichkeit versucht wird, diesem Typus zu entsprechen. Erfolgreich zu sein und alles Schwache zu verdrängen und zu verleugnen, ist nicht einfach nur eine vorübergehende Modeerscheinung, sondern ein Phänomen, das sich beständig zeigt, an Intensität zunimmt, alle Lebensbereiche zu durchdringen versucht und selbst dort am Werk ist, wo das Erfolgsstreben dysfunktional und kontraproduktiv ist, wie etwa bei einer Erkrankung oder bei einem Verlust.

Die zuletzt genannten Beobachtungen begründen die Annahme, daß sich im Verhalten der Menschen eine bestimmte Leidenschaftlichkeit oder »triebhafte« Orientierung durchzusetzen versucht, die dem konkreten Verhalten vorausliegt und diesem eine bestimmte Intentionalität gibt. Der Mensch verhält sich nicht nur situationsgerecht, sachlich und funktional, sondern versucht in seinem Verhalten, einem psychischen Streben Ausdruck zu verleihen. Dieses Streben – zum Beispiel, sich immer erfolgreich zu erleben – kann bewußt oder unbewußt sein. Und selbst, wenn es bewußt ist, hat es zur Folge, daß bestimmte Gefühle, Vorstellungen und Wahrnehmungsinhalte – etwa Minderwertigkeitsgefühle, Vorstellungen des Versagens, Beobachtungen des Nachlassens der eigenen Kräfte – verdrängt oder gar verleugnet werden müssen, um sich selbst als erfolgreich erleben zu können.

Nachfolgend soll zunächst dieser psychoanalytische Verstehensansatz gesellschaftlichen Verhaltens verdeutlicht werden. Dabei wird vor dem Hintergrund des triebtheoretischen Erklärungsmodells von Sigmund Freud aufzuzeigen sein, wie Erich Fromm bei der Anwendung der Freudschen Erkenntnisse auf gesellschaftliche Größen zu einem neuen psychoanalytischen Erklärungsansatz kam, bei dem der Mensch nicht als Triebwesen, sondern als Bezogenheitswesen gesehen wird. Die dadurch möglich gewordene Psychoanalyse der Gesellschaft muß sich der Frage stellen, inwiefern auch eine Gesellschaft krank sein kann. Wie aktuell Fromms Psychoanalyse der Gesellschaft ist, soll abschließend an der heute allgegenwärtigen Marketing-Orientierung aufgezeigt werden.

Was will Psychoanalyse?

Die Psychoanalyse befaßt sich mit jenen menschlichen Verhaltensweisen und Produkten menschlichen Verhaltens, in denen sich bewußtes und unbewußtes psychisches Streben manifestiert. Ausgangspunkt jedes psychoanalytischen Ansatzes ist die Erkenntnis, daß unser Denken, Fühlen und Handeln von triebhaft oder leidenschaftlich erlebten Strebungen determiniert ist, und zwar selbst dann, wenn diese Strebungen bzw. ihr affektiv-triebhaftes Erleben unbewußt oder entstellt sind. Innerhalb der Psychoanalyse gibt es verschiedene Erklärungsmodelle, wie es zu solchen, sich durchhaltenden leidenschaftlichen Grund- und Teilstrebungen kommt.

Sigmund Freuds Idee war es, das das Verhalten disponierende psychische Streben aus einem körperlich verankerten Trieb zu erklären. Zunächst ging er davon aus, daß sich das leidenschaftliche Verhalten des Menschen aus dem Sexualtrieb erklären lasse. Dieser Trieb zeige sich zuerst in nicht-genitalen Triebwünschen auf oralem, analem und phallischem Niveau, bevor er eine genitale Triebbefriedigung suche. 1920 revidierte er seine Triebtheorie und begriff das leidenschaftliche Streben und Konflikterleben als Ausdruck des Widerstreits zwischen dem Lebens- und dem Todestrieb, also zwischen lebensliebenden und lebensfeindlichen Triebwünschen. So plausibel dieses triebtheoretische Verstehensmodell für eine Zeit und Gesellschaft war, in der die Sexualität des Menschen einer starken Verdrängung unterlag, so beinhaltet es doch ein Verständnis von Trieb, das für viele Psychoanalytikerinnen und Psychoanalytiker als zu eng empfunden wurde. Der Trieb entwickelt sich nach Freud zwar im Kontext der Umwelt, doch sind die verschiedenen Triebstrebungen Ausdruck der Eigendynamik eines Triebes, dessen Triebziele intrinsisch durch den Trieb selbst vorgegeben sind. Der Umwelt kommt dann nur die Funktion zu, die intrinsischen Triebziele zu befördern (zu befriedigen) oder zu hemmen (zu versagen oder zu sublimieren).

Freuds Triebtheorien vermögen zwar zu erklären, daß und wie menschliches Verhalten durch leidenschaftliches Streben disponiert wird, doch messen sie der Umwelt und der Bezogenheit des Menschen auf die Umwelt keine eigentlich prägende Funktion zu. Der Umwelt kommt vielmehr eine einschränkende und versagende Rolle zu, insofern sie die Triebansprüche zum Zwecke des Zusammenlebens und des Kulturschaffens hemmt. Kultur und Gesellschaft stehen so in einem unauflösbaren Spannungs- und Konfliktfeld mit den Triebansprüchen des Einzelnen. Die Ansprüche der Gesellschaft nach Triebverzicht sind mit den Triebansprüchen des Individuums weitgehend unvereinbar und begründen eine unauflösbare Dichotomie zwischen Gesellschaft und Individuum. Der Einzelne steht der Gesellschaft schon immer gegenüber.

Eine weitere Konsequenz, die sich aus der Freudschen Triebtheorie als Erklärungsmodell ergibt, betrifft die nur begrenzte Aufmerksamkeit für sich neu entwickelnde leidenschaftliche Grundstrebungen. So hat eine am Triebbegriff orientierte Psychoanalyse bisher keine wirklich plausiblen Erklärungen liefern können, warum der Mensch zu Beginn des dritten Jahrtausends seine größte Lust darin findet, überall gut ankommen zu wollen oder jedes und alles berechenbar machen zu müssen. Offensichtlich haben sich diese starken leidenschaftlichen Strebungen auf Grund veränderter wirtschaftlicher und gesellschaftlicher Gegebenheiten gebildet und lassen sich nicht aus einer intrinsischen Triebnatur erklären.

Im Folgenden soll zunächst der Weg nachgezeichnet werden, wie Erich Fromm bereits in den dreißiger Jahren zu einem neuen, nicht mehr am Triebkonzept orientierten psychoanalytischen Ansatz kam, um dann die Fruchtbarkeit und Aktualität seiner Psychoanalyse beispielhaft an der Marketing-Orientierung aufzuzeigen.

Fromms Weg zu einem neuen Verständnis von Psychoanalyse

Anders als Freud, der als Mediziner naturwissenschaftliche Denkmuster zur Erklärung seiner Phänomene heranzog, war Fromm von Anfang an mit einer sozialpsychologischen Fragestellung identifiziert, so daß sich bei ihm ein wesentlich anderer Zugang zur Psychoanalyse ergab. In einer orthodoxen jüdischen Lebenswelt großgeworden, fühlte sich Fromm als Individuum einerseits mit der eigenen religiösen Gemeinschaft aufs engste verbunden, andererseits galt es, sich vom liberalen Bürgertum eindeutig abzugrenzen. Die Frage einer differenzierten Verhältnisbestimmung von Individuum und Gesellschaft war von Anfang an *das* Thema Fromms. Es aktualisierte sich in seinen religiösen Studien bei Salman Baruch Rabinkow, in seinem Studium der Soziologie bei Alfred Weber, in der 1922 fertiggestellten Dissertation über die Bedeutung des jüdischen Gesetzes für den Zusammenhalt von Juden (bei denen sich, obwohl in der Diaspora lebend und ohne äußere gesellschaftsbildende Institutionen, dennoch eine Gemeinsamkeit des Denkens, Fühlens und Handelns durchhielt, vgl. E. Fromm, 1989b, GA XI, S. 19–126), in seinem sozial-psychoanalytischen Ansatz bei der Rezeption der Psychoanalyse und schließlich auch in seinem Versuch, Freud und Marx in einer kombinatorischen Theorie und Methodik zusammenzudenken. (Vgl. zu den angesprochenen Aktualisierungen auch R. Funk, 1978, S. 31–49; 1983, S. 37–45 und 70–81; 1987; 1992 und 1999, S. 50–77.)

Die Frage, was Menschen gemeinsam denken, fühlen und handeln und also schon immer aufeinander bezogen sein läßt, war Fromms erkenntnisleitendes Interesse auch, als er durch seine Freundin (und spätere Frau) Frieda Reichmann 1923 die Psychoanalyse Sigmund Freuds kennenlernte. Dieser verstand das typische Verhalten des *einzelnen* durch eine triebhafte Leidenschaftlichkeit bestimmt. Fromm wandte diesen psychoanalytischen Verstehensansatz auf *gesellschaftliche Größen* an: Menschen, die unter ähnlichen Verhältnissen leben, zeigen in ihrem Denken, Fühlen und Handeln Gemeinsamkeiten, weil ihr Verhalten durch eine für diese Menschen typische Leidenschaftlichkeit determiniert wird.

Fromm versuchte zunächst, diese Erkenntnis in Begriffen der Freudschen Triebtheorie zum Ausdruck zu bringen, und sprach davon, »daß jede Gesellschaft, so wie sie eine bestimmte ökonomische und eine soziale, politische und geistige Struktur hat, auch eine ihr ganz spezifische *libidinöse Struktur* hat« (E. Fromm, 1932a, GA I, S. 56). Dabei ist für Fromm von Anfang an klar, daß die »libidinöse Struktur der Gesellschaft« immer nur als psychische Größe des einzelnen vorstellbar ist, weil für ihn – anders als für den Mainstream der Soziologie – Gesellschaft »in Wirklichkeit aus einzelnen Menschen besteht, und daß diese Menschen, und nicht eine abstrakte Gesellschaft als solche, es sind, deren Handeln, Denken und Fühlen Gegenstand soziologischer Forschung ist« (E. Fromm, 1929a, GA I, S. 3). Die »libidinöse Struktur der Gesellschaft« ist für Fromm also ein Aspekt in der Psyche des einzelnen und begründet die leidenschaftliche Qualität seines gesellschaftlichen Verhaltens.

Das, was die Menschen auf Grund ihrer gemeinsamen libidinösen Struktur mit Leidenschaftlichkeit erstreben – die spezifischen Triebstrebungen einer Gesellschaft – begriff Fromm zunächst als Ergebnis »der Einwirkung des Lebensschicksals auf die Triebentwicklung« (E. Fromm, 1930a, GA VI, S. 15). Noch hält er an der Freudschen Triebtheorie fest, derzufolge die Triebstrebungen Abkömmlinge einer bestimmten Triebnatur sind, auf die das »Lebensschicksal« dieser Menschen , das heißt die Erfordernisse des Wirtschaftens, der Produktionsweise, der Arbeitsorganisation und der durch sie geprägten Vergesellungsformen, politischen und kulturellen Organisation usw., *einwirkt*.

Je länger sich Fromm mit seinem neu gefundenen sozialpsychologischen Verständnis von Psychoanalyse befaßte, desto fragwürdiger wurde ihm das Freudsche Verständnis des Triebes, auf den Umwelt und Gesellschaft nur *einwirken* können. Nach Freud trägt der Trieb seine potentiellen Triebziele quasi-instinkthaft in sich selbst, so daß sich die historische Qualität des Triebs nur darin zeigt, daß seine Erscheinungsweise genetisch an erogene Zonen des Körpers gebunden ist, auf die die Umwelt versagend und verwöhnend, fördernd und hemmend einwirken kann. »Die Aufgabe scheint mir zu sein«, schreibt Fromm in einem Brief am 1. Juni 1936 an den litauischen Sozialpsychologen Pernik, »die Charakter- und Triebstruktur als eine Anpassung an die vorhandenen gesellschaftlichen Bedingungen zu verstehen, und nicht die erogenen Zonen zur ›causa‹ zu machen« (Erich-Fromm-Archiv). Plötzlich ist von *Anpassung* der Triebstruktur an die Umwelt und nicht mehr nur von *Einwirkung* der Umwelt auf den Trieb die Rede.

Fromm kam nicht umhin, seinen eigenen Ansatz noch einmal neu zu formulieren, und zwar ohne die Freudsche Triebtheorie. Im Herbst 1936 begann er, einen Aufsatz zu schreiben, in dem er seine Abweichungen von Freud »grundsätzlich« darstellte. Darüber schrieb er am 18. Dezember 1936 an Karl August Wittfogel, einen Kollegen des Frankfurter Instituts für Sozialforschung:

> »Ich versuche zu zeigen, daß die Triebe, die gesellschaftliche Handlungen motivieren, nicht, wie Freud annimmt, Sublimierungen der sexuellen Instinkte sind, sondern Produkte des gesellschaftlichen Prozesses, oder genauer gesagt, Reaktionen auf bestimmte Konstellationen, unter denen der Mensch seine Instinkte befriedigen muß. Diese Triebe (…) sind grundsätzlich verschieden von den naturalen Faktoren, nämlich den Instinkten Hunger, Durst, Sexualität. Während diese allen Menschen und Tieren gemeinsam sind, sind jene spezifisch menschliche Produkte und nicht biologisch, sondern aus der gesellschaftlichen Lebenspraxis heraus zu verstehen. Das Problem ist in der Psychologie wie in der Soziologie die dialektische Verflochtenheit der naturalen und der historischen Faktoren. Freud hat die Psychologie falscherweise ganz auf die naturalen Faktoren begründet« (Erich-Fromm-Archiv).

Im Sommer 1937 hatte Fromm diesen »grundsätzlichen Aufsatz« so weit fertiggestellt, daß er im Institut für Sozialforschung für eine Veröffentlichung in der *Zeitschrift für Sozialforschung* besprochen wurde – und auf heftige Ablehnung bei Max Horkheimer und den anderen Institutskollegen stieß. Diese Ablehnung hinderte Fromm zwar nicht daran, den Aufsatz noch weiter auszuformulieren. Es kam damals aber nie zu einer Veröffentlichung, obwohl dieser Aufsatz wie kein anderer im einzelnen zeigt, warum Fromm die Triebtheorie Freuds ablehnte und so zum Schöpfer eines neuen Ansatzes und Verständnisses von Psychoanalyse wurde. (Der Aufsatz galt als verschollen; er wurde von mir 1991 in der New York Public Library gefunden und 1992 erstmals veröffentlicht; vgl. E. Fromm, 1992e [1937], GA XI, S. 129–175). Ansatzweise soll hier deshalb Fromms Argumentation nachvollzogen werden.

Fromm hatte zu Beginn der dreißiger Jahre mit großem Enthusiasmus die Forschungen Johann Jakob Bachofens, Robert Briffaults und Lewis H. Morgans zum Unterschied zwischen matriarchal und patriarchal organisierten Gesellschaften rezipiert. Er erkannte, wie begrenzt gültig das Freudsche Bild vom Menschen und seiner Triebnatur ist. Bereits in den zwanziger Jahren hatte Fromm zum Kreis um Georg Groddeck in Baden-Baden Kontakt, zu dem auch Sándor Ferenczi und Karen Horney gehörten. In diesem Kreis wurde die Kernthese Freuds, daß der Ödipuskomplex eine zentrale Rolle bei allen neurotischen Erkrankungen spiele, als bürgerlich-patriarchale Theorie zurückgewiesen.

In seiner Kritik an Freud konzentrierte sich Fromm auf »(a) die Freudsche Annahme, daß der bürgerliche Charakter im wesentlichen die Grundzüge der menschlichen Natur darstellt, (b) die Freudsche Einschätzung der Rolle der Familie und (c) die Freudsche Libidotheorie« (E. Fromm, 1992e [1937], GA XI, S. 139).

(a) Für Fromm besteht kein Zweifel, daß Freud die bürgerliche Vorstellung vom Menschen, also eine konkrete historische Ausformung des Menschsein, als naturgegebenes Menschsein interpretiert hat. Beispielhaft zeigt er am Ödipuskomplex auf, daß dieser »kein universeller, bei allen Völkern zu findender Komplex ist« (S. 140). Ähnlich kritisch setzt er sich mit Freuds bürgerlicher Theorie auseinander, der Mensch sei primär narzißtisch und entwickle nur unter dem Druck des Zusammenlebens und unter Verzicht auf seine narzißtischen Bedürfnisse die Fähigkeit zur Liebe anderen gegenüber.

»Was wir tatsächlich finden ist dagegen, daß die Liebesfähigkeit zu anderen und zu sich eine gemeinsame Quelle hat und parallel geht und daß da, wo diese Fähigkeit gestört ist, weder anderen gegenüber noch gegenüber der eigenen Person eine echte Freundlichkeit besteht« (S. 143).

Noch deutlicher spiegelt Freuds Psychologie der Frau seine Generalisierung der bürgerlichen Vorstellungen wider:

»Daß die Frau sich minderwertig fühlt und häufig lieber ein Mann sein möchte, ist das selbstverständliche und notwendige Resultat ihrer gesellschaftlichen Position. (...) Freud hat mit seiner Annahme, daß die Frau aus anatomischen Gründen dem Mann unterlegen und deshalb auf ihn eifersüchtig sei, in Wirklichkeit nur den zahllosen Rationalisierungen der gesellschaftlichen Stellung der Frau eine neue hinzugefügt« (S. 144).

(b) Freud hatte gezeigt, »daß die allerersten Lebensjahre für die Charakterentwicklung des Kindes entscheidend sind«. Wenn nun aber »das, was die Charakterentwicklung des Menschen bestimmt, die gesellschaftliche Lebenspraxis ist«, das Kind aber »mit der gesellschaftlichen Lebenspraxis so gut wie nicht in Berührung kommt« (S. 145), widerspricht dies nicht der Freudschen Sicht der Charakterentwicklung? Die Lösung liegt für Fromm in der Rolle, die dabei die Familie hat. Die Familie ist nicht die Ursache der Charakterbildung, sondern ist als »psychologische Agentur der Gesellschaft« zu verstehen (E. Fromm, 1932a, GA I, S. 42).

(c) Der wichtigste Kritikpunkt ist für Fromm zweifellos Freuds Triebtheorie. Hier führt er Erfahrungen aus der therapeutischen Praxis sowie soziologische und sozialpsychologische Erwägungen an, die ihn »zur Aufgabe des hier in Frage stehenden Teils der Freudschen Libidotheorie führten« (E. Fromm, 1992e [1937], GA XI, S. 149). Wichtiger sind ihm allerdings theoretische Einwendungen, die an einem Verständnis von »Trieb« ansetzen, das den Unterschied zwischen Tier und Mensch nicht ausreichend berücksichtigt.

Anders als beim Tier, dessen Auseinandersetzung mit der Natur im wesentlichen instinktiv fixiert ist, geht die Anpassung des Menschen an die Umwelt »nicht in biologischen, sondern in *historischen* Zeiträumen vor sich«. In diesem Prozeß der Anpassung verändert der Mensch »sowohl die Umwelt als auch sich selbst«. Erst die Lockerung bzw. Aufhebung der Instinktfixierung »schuf die Möglichkeit für die Geschichte und Kultur des Menschen« (S. 151). Worin sich der Mensch vom Tier und die Menschen untereinander in psychologischer Hinsicht unterscheiden, ist darum »die Eigenart ihrer seelischen Struktur, wie sie sich als ein historisches Produkt entwickelt. Die wichtigsten Elemente der psychischen Struktur sind die ›Haltung‹ des Menschen zu anderen Menschen beziehungsweise zu sich selbst, oder, wie wir sagen möchten, das menschliche *Grundverhältnis*, und die Ängste und Impulse, die sich teils mittelbar, teils unmittelbar aus dieser Haltung ergeben« (S. 152).

»Grundverhältnis« nennt Fromm hier die Art der Bezogenheit auf die Wirklichkeit. Später wird er von Orientierung der psychischen Struktur bzw. des Charakters sprechen. Gemeint ist jene Grundstrebung, die dem Verhalten der Menschen eine spezifische leidenschaftliche Ausrichtung gibt. Als deren wichtigste nennt er in diesem Aufsatz von 1937 »was die *Formen der Beziehungen zu Menschen* anlangt, Destruktivität, Liebe und Sado-Masochismus; soweit es die *Formen der Aneignung von Gütern* anlangt, der Impuls passiv zu empfangen, gewaltsam wegzunehmen, zu sparen und zu produzieren« (S. 152).

Fromms Unterscheidung zwischen »*natural gegebenen physiologischen Trieben*« und »*historischen, sich im gesellschaftlichen Prozeß entwickelnden psychischen Impulsen*« (S. 152) macht ihm den Weg frei, nicht mehr nur von einer *Einwirkung* der Umwelt auf die Triebnatur des Menschen sprechen zu müssen, sondern die psychische Struktur als durch die Umwelt *geprägt* verstehen zu können. »*Der Lebensprozeß, in den die physiologischen Bedürfnisse als ein Moment eingehen, nicht die Physiologie, bildet die materielle Basis, aus der die psychische Struktur des Menschen verstanden werden muß*« (S. 154).

Mit der Befreiung der psychoanalytischen Theorie vom Triebbegriff überwand Fromm den Freudschen Antagonismus zwischen Triebanspruch und Gesellschaft. Nicht Triebe, sondern die Erfordernisse des Lebensprozesses prägen die psychische Struktur. Auch wenn die psychischen Strebungen wie Triebe erlebt werden, so sind sie doch nicht als Triebabkömmlinge, das heißt »als unmittelbare Produkte des Sexualinstinkts zu verstehen (…), sondern als Reaktion auf bestimmte Umweltbedingungen« (S. 163). Denn »die seelische Struktur des Menschen (wird) als Produkt seiner Tätigkeit und seiner Lebensweise angesehen, und nicht als der Reflex seiner körperlichen Organisation« (S. 173). Das psychische Grundproblem des Menschen ist deshalb nicht die Befriedigung oder Frustrierung triebhafter Begierden, sondern die Art seiner Bezogenheit auf die Wirklichkeit. (Zur Affinität des Frommschen psychoanalytischen Neuansatzes mit der »Interpersonellen Psychoanalyse« Harry Stack Sullivans vgl. R. Funk, 1999, S. 102–117.)

Was heißt Psychoanalyse der Gesellschaft?

Die Überwindung der Triebtheorie ermöglichte Fromm wieder jene Sicht des Menschen, die ihm von seiner jüdischen Lebenswelt und seinem davon beeinflußten Menschen- und Gesellschaftsverständnis schon immer vertraut war. Der Mensch ist ein schon immer bezogenes, das heißt im Laufe seiner psychischen Entwicklung vergesellschaftetes Wesen, dessen bewußtes und unbewußtes leidenschaftliches Streben das Ergebnis von Bezogenheitserfahrungen ist – Fromm spricht in diesem Zusammenhang von »Objektbeziehungen« (zum Beispiel S. 132 oder 153). Dieses Streben ist deshalb auch nicht von einem unauflösbaren Antagonismus zwischen Individuum und Gesellschaft bestimmt.

> »Gesellschaft und Individuum stehen sich nicht ›gegenüber‹. Die Gesellschaft ist nichts als die lebendigen, konkreten Individuen, und das Individuum kann nur als vergesellschaftetes Individuum leben. Seine individuelle Lebenspraxis ist notwendigerweise die seiner Gesellschaft beziehungsweise Klasse und letzten Endes durch die Produktionsweise der betreffenden Gesellschaft bedingt, das heißt dadurch, wie diese Gesellschaft produziert und wie sie organisiert ist, um die Bedürfnisse ihrer Mitglieder zu befriedigen. Die Verschiedenheit der Produktions- und Lebensweise der verschiedenen Gesellschaften beziehungsweise Klassen führt zur Herausbildung verschiedener, für diese Gesellschaft typischer Charakterstrukturen. Die einzelnen Gesellschaften unterscheiden sich nicht nur durch die Verschiedenheit in der Produktionsweise und ihrer sozialen und politischen Organisation, sondern auch dadurch, daß ihre

Menschen bei allen individuellen Unterschieden eine typische Charakterstruktur aufweisen. Wir wollen diese den ›sozial typischen Charakter‹ nennen« (S. 163).

Der »sozial typische Charakter« – oder wie Fromm 1941 in *Die Furcht vor der Freiheit* (1941a, GA I, S. 349) erstmals sagt: der »Gesellschafts-Charakter« (»social character«) – kennzeichnet nur gewisse grundlegende Orientierungen, »und zwar solche, die ihrer Dynamik und ihrem Gewicht nach von entscheidender Bedeutung für alle Individuen dieser Gesellschaft sind« (E. Fromm, 1992e [1937], GA XI, S. 163). Von ihm zu unterscheiden ist der »individuelle Charakter«, der die Gesamtheit der Wesensmerkmale eines Menschen bezeichnet, die in ihrer besonderen Konfiguration seine Persönlichkeitsstruktur ausmachen. Bei jedem Individuum lassen sich also Gesellschafts-Charakter und individueller Charakter unterscheiden. Der Gesellschafts-Charakter umfaßt »den wesentlichen Kern der Charakterstruktur der meisten Mitglieder einer Gruppe«, während der individuelle Charakter »Variationen dieses Kerns (darstellt), wie sie durch die zufälligen Faktoren von Geburt und Lebenserfahrungen zustande« kommen (E. Fromm, 1941a, GA I, S. 379).

Solche individuellen Faktoren sind etwa Beruf, Religion, Wohn- und Vermögensverhältnisse der Eltern, die Position in der Geschwisterreihe, Erkrankungen während der Kindheit, familiäre Trennungserfahrungen usw., aber auch konstitutionelle Faktoren (genetische Dispositionen, Temperament etc.). Alle diese Faktoren sind der Grund dafür, daß sich Menschen trotz der gemeinsamen Gesellschafts-Charakterstruktur in vielem voneinander unterscheiden und die allen gemeinsame Gesellschafts-Charakter*struktur* – etwa sich immer gut präsentieren zu wollen – sich in sehr unterschiedlichen Charakter*zügen* und Verhaltensweisen manifestiert. Menschen können sich immer gut präsentierten wollen: zum Beispiel durch kluge Reden oder durch sicheres Auftreten, durch anstößige Witze, durch Hilfsbereitschaft, mit Hilfe ihrer Ellenbogen, durch modisches Outfit, durch Potenzgehabe oder durch Bescheidenheit. So unterschiedlich die Verhaltensweisen und Charakterzüge sind – was dennoch alle Menschen verbindet und worauf es ankommt, ist – um am Beispiel zu bleiben – die Grundstrebung, sich immer gut präsentieren zu wollen. Diese strukturiert das Verhalten und gibt den Charakterzügen ihre spezifische Orientierung.

Bei der Ausformulierung seiner Revision der Triebstruktur des Menschen hat Fromm bewußt den psychoanalytischen Begriff des Charakters verwendet. Allerdings versteht er ihn gerade nicht als *Summe* von leidenschaftlichen Strebungen oder Charakterzügen, sondern als »*Struktur* derjenigen Impulse, Ängste und Haltungen, die, zum großen Teil selbst unbewußt, das für den Menschen typische manifeste Verhalten bedingen« (E. Fromm, 1992e [1937], GA XI, S. 164). Um die das Verhalten strukturierende Grundstrebung zu verdeutlichen, spricht Fromm später nicht nur von Charakter und Charakterstruktur, sondern treffender von Charakter*orientierung*.

Die Erfordernisse des Wirtschaftens und des Zusammenlebens spiegeln sich in mächtigen leidenschaftlichen »Grundstrebungen« oder Charakterorientierungen vieler Menschen wider, die diese ähnlich denken, fühlen und handeln lassen und sich in den verschiedensten Charakterzügen und Verhaltensweisen in direkter oder in abgewehrter Form manifestieren. Um zu begreifen, warum Menschen sich so und nicht anders verhalten, gilt es, solche Charakterorientierungen aufzuspüren, weil sie die mächtigsten Antriebskräfte nicht nur für gesellschaftliches, sondern auch für individuelles Verhalten sind. Psychoanalyse der Gesellschaft hat also *Orientierungen* des Gesellschafts-Charakters von Individuen zum Erkenntnisgegenstand, die unter gleichen sozio-ökonomischen Bedingungen leben und deshalb die Leitwerte und Erfordernisse des Wirtschaftens und des Zusammenlebens als Charakterorientierungen so verinnerlichen, daß sie sich mit Lust und Leidenschaft so verhalten, wie sie sich auf Grund der sozio-ökonomischen Erfordernissen verhalten sollen und müssen.

Kann eine Gesellschaft krank sein?

Fromms sozial-psychoanalytischer Neuansatz ermöglicht ein Verständnis der triebhaft erlebten psychischen Reaktionen aus der jeweiligen historischen Situation des Menschen. Er überwindet auf diese Weise die Erklärung der Psyche aus Trieben und die damit einhergehenden Aporien angesichts der kulturanthropologischen Vielfalt des Psychischen. Die Psyche erfährt ihre Prägung nicht aus der Triebnatur, sondern aus der Bezogenheitsnatur des Menschen.

Die Erfahrungen der Bezogenheit auf die Wirklichkeit spiegeln sich – mehr oder weniger verzerrt und gebrochen – in seiner psychischen Struktur, das heißt in der *Orientierung* seines Gesellschafts-Charakters.

Mit diesem Erklärungsmodell ist freilich noch nichts darüber ausgesagt, welche Auswirkungen dieser Prägungsvorgang auf die psychischen Entwicklungspotentiale hat: Fördern die Orientierungen die psychischen Entwicklungspotentiale zur Ausbildung von verinnerlichten Selbst- und Objektbildern, zur Ambivalenzfähigkeit, Wirklichkeitskontrolle und Frustrationstoleranz, zu Abgrenzung, Individualität und emotionaler Bindungsfähigkeit, zu autonomem Denken, Fühlen und Handeln, zu Liebes- und Vernunftfähigkeit und zu Kreativität? Oder hemmen die durch die Umwelt bestimmten Orientierungen die Entwicklungspotentiale? Oder vereiteln sie sie gar, so daß das »Wachstumssyndrom« zu einem »Verfallssyndrom« wird, bei dem sich die Wachstumspotentiale ins Bösartige und Destruktive verkehren? (Vgl. E. Fromm, 1964a, GA II, S. 238.)

So wichtig Fromm die Erklärung des Prägungszusammenhangs von sozio-ökonomischen Erfordernissen und deren Niederschlag in der Psyche ist, mindestens ebenso wichtig ist ihm die Frage der Auswirkungen der Charakterorientierungen auf die psychischen Entwicklungspotentiale. Bewirkt die durch die Umwelt bestimmte psychische Orientierung, daß sich die Potentiale des Menschen aktualisieren und zu »Eigenkräften« werden, dann ist diese Charakterorientierung produktiv, weil sie das Entwicklungspotential aus dem Menschen »hervor-führt« (»pro-duziert«). Ist die Wirkung hemmend oder vereitelnd, dann nennt Fromm sie »nicht-produktiv«. Produktivität und Nicht-Produktivität sind hier also keine ökonomischen Größen, sondern Indikatoren für psychische Entwicklungs- und Reifungsmöglichkeiten: »Produktivität ist die Fähigkeit des Menschen, seine Kräfte zu gebrauchen und die in ihm liegenden Möglichkeiten zu verwirklichen.« (E. Fromm, 1947a, GA II, S. 57.) Fromm hat in seinem Buch *Wege aus einer kranken Gesellschaft* (1955a, GA IV, S. 20–50) das, was hier als psychische Entwicklungspotentiale gefaßt ist, mit dem Konzept der psychischen Bedürfnisse (nach Bezogenheit, Transzendenz, Verwurzelung usw.) zum Ausdruck gebracht, auf die mit produktiven oder mit nicht-produktiven Charakterorientierungen reagiert werden kann und die dementsprechend eine wachstumsfördernde oder -hemmende Wirkung haben.

Fromm folgt – man würde heute sagen – einem »humanökologischen« Ansatz, nach dem die bestimmenden Umweltbedingungen so gestaltet sein müssen, daß sie die psychischen Wachstumspotentiale zur Entfaltung bringen. Dieser Ansatz macht gerade nicht die Angepaßtheit des Menschen an die sozio-ökonomischen Erfordernisse zur Norm, sondern die Frage der produktiven Orientierung. Psychisch gesund ist eine Gesellschaft, wenn die Orientierung des Gesellschafts-Charakters ihrer Mitglieder produktiv ist. Seelisch krank ist eine Gesellschaft, wenn die Orientierung des Gesellschafts-Charakters die Entwicklung der Eigenkräfte des Menschen behindert oder vereitelt. Deshalb entscheidet nicht das, was als normal gilt – also das Mehrheitliche – über Gesundheit und Krankheit einer Gesellschaft. Das »Normale« im soziologischen Sinne kann bei psychologischer Betrachtungsweise krank sein und krank machen, auch wenn es von den Betreffenden nicht als etwas Krankes erlebt wird, und zwar eben deshalb, weil es als normal gilt und dem »gesunden Menschenverstand« (das, was alle denken) entspricht. Fromm bezeichnet deshalb das gesellschaftlich Kranke nicht als (soziale) »Neurose«, sondern als »gesellschaftlich geprägten Defekt« (E. Fromm, 1955a, GA IV, S. 15) und spricht von der »Pathologie der Normalität« (S. 13), wenn eine nicht-produktive Gesellschafts-Charakterorientierung dominant ist.

Zweifellos hat das Frommsche Verständnis von Psychoanalyse (des Einzelnen wie der Gesellschaft) in den gegenwärtig favorisierten Verhaltenstheorien keinen leichten Stand. Dies gilt in erster Linie angesichts der Übermacht eines soziologischen Relativismus, der das Mehrheitliche zum »Normalen« und »Richtigen« erhebt. Es gilt aber auch gegenüber den psychologischen Verhaltenstheorien: Zum einen wird Fromms Ansatz von der Psychoanalyse selbst ignoriert oder als »revisionistisch« abgetan; zum anderen teilt Fromms Ansatz das Schicksal aller psychologischen und sozialpsychologischen Verhaltenstheorien, die nicht primär am konkreten Verhalten, sondern an den dieses Verhalten determinierenden bewußten und unbewußten Kräften interessiert sind. Zu fragen, *warum* sich jemand in einer bestimmten Weise verhält, ist um vieles mühsamer, als wenn man Techniken an die Hand geben kann, *wie* sich ein erwünschtes Verhalten antrainieren und ein dysfunktionales Verhalten (etwa ein Suchtverhalten) vermeiden läßt.

Obwohl der »Zeitgeist« oder, um mit Fromm zu sprechen, die vorherrschende Gesellschafts-Charakterorientierung dem Frommschen Ansatz kaum viel Aufmerksamkeit schenken will, bekommt dieser doch eine besondere Aktualität dadurch, daß Fromm gerade jene Kräfte, die in der postindustriellen und postmodernen Gesellschaft am Werk sind, zum Gegenstand seiner Psychoanalyse der Gesellschaft gemacht hat. Anfang der sechziger Jahre hat er die narzißtische Gesellschafts-Charakterorientierung analysiert (vgl. E. Fromm, 1964a, GA II) und die nekrophile Charakterorientierung entdeckt (vgl. E. Fromm, 1964a, GA II, und 1973a, GA VII). Die nekrophile Orientierung findet alles attraktiv, was leblos ist oder sich in diesen Zustand bringen läßt. Ihre wichtigsten Charakterzüge sind Destruktivität um der Destruktivität willen, Gleichgültigkeit dem Leben und allem Lebendigen gegenüber, das Angezogensein von allem, was dinglich und wie ein Ding berechenbar ist, der Drang, alles Ganzheitliche und alle lebendigen Systeme zu zergliedern, zu analysieren und in ihre Einzelteile aufzulösen, usw. (Vgl. die Übersicht und die Beschreibung der einzelnen Gesellschafts-Charakterorientierungen in R. Funk, 1995.)

Die Bedeutung und Aktualität der Frommschen Psychoanalyse soll beispielhaft an einer weiteren Gesellschafts-Charakterorientierung, der Marketing-Orientierung, aufgewiesen werden, die unser gesellschaftliches Zusammenleben, aber auch das Verhalten jedes einzelnen heute zutiefst bestimmt.

Psychoanalyse der Gesellschaft heute: Die Marketing-Orientierung

Wir alle sind derzeit Zeugen – und Akteure – eines fundamentalen Wandels, der alle Lebensbereiche erfaßt. Was zählt und einen vorwärtsbringt, ist die Verkaufsstrategie, das Marketing. Dies ist für den Bereich der Güterproduktion und der Dienstleistungen schon längst offensichtlich. Doch spielt das Marketing inzwischen auch in der Politik, bei den Kulturschaffenden und Kulturvermarktenden, in der Informationsindustrie, im Bildungsbereich, bei den Kirchen, in den zwischenmenschlichen Beziehungen, ganz zu schweigen von der Unterhaltungsindustrie, eine zentrale, wenn nicht *die* zentrale Rolle. Überall geht es vorrangig um die Verpackung, das Aussehen, das Image, den Showeffekt, die Vermittlung, die Didaktik, die Performance, die Darstellung, das Outfit, die Inszenierung. Es geht nicht mehr um die Frage, was jemand faktisch tut und leistet, wer jemand ist, welche Fähigkeiten jemand tatsächlich hat. Alles dreht sich darum, wie man am besten seine behauptete Leistung, sein gut verpacktes Produkt, seine gestylte Persönlichkeit, sein selbstbewußtes Image, seine gut in Szene gesetzte Botschaft »'rüberbringt« und verkauft. Sämtliche helfenden, pflegenden, heilenden, beratenden, verwaltenden Berufe sprechen inzwischen von Kunden, von Produkten, von Effektivität, Effizienz und Qualitätssicherung – begreifen also ihr Tun und ihr Leistungsangebot als Waren, die es zu verkaufen gilt.

Zweifellos ist diese fundamentale Veränderung in allen Lebensbereichen nur möglich, wenn viele Menschen eine tiefe leidenschaftliche Strebung entwickelt haben, die das Vermarkten und die Verkaufsstrategie als eine ganz wichtige Charakterorientierung verinnerlicht haben und deshalb in all ihren Lebensäußerungen danach streben, dieses »Triebziel« zu verwirklichen. Daß und wie es zu einer so tiefgreifenden Veränderung in der psychischen Struktur vieler Menschen kommen konnte, läßt sich mit Hilfe der Psychoanalyse Erich Fromms aufzeigen. Zugleich wird dabei aber auch deutlich, welche nicht-produktiven Wirkungen die neue Charakterorientierung zeitigt, das heißt welche pathologischen Auswirkungen sie auf den Menschen und das gesellschaftliche Zusammenleben hat. Fromm selbst hat dabei die wichtigsten Etappen der Entwicklung zur gegenwärtigen Marketing-Orientierung in seinen Büchern *Die Furcht vor der Freiheit* (1941a, GA I), *Psychoanalyse und Ethik* (1947a, GA II) und *Haben oder Sein* (1976a, GA II) beschrieben. Sein besonderes Verdienst ist, die sich aus den Veränderungen der Wirtschaftsbedingungen und Produktionsweisen ergebenden Veränderungen in der psychischen Struktur, sprich in der Dynamik der Charakterorientierung, im Detail aufgezeigt zu haben.

Die Frage der entfremdenden Wirkungen des Kapitalismus auf den Menschen und seine Bezogenheit auf sich und andere Menschen wurde seit den Arbeiten von Karl Marx zum Fetischcharakter der Ware in der Kapitalismuskritik diskutiert und erforscht. Fromm hat zunächst 1941 das Phänomen der Marketing-Orientierung als Fluchtmechanismus ins Konformistische im Kontext der Freiheitsfrage des neuzeitlichen Menschen beschrieben. Die »Lösung« »besteht, kurz gesagt, darin, daß der einzelne aufhört, er selbst zu sein;

er gleicht sich völlig dem Persönlichkeitsmodell an, das ihm seine Kultur anbietet, und wird deshalb genau wie alle anderen und so, wie es die anderen von ihm erwarten. Die Diskrepanz zwischen dem ›Ich‹ und der Welt verschwindet und damit auch die bewußte Angst vor dem Alleinsein und der Ohnmacht« (E. Fromm, 1941a, GA I, S. 325). Ohne daß Fromm hier eigens um einen Aufweis der sozio-ökonomischen Prägung dieser Grundstrebung bemüht wäre (sein Hauptanliegen in diesem Buch ist der Aufweis des autoritären Charakters), wird doch in seiner Beschreibung dieses Typus die Identifizierung mit den Erfordernissen der Massenproduktion und der zunehmenden Automation von Arbeitsvorgängen erkennbar.

Die automatisierte oder mit Hilfe eines Fließbandes ermöglichte Massenproduktion läßt ein Produkt wie das andere und einen Arbeitsvorgang wie den anderen aussehen, macht also das Gleichförmige zum Erfolgsrezept. Verinnerlicht resultiert aus dieser Produktionsweise die Attraktivität eines chamäleonhaften Konformismus und die Grundstrebung, wie ein Automat zu funktionieren. Die Lust am Konformismus und Gleichförmigen ist den Menschen oft nicht bewußt, läßt sich aber am faktischen Verhalten beobachten. Man will nicht merken müssen, daß mit dem Konformismus jedes Eigene und Unverwechselbare verlorengeht, so daß es kein authentisches eigenes Denken, Fühlen und Wollen mehr gibt. Vielmehr werden diese Grundakte der Selbsttätigkeit durch Pseudo-Akte ersetzt: Man übernimmt die Rolle und hält das übernommene Denken, Fühlen und Wollen als sein ureigenstes. »Tatsächlich aber ist (der Mensch) in allen diesen Rollen das, wovon er glaubt, daß man es von ihm erwartet, und bei vielen Menschen, wenn nicht gar bei den meisten, wird das ursprüngliche Selbst vom Pseudo-Selbst erstickt« (E. Fromm, 1941a, GA I, S. 336).

Sechs Jahre nach der Veröffentlichung von *Die Furcht vor der Freiheit* formulierte Fromm in seinem Buch *Psychoanalyse und Ethik* (1947a, GA II) seine Gesellschafts-Charaktertheorie aus. Dabei thematisierte er auch den Prägungszusammenhang für die konformistische Charakterorientierung und gab ihr den Namen »Marketing-Orientierung«. (Leider wurde bis 1980 Fromms Begriff der *marketing orientation* völlig irreführend mit »Markt-Orientierung« übersetzt.) Der neue Begriff, den Fromm offensichtlich einführte, noch bevor in der Betriebswirtschaft jemand von »Marketing« sprach, hat den Vorteil, daß er zugleich die zentrale ökonomische Erfordernis und die leidenschaftliche Grundstrebung zutreffend kennzeichnet: Das Marketing wurde zunehmend zum Motor der Wirtschaft, weil es die Nachfrage steigern half, und das Marketing kennzeichnet exakt das, was die Menschen zunehmend attraktiv finden und in ihrem Verhalten erstreben und realisieren.

In dem Maße, in dem sich der Markt auf Grund der Massenproduktion (ermöglicht durch neue Maschinen, Produktionstechniken, Materialien, Formen der Arbeitsorganisation etc.) nicht mehr am Bedarf der Menschen ausrichtet, orientiert sich der Wert einer Ware an der Verkäuflichkeit in Abhängigkeit von Angebot und Nachfrage und konzentriert sich alles auf die Frage, wie die Verkäuflichkeit gesteigert werden kann. Damit wird das Augenmerk vom Gebrauchswert, den eine Ware für den Menschen hat, weggelenkt, während die Frage der Verkaufsstrategien immer mehr Aufmerksamkeit bekommt. Mit dieser ökonomischen Erfordernis kapitalistisch-marktwirtschaftlicher Produktionsweise identifiziert sich der Mensch. Er erlebt sich selbst, seine Persönlichkeit, als eine Ware, die es zu verkaufen gilt. »Die Charakterorientierung, die in der Erfahrung wurzelt, daß man selbst eine Ware ist und einen Tauschwert hat, nenne ich Marketing-Orientierung. (...) Erfolg hängt weitgehend davon ab, wie gut sich jemand auf dem Markt verkauft, wie gut er seine Persönlichkeit einbringt, sich in netter ›Aufmachung‹ präsentiert: ob er freundlich, tüchtig, aggressiv, zuverlässig, ehrgeizig ist, welche Familie hinter ihm steht, welchen Clubs er angehört und ob er mit den richtigen Leuten bekannt ist« (E. Fromm, 1947a, GA II, S. 48). Die zugrunde liegende leidenschaftliche Orientierung ist immer, sich gut »'rüberzubringen«, »gut drauf« zu sein, in jene Rolle schlüpfen zu können, die »in« ist, für die es einen Markt gibt, mit der man erfolgreich ist und gut ankommt.

Die Charakterorientierung am Marketing zeigt sich in einer Reihe von Charakterzügen, die ihre besondere Attraktivität erst dadurch bekommen, daß sich in ihnen die Grundstrebung des Marketing manifestiert. Darüber hinaus läßt sich auch zeigen, daß diese am Marketing orientierten Charakterzüge Widerspiegelungen zentraler Erfordernisse einer marktwirtschaftlichen Produktionsweise sind.

So ist ein wichtiges Erfordernis die *Flexibilität* der am Produktionsprozeß Beteiligten, wie ein Blick auf die Tarifverhandlungen zeigt. Das zur Produktivitätssteigerung ökonomisch Erforderliche spiegelt sich im Charakterzug der Flexibilität wider: Der Mensch von heute liebt die Flexibilität, die Abwechslung, das je Neue und

Andere, das Nicht-Festgeschriebene, die Herausforderung. Seine Flexibilität zeigt sich vor allem in seiner Fähigkeit, möglichst viele Persönlichkeitsrollen spielen zu können, für die es auf dem Markt eine Nachfrage gibt. »Die Auswechselbarkeit der Haltungen«, sagt Fromm (1947a, GA II, S. 53) »ist das einzig Beständige einer solchen Orientierung.«

Ein zweites zentrales Erfordernis marktwirtschaftlicher Produktionsweise ist die *Mobilität*, und zwar nicht nur der Arbeitenden, sondern auch der Produktionsprozesse. Mobilität ist angesichts der Globalisierung der Produktion zur Heiligen Kuh der Marktwirtschaft geworden. Eine Recherche des Wuppertaler Verkehrs-Instituts ergab, daß die Bestandteile eines Joghurts im Schnitt insgesamt 8000 km hinter sich gebracht haben, bis er beim Verbraucher ankommt. Bei so viel Wertschätzung der Mobilität des Produzierten, der Produktion und der Produzierenden nimmt es nicht wunder, daß der Drang zur Mobilität zu den stärksten Antriebskräften beim heutigen Menschen gehört und »Mobilität« ein ganz zentraler Wert geworden ist. Der »postmoderne« Mensch fühlt sich nicht mehr ortsgebunden und festverwurzelt, sondern kann überall – und nirgends – zuhause sein. Dem Auto-mobil-isten kann nichts Schlimmeres passieren, als daß er – etwa aus gesundheitlichen Gründen – nicht mehr reisefähig ist, ihm der Führerschein entzogen oder ihm durch eine Erhöhung der Mineralölsteuer seine Mobilität eingeschränkt wird.

Ein drittes zentrales Erfordernis gegenwärtigen Wirtschaftens ist eine »corporate identity« aller an der Produktion Beteiligten, die eine bestimmte Art von »positiver« Zugehörigkeit zum Betrieb und von »positiver« Bezogenheit auf die Arbeit fordert, ohne daß jemand tiefergehende Bindungswünsche bei seiner Arbeit spürt. Was zählt, ist die Fähigkeit zu einem *Bezogensein ohne emotionale Bindung*. Jeder muß jederzeit ersetzbar und austauschbar sein, eingestellt und entlassen werden können. Wer sich bindet oder wen eine drohende Trennung lähmt, der stellt eine Belastung dar. Worauf es ankommt, ist die Fähigkeit zu einer Art von Beziehung, die jederzeit zur Disposition steht. Die Identifizierung mit diesem wirtschaftlichen Erfordernis zeigt sich in einem Verständnis von individueller Freiheit, die als Bindungslosigkeit und Unverbindlichkeit erlebt und erstrebt wird. Die heute von Soziologen beobachtete »Individualisierung« entpuppt sich bei näherer Betrachtung meist als Wunsch nach einem Bezogensein ohne emotionale Bindung.

Ein viertes wirtschaftliches Erfordernis ist die Ent-Emotionalisierung, die sich in der strikten Durchsetzung von Effektivität und Effizienz als Steuerungsmechanismen zur Ökonomisierung der Produktionsvorgänge manifestiert. Auch dieses, sämtliche Gefühle, Ambivalenzen und Schwächen des Produktionsfaktors Mensch verleugnende Erfordernis spiegelt sich in einem entsprechenden Charakterzug, nämlich dem der »*Coolness*«. Nicht daß die Menschen darunter litten, daß sie keine Gefühle mehr zulassen dürfen. Wer mit der Marketing-Orientierung identifiziert ist, ist leidenschaftlich gern ganz cool, ohne Regung, ohne Ängste, ohne Gefühle der Ohnmacht, der Eifersucht oder des Neids. Er kann problemlos und ganz sachlich im Team mitarbeiten, weil er bei allen Problemen cool bleiben kann.

Sicherlich lassen sich noch weitere Charakterzüge in Abhängigkeit von Erfordernissen marktwirtschaftlicher Produktionsweise ermitteln wie etwa das Erfordernis effektiven Funktionierens und der daraus resultierende charakterologische Leistungswille. Wie bei allen Charakterzügen erweist sich ihre produktive oder nicht-produktive Wirkung erst, wenn die in ihnen zum Zuge kommende Charakterorientierung erkannt wird. Mit Leidenschaft flexibel zu sein, sagt zunächst weder etwas über die produktive oder nicht-produktive Wirkung dieses Charakterzugs aus noch über das, was mit der Flexibilität erstrebt wird. Flexibilität kann Ausdruck von Toleranz und Demokratie, von Menschenliebe und Großmut sein. Steht sie im Dienst der Marketing-Orientierung, dann ist Flexibilität Verkaufsstrategie, und in ihr drückt sich der Wunsch aus, durch keine Überzeugungen, Bindungen, Eigentümlichkeiten gebunden zu sein, weil diese für die Vermarktung der Arbeitskraft oder der Persönlichkeit hinderlich wären. Für die Psychoanalyse gesellschaftlicher Phänomene entscheidend ist deshalb immer die Gesellschafts-Charakter*orientierung*, die die Charakterzüge und das konkrete Verhalten determinieren. Deren Dynamik gilt es zu verstehen und bezüglich ihrer produktiven bzw. nicht-produktiven Wirkungen auf die Entwicklungspotentiale des Menschen zu analysieren.

Fromm hatte die Auswirkungen der (damals noch als Konformismus bezeichneten) Marketing-Orientierung ansatzweise bereits in *Die Furcht vor der Freiheit* skizziert, als er vom Verlust des Selbst und der Ausbildung eines Pseudo-Selbst sprach. In *Psychoanalyse und Ethik* hat er die Auswirkungen der Marketing-Orientierung auf das Selbsterleben und das Beziehungserleben analysiert. Die

Eigenkräfte des Menschen »und das, was sie hervorbringen, sind nichts Eigenes mehr, sondern etwas, das andere beurteilen und gebrauchen können. Daher wird das Identitätsgefühl (…) durch die Summe der Rollen bestimmt, die ein Mensch spielen kann: ›Ich bin so, wie ihr mich wünscht‹.« Diese Mißachtung des Eigenseins und der Eigenkräfte hat zur Folge, »daß auch die Beziehungen der Menschen untereinander oberflächlich werden. Sie stehen nicht mehr als Einzelpersönlichkeiten, sondern als austauschbare Ware miteinander in Beziehung und sind weder gewillt noch imstande, das Einmalige und Besondere des anderen zu erfassen« (E. Fromm, 1947a, GA II, S. 50 und 51).

Die nicht-produktive Dynamik der Marketing-Orientierung hat Fromm in den fünfziger Jahren mit dem Begriff der Entfremdung zu präzisieren versucht. (Vgl. hierzu vor allem E. Fromm, 1991e [1953], GA XI, S. 211–266; 1955a, GA IV, S. 88–109, sowie R. Funk, 1993.) Wenn der Marketing-Orientierung zufolge der Mensch sein Eigensein und seine Eigenkräfte verleugnen muß, um sich erfolgreich vermarkten zu können, dann läßt sich fragen, wohin er diese lebendigen und menschlichen Eigenkräfte projiziert, denn Verleugnungen haben immer Projektionen zur Folge. Die Antwort ist schnell gefunden: Den Produkten, das heißt, den von Menschen und Maschinen geschaffenen *Dingen* werden menschliche Eigenschaften und Fähigkeiten zuerkannt. Das, was eigentlich Attribute eines produktiven Lebensvollzugs sind und nur aus der Praxis menschlicher Eigenkräfte hervorgehen kann – nämlich Liebe, Vernunft, Zärtlichkeit, Vertrauen, Lebendigkeit, Aktivität, Freude, Zufriedenheit, Sicherheit usw. –, wird auf die Produkte des Menschen, auf die käuflichen Waren projiziert. Die Werbung macht diesen Projektionsvorgang anschaulich. Geworben wird nämlich nicht mit dem Produkt, sondern mit den auf die Waren projizierten produktiven Eigenkräften: Mit dem Waschmittel läßt sich menschliche Frische kaufen, mit dem Deospray Attraktivität und Lebendigkeit, mit der Versicherung Vertrauen, mit dem Knabberzeug Fröhlichkeit, mit dem Schmuckring Liebe, mit dem Weinbrand Zärtlichkeit, mit den Turnschuhen Erlebnisfähigkeit usw. In Wirklichkeit sind Frische, Attraktivität, Lebendigkeit, Vertrauen, Fröhlichkeit, Liebe, Zärtlichkeit, Erlebnisfähigkeit ausschließlich Eigenschaften von Lebendigem, ja von gelungenem Menschsein.

Bei der Marketing-Orientierung entleert sich der Mensch seines Eigenseins und seiner Eigenkräfte und spricht sie den Produkten zu, die er haben und sich aneignen kann. Diese Dynamik hat Fromm 1976 in seinem Buch *Haben oder Sein* ausführlich als »Existenzweise des Habens« beschrieben. »Das Subjekt bin nicht ich selbst, sondern ich bin, was ich habe« (E. Fromm, 1976a, GA II, S. 325). Die Entfremdung des Menschen von seinen Eigenkräften und die mit ihr einhergehende Orientierung am Haben statt am Sein zeitigt eine ganze Reihe von nicht-produktiven Wirkungen. Dazu gehören u. a. der Konsumismus und die suchthafte Abhängigkeit von den Objekten des Habens; ein erhöhtes Sicherungsbedürfnis gegen den Selbstverlust, der eintritt, wenn das, was man hat, weggenommen werden kann; die Belebung von außen und durch sinnliche Stimulation auf Grund der inneren Leere und Langeweile; die Kompensation der inneren Passivität durch Aktivismus und Erlebniswelt. Auf eine schwerwiegende Wirkung soll noch näher eingegangen werden: der mit der Marketing-Orientierung geförderten schizoiden Wirklichkeitsbezug. Diese Wirkung wurde zwar von Fromm bereits benannt, aber in ihren Ausmaßen noch nicht erkannt und beschrieben. Im Folgenden soll das von Fromm entwickelte Konzept der Marketing-Orientierung weitergeführt werden.

Marketing-Orientierung und Inszenierung von Wirklichkeit

Bei der Marketing-Orientierung werden die menschlichen Eigenkräfte auf die Produkte und Waren projiziert: Nicht mehr der Mensch ist zärtlich, sondern der Weinbrand. Die Werbung spiegelt dabei nur die bei der Marketing-Orientierung praktizierte Wirklichkeitsverdrehung. Das Bestreben, die Wirklichkeit verzerrt wahrzunehmen, ist eine tiefgreifende, weil den Wirklichkeitsbezug des Menschen selbst angreifende, nicht-produktive Wirkung der Marketing-Orientierung. Denn in Wirklichkeit, wenn auch meist unbewußt, erlebt sich der Mensch durch den Ausverkauf seines Menschseins als totes Ding. Er fühlt sich antriebslos, depressiv, ängstlich, innerlich leer und gelangweilt. Deshalb muß er in der Erlebnisgesellschaft zu allem erst stimuliert werden und bei allem, was er tut, etwas »erleben«. Die diese innere Leere und Leblosigkeit kompensierende Wirklichkeitsverdrehung, bei der die vom ihm geschaffenen Produkte, Dienstleistungen und Persönlichkeitsattribute lebensspendend sind, ist eine Art Halluzination – die Inszenierung einer illusionären Wirklichkeit.

Im einzelnen werden heute vor allem folgende Illusionen mit Hilfe der Inszenierung von Wirklichkeit gesucht:

1. Man möchte sich der Illusion hingeben, daß der Mensch jeder menschlichen Aktivität und Anstrengung enthoben ist und nichts selbst tun muß, um seine eigenen Fähigkeiten und Kräfte zu üben und zur Entfaltung zu bringen.

2. Man gibt sich der Illusion hin, daß nicht das, was aus dem Menschen hervorgeht, wertvoll ist, sondern das, was in ihn hineingeht und was er sich aneignen kann. Nicht ich bin aktiv, sondern der Kaffee, das Erlebnisbad, der Action-Film, die Möbel, die links- oder rechtsdrehende Joghurt aktivieren mich.

3. Man kann sich der Illusion hingeben, daß sich die Ambiguität des Lebens vermeiden läßt, und will die Tatsache umgehen, daß menschliches Leben im allgemeinen befriedigend *und* enttäuschend, lust- *und* schmerzvoll ist, durch Liebe *und* Haß ausgezeichnet ist.

4. Vor allem läßt sich mit der illusionären Wirklichkeit das Versagen, die Beschämung über das eigene Scheitern, die Begrenztheit und Endlichkeit des eigenen Vermögens und Lebens ausblenden.

5. Schließlich bietet die Inszenierung illusionärer Wirklichkeit den großen Vorteil unmittelbarer und sofortiger Befriedigung. Wir müssen weder warten noch kommen wir zu kurz. Alles, was wir zu tun haben, ist einzutauchen: in die Cyberwelt, in die Traum-, Erlebnis-, Phantasiewelt, in die Welt von McDonald und Disneyland, in die exotische oder mittelalterliche Welt – und uns darin zuhause zu fühlen.

In einer inszenierten, illusionären Wirklichkeit zu leben, war schon immer auch eine gesellschaftlich praktizierte Möglichkeit, dem »Jammertal« dieses Erdenlebens zu entkommen. Früher allerdings war die Flucht aus der ambivalent oder destruktiv erlebten Wirklichkeit nur der oberen Gesellschaftsschicht vorenthalten, während sich die breite Masse mit der *Phantasie* vom himmlischen Jenseits und seinen Vergegenwärtigungen in den heiligen Bezirken, Ritualen, Zeiten und Personen begnügen mußte. Dank des gestiegenen Lebensstandards in den Industrienationen, vor allem aber dank der Marketing-Orientierung ist die vom Menschen geschaffene illusionäre Wirklichkeit ein

»Heilmittel«, das allen zur Verfügung steht, um die Entfremdung des Menschen von seinen Eigenkräften zu kompensieren.

Letztlich läßt sich die mit der Marketing-Orientierung einhergehende Wirklichkeitsverdrehung nur erfolgreich und dauerhaft etablieren, wenn sie nicht nur Phantasie ist, die von der Realität wieder eingeholt werden kann, und wenn sie nicht mehr als Verdrehung wahrgenommen wird, sondern als eine neue Wirklichkeit erlebt wird, in der sich immer mehr Menschen zu Hause fühlen. Um die Inszenierung solcher Wirklichkeiten (der Plural ist richtig, denn die eine Realität gibt es nicht mehr) geht es denn auch heute den Marketing-Strategen in Wirtschaft, Kultur und Gesellschaft.

Marktwirtschaft heißt in Zeiten des Verdrängungswettbewerbs nicht mehr, daß man sich auf dem vorhandenen Markt behauptet und sich neue Märkte sucht, sondern daß man alle Anstrengungen in die Hervorbringung eines Marktes, in die »Produktion« einer Wirklichkeit steckt, zu deren Ausstattung die Produkte als selbstverständliche Attribute dieser produzierten Wirklichkeit gehören. Erfolgreiche Wirtschaftsunternehmen gehen mehr und mehr dazu über, sich selbst *aktiv* den Markt für ihre Produkte zu erschaffen und alle Energie in die Produktion dieser Bedürfniswirklichkeit zu investieren. Der Käufermarkt ist tot, es lebe der Verkäufermarkt!

Ein Zauberwort der Marketing-Strategen in Wirtschaft, Kultur und Gesellschaft heißt »Kultmarketing«. Damit ist die Inszenierung von Lebenswelten gemeint, mit denen sich bestimmte Zielgruppen identifizieren und in denen sie sich zu Hause fühlen können. Auch hier illustriert ein Blick auf die Werbung die Entwicklung. Erfolgreiche Werbung schafft heute Lebenswelten und vermittelt den Eindruck, daß die Produkte Teil dieser Lebenswelten sind. Der Werbespot erzeugt eine Welt von Erlebnis oder süßem Traum oder faszinierend schöner Welt, in der die Sehnsüchte der Menschen verwirklicht sind und zugleich der Joghurt oder das Bier zu Hause sind. Man erzeugt eine Welt voller Abenteuer und Jugendlichkeit, zu der die Träger bestimmter Schuhmarken dann gehören. Die Gestaltung der inszenierten Wirklichkeiten und Märkte richtet sich nach den »emotional designs«, die die Werbepsychologen über Tests und Trendaufspürer ermitteln.

Marketing bedeutet heute Inszenierung von illusionärer Wirklichkeit. Marketing ist dann erfolgreich, wenn das Wunschdenken der Menschen als gesunder Menschenverstand etabliert ist; wenn Wunschwollen als authentische Bedürfniswahrnehmung gespürt wird; wenn sentimentales Wunschfühlen als echtes Fühlen und Betroffensein erlebt wird; wenn die Großtaten in Cyberwelten als eigene Heldenleistungen verbucht werden.

Die Erzeugung illusionärer Wirklichkeiten als Verkaufsstrategie ist im Kern nichts anderes als die Etablierung einer Pseudo-Wirklichkeit unter Verlust einer realen, von Gefühlen getragenen Wirklichkeitsbeziehung. Freilich zeichnet sich diese illusionäre Welt dadurch aus, daß sie von vielen geteilt wird, so daß man nicht für verrückt erklärt wird. Mit der verzerrten Wirklichkeitswahrnehmung in Psychosen hat sie gemeinsam, daß in ihr der Größenwahn und die Grenzenlosigkeit erlebt wird. Sie unterscheidet sich dadurch, daß sie den faktischen Lebensvollzug noch nicht dominiert und deshalb auch nicht die einzige Wirklichkeit ist. Sie hat deshalb meist nur partielle Gültigkeit, und die Alltagstauglichkeit der meisten Menschen ist noch weitgehend gewährleistet. Auch können die meisten Menschen noch steuern, ob sie sich einer illusionären Wirklichkeit hingeben oder in der realen Wirklichkeit zu bestehen versuchen.

Fromm hat von einer »leichten chronischen Schizophrenie« gesprochen (E. Fromm, 1968a, GA IV, S. 291); man könnte ebenso von einer Borderline-Pathologie sprechen, die nur deshalb klinisch nicht stärker auffällig wird, weil sie als Gesellschafts-Charakterorientierung eine »Pathologie der Normalität« ist. An ihr leidet inzwischen die Mehrheit der Menschen in den Industrieländern, so daß das Leiden die meisten normal sein und nicht krank werden läßt – so lange eben, als man imstande ist, die gemeinsam geteilte illusionäre Wirklichkeit aufrechtzuerhalten und sich von ihr beleben zu lassen. Vor diesem Hintergrund hat Fromm als Psychoanalytiker der Gesellschaft 1977 in einem Fernseh-Interview zu Jürgen Lodemann gesagt:

»Die Normalsten sind die Kränksten. Und die Kranken sind die Gesündesten. Das klingt geistreich oder vielleicht zugespitzt. Aber es ist mir ganz ernst damit, es ist nicht eine witzige Formel. Der Mensch, der krank ist, zeigt, daß bei ihm gewisse menschliche Dinge noch nicht so unterdrückt sind, so daß sie in Konflikt kommen mit den Mustern der Kultur und daß sie dadurch, durch diese Friktion, Symptome erzeugen.« (Transkript im Erich-Fromm-Archiv, Tübingen.)

Fromm, E.: vgl. die Nachweise am Ende des Bandes.

Funk, R., 1978: *Mut zum Menschen. Erich Fromms Denken und Werk, seine humanistische Religion und Ethik*. Mit einem Nachwort von Erich Fromm, Stuttgart: Deutsche Verlags-Anstalt.

– 1983; *Erich Fromm. Mit Selbstzeugnissen und Bilddokumenten*. Rowohlt Bildmonographie 322, Reinbek: Rowohlt Taschenbuch Verlag.

– 1987: »Von der jüdischen zur sozialpsychologischen Seelenlehre. Erich Fromms Weg von der einen über die andere Frankfurter Schule«, in: R. Sesterhenn (Hg.), *Das Freie Jüdische Lehrhaus – eine andere Frankfurter Schule*, München und Zürich: Verlag Schnell and Steiner, S. 91–108.

– 1992: »Der Humanismus in Leben und Werk von Erich Fromm«, in: *Wissenschaft vom Menschen / Science of Man*. Jahrbuch der Internationalen Erich-Fromm-Gesellschaft, Münster: Lit-Verlag, Band 3 (1992), S. 133–152.

– 1993: »Seelische Auswirkungen der entfremdeten Arbeit auf den Menschen«, in: *Arbeit – Entfremdung – Charakter*, Jahrbuch der Internationalen Erich-Fromm-Gesellschaft, Münster und Hamburg: Lit-Verlag, Band 4 (1993), S. 94–112.

– 1995: »Der Gesellschafts-Charakter: ›Mit Lust tun, was die Gesellschaft braucht‹,« in: Internationale Erich-Fromm-Gesellschaft (Hg.), *Die Charaktermauer. Zur Psychoanalyse des Gesellschafts-Charakters in Ost- und Westdeutschland. Eine Pilotstudie bei Primarschullehrerinnen und -lehrern*, Göttingen: Vandenhoeck & Ruprecht, S. 17–73.

– 1999: *Erich Fromm – Liebe zum Leben. Eine Bild-Biographie*, Stuttgart: Deutsche Verlags-Anstalt.

GERD MEYER

Gesellschafts-Charaktere in Deutschland: Eine »Charaktermauer« zwischen Ost und West?

»Nun wächst endlich zusammen, was zusammengehört« – so formulierte 1990 Willy Brandt einprägsam-zuversichtlich im Jahr der Einheit. Aber richtig ist auch: »Wer die Deutschen einen will, der muß sie zunächst unterscheiden lernen« – wie *Die Zeit* im Oktober 1993 schrieb. Der Prozeß des Zusammenwachsens der Deutschen nach der Wiedervereinigung erweist sich nicht nur ökonomisch und politisch, sondern auch gesellschaftlich-kulturell und vor allem psychisch viel schwieriger als erwartet. Offensichtlich haben sich in Ost und West Mentalitäten und Wertvorstellungen, bestimmte Weisen des Denkens, Fühlens und Handelns ausgebildet, die sich stark voneinander unterscheiden und nicht ohne weiteres veränderbar sind oder einfach verschmelzen. Diese vor und nach der Wende vielfach gemachte Beobachtung ruft nach einer Erklärung, die im Unterschied zu den zahlreichen Vergleichsstudien zu Einstellungsunterschieden die *psychischen Tiefenstrukturen* von West- und Ostdeutschen erfaßt.

Mit der deutschen Vereinigung bot sich die einmalige historische Gelegenheit, für beide deutsche Gesellschaften typische Charakterstrukturen in ihrer Prägung durch unterschiedliche Gesellschaftsordnungen und historische Erfahrungen *empirisch* zu untersuchen. Diesen Versuch unternimmt eine Studie mit dem provozierenden Titel *Die Charaktermauer* (Internationale Erich-Fromm-Gesellschaft, 1995), die ein Arbeitskreis der Internationalen Erich-Fromm-Gesellschaft nach mehrjähriger Arbeit vorgelegt hat und an der der Autor maßgeblich mitgewirkt hat. Unser Ziel war es, Gemeinsamkeiten und Unterschiede in den Charakterorientierungen von ost- und westdeutschen *PrimarschullehrerInnen* im Kontext gegensätzlicher Gesellschaftssysteme und sehr unterschiedlicher Arbeits- und Lebensbedingungen zu vergleichen und zu erklären. Wir wollten besser verstehen, was die Deutschen aus Ost und West an psychischen Prägungen und Potentialen auf dem Weg zur viel beschworenen »inneren Einheit« Deutschlands mitbringen. Zugleich ist diese Studie ein Beispiel, wie man Fromms Analytische Sozialpsychologie mit Gewinn auf eine *aktuelle* Situation anwenden, weiterentwickeln und kritisch diskutieren kann.

»Die Charaktermauer« – eine tiefenpsychologische Studie in der Zeit der Wende

Die Untersuchung bedient sich des psychoanalytischen Charakterbegriffs und der Charaktertypologie, wie sie von Erich Fromm in gesellschaftskritischer Absicht entwickelt wurden, und wendet diese – mit neuen Ansätzen in Methode und Interpretation – auf die Analyse von Persönlichkeitsstrukturen in beiden deutschen Staaten unmittelbar nach der Wende an. Fromms Analytische Sozialpsychologie begnügt sich nicht damit, das augenfällige Verhalten oder verbal bekundete Einstellungen von Menschen zu erfassen. Vielmehr will sie jene motivationalen Tiefenstrukturen erforschen, die bewußt geäußerte Meinungen und sichtbare Verhaltensweisen bestimmen. Diese meist unbewußten Tiefenstrukturen begreift Fromm als gesellschaftlich geprägt. Das Fühlen und Handeln der Menschen werde in jeder Gesellschaft geprägt von den in ihr vorherrschenden, sozial typischen Charakterstrukturen oder (Gesellschafts-) Charakterorientierungen. Diese wiederum werden bestimmt vor allem durch die sozio-ökonomischen, aber auch durch die politischen und ideologischen Strukturen einer Gesellschaft (wobei es auch Wechselwirkungen gibt). Jede Gesellschaft stellt bestimmte Funktionsanforderungen an ihre Mitglieder, die diese lernen zu erfüllen. So haben zum Beispiel Menschen unter planwirtschaftlichen und staatssozialistischen Verhältnissen einen anderen Gesellschafts-Charakter entwickelt als Menschen, die in einem demokratischen System mit einer kapitalistischen Wirtschaft leben. In einem Gesellschaftstyp, so Fromm, dominiert meist ein bestimmter, relativ konstanter Gesellschafts-Charakter, der diese Formation funktional erhält und strukturell reproduziert. Ändern sich die gesellschaftlichen Verhältnisse, so bleibt dieser Gesellschafts-Charakter als psychische

Tiefenstruktur zunächst erhalten und paßt sich erst allmählich den neuen Verhältnissen an.

Der Charakter von West- und Ostdeutschen wurde in einer qualitativen empirischen Studie exemplarisch an je fünfzehn LehrerInnen von Grundschulen bzw. der Unterstufe der Polytechnischen Oberschule (POS) der DDR erforscht. Diese Berufsgruppe bot sich auch deshalb an, weil sich im Primarschulbereich erste wichtige gesellschaftliche Anpassungsprozesse von Kindern vollziehen. Grundlage für die Studie waren Tiefeninterviews von je ca. zwei Stunden Dauer in den Jahren 1991/92. Sie wurden entlang einem Leitfaden meist mit Hilfe offener Fragen durchgeführt. Anschließend wurden die Interview-Antworten in einer Gruppe ausgewertet. Die Aufmerksamkeit der Gruppe richtete sich dabei nicht nur auf den Inhalt, auf Widersprüchlichkeiten, Rationalisierungen und den emotionalen Gehalt der Antworten, sondern auch auf die Wahrnehmungen und Reaktionen, die die Antworten bei den AuswerterInnen hervorriefen. Innovativ war sodann die von uns entwickelte psychoanalytische Auswertungsmethode. Sie geht insoweit über Fromm hinaus, als Übertragungs- und Gegenübertragungswahrnehmungen der auswertenden Gruppe bei der Aufdeckung unbewußter Anteile der Tiefenstruktur der Interviewten eine wichtige Rolle als Erkenntnisinstrument spielten. Diese aufwendige Auswertungsmethode, die individuelle Diagnose und eine systematisch-vergleichende Analyse der Aussagen aller Befragten miteinander verbindet, bedingte auch die relativ kleine Zahl der untersuchten Personen. Insgesamt handelt es sich um eine *Pilotstudie*, deren Ergebnisse tiefenpsychologisch aufschlußreich, aber nicht ohne weiteres zu verallgemeinern sind.

Gesellschaftlich typische Charakterorientierungen – eine Übersicht

Wir haben die Charakterorientierungen einzelner Menschen im Hinblick auf ihre gesellschaftliche Prägung untersucht. Selbstverständlich ist jeder einzelne Mensch zugleich individuell geprägt und damit eine unverwechselbare Persönlichkeit. Hier ging es darum, die für ein bestimmtes Gesellschaftssystem typischen Tiefenstrukturen der Persönlichkeit in ihrem gruppen- und berufsspezifischen Kontext aufzuzeigen. Rainer Funk hat in dieser Studie die Charakterorientierungen (oder »leidenschaftlichen Grundstrebungen«) nach Fromm und ihre Teilmomente oder Charakterzüge, das heißt die den Grundorientierungen entsprechenden Einstellungen, ausführlich dargestellt (a. a. O., S.17–73 und 235). Darauf stützt sich die folgende *Kurzübersicht* der in dieser Studie am häufigsten vorkommenden Charaktertypen:

- Die *autoritäre* Gesellschafts-Charakterorientierung ist durch Herrschaft gekennzeichnet. In ihrer »sadistischen« Ausrichtung will sie andere und sich selbst beherrschen. Im Umgang mit den Dingen zeigt sie sich ausbeuterisch-nehmend; die »masochistische« Ausrichtung des autoritären Charakters strebt danach, sich zu unterwerfen, sich selbst zu verleugnen oder aufzuopfern und im Umgang mit Dingen nur empfangen zu wollen.
- Die *Marketing*-Gesellschafts-Charakterorientierung will sich immerzu konformistisch anpassen an das, was der Markt, was andere verlangen, ohne sich zu binden oder zu identifizieren. Wer so orientiert ist, will vor allem bei anderen »ankommen« oder »in sein«. Er/sie strebt deshalb ständig danach, sich möglichst gut zu verkaufen und sich selbst zu vermarkten. Die Aneignung von Gütern wird als Tauschgeschäft erlebt.
- Die *leicht narzißtische* Gesellschafts-Charakterorientierung folgt im Umgang mit anderen der Grundstrebung, den anderen für die eigenen Bedürfnisse verzwecken zu wollen: Es geht in Wirklichkeit nie um den anderen als Person, sondern immer nur um den Nutzen oder Wert, den er für einen selbst hat. Der andere ist nur die Spiegelung oder Ergänzung des eigenen Ich. Ziel ist es vor allem, selbst erfolgreich und bedeutsam zu sein. Diese Tendenz zur Vereinnahmung zeigt sich also nicht nur im Umgang mit Gütern, sondern auch beim Umgang mit anderen Menschen und mit sich selbst.
- Die *produktive* Gesellschafts-Charakterorientierung ist von der leidenschaftlichen Grundstrebung bestimmt, auf andere, die Natur und sich in liebender und vernünftiger Weise bezogen zu sein und mit seinen menschlichen Eigenkräften kreativ tätig zu sein. »Im Bereich des *Denkens* kommt diese produktive Orientierung in der adäquaten Erfassung der Welt durch die Vernunft zum Ausdruck. Im Bereich des *Handelns* drückt sich die produktive

Orientierung in produktiver Arbeit, im Prototyp dessen aus, was unter Kunst und Handwerk zu verstehen ist. Im Bereich des *Fühlens* kommt die produktive Orientierung in der Liebe zum Ausdruck, die das Erlebnis des Einswerdens mit einem anderen Menschen, mit allen Menschen und mit der Natur bedeutet, unter der Voraussetzung, daß man sich dabei sein Integritätsgefühl und seine Unabhängigkeit bewahrt« (E. Fromm, 1955a, GA IV, S. 27). Fromm hat die produktive Orientierung vor allem in drei Werken besonders eindringlich beschrieben: *Psychoanalyse und Ethik* (1947a, GA II), *Die Kunst des Liebens* (1956a, GA IX) und als »Orientierung am Sein« statt am Haben in seinem berühmten Alterswerk *Haben oder Sein* (1976a, GA II).

Wir wollten herausfinden, welche Charakterorientierung beim einzelnen wie in einer Gruppe dominiert (wobei wir vor allem Gewicht auf eine qualitative, weniger auf eine quantitative Betrachtung legten). Meist mischen sich verschiedene Charakterorientierungen, zum Beispiel verbindet sich häufig die autoritäre Grundstrebung (herrschen bzw. sich unterwerfen) mit einer Marketing-Orientierung oder einer narzißtischen Orientierung. Von entscheidender Bedeutung ist die Frage der *Mischung der nicht-produktiven mit den produktiven Anteilen* in der Charakterstruktur des einzelnen wie in der ganzen Gesellschaft. Der Unterschied zeigt sich in der psychischen Wirkung: Eine produktive Orientierung führt zu Integration und Wachstum des Selbst und zur Entwicklung der Eigenkräfte des Menschen. Die nicht-produktiven Charakterorientierungen sind dagegen durch Entfremdung vom anderen, von sich und seinen autonomen Möglichkeiten gekennzeichnet.

Fromm geht im Blick auf gesellschaftliche Veränderungen und die Art, wie der Einzelne mit sich, mit anderen und sozio-ökonomischem Wandel umgeht, nicht von einem statischen, sondern von einem dynamischen, offenen Konzept der Persönlichkeit aus. Er blickt auf die besseren Möglichkeiten des Einzelnen in oder auch trotz seiner gesellschaftlichen Bedingtheit. Wichtig war für uns deshalb auch die Suche nach den produktiven Anteilen bei unseren GesprächspartnerInnen, nach den positiven psychischen und soziokulturellen Potentialen, den »flowers«, um es ein wenig poetisch auszudrücken. Menschen mit einem produktiven Charakter strahlen Freude, Energie, Lebendigkeit und Schöpferkraft aus und sind seelisch gesund (»well-being«).

Persönlichkeitsstrukturen in Ost- und West – empirische Befunde

Bei den befragten PrimarschullehrerInnen fanden wir vor allem autoritäre, leicht narzißtische und marketing-orientierte sowie produktive Gesellschafts-Charaktere. Uns ging es vor allem um eine plastische Darstellung der beobachteten Gesellschafts-Charakterorientierungen: Wie sich etwa der paternalistisch-autoritäre Gesellschafts-Charakter einer ostdeutschen Lehrerin in ihren pädagogischen Anschauungen, in ihrem Beziehungsleben, in ihrer Selbsteinschätzung, in ihrer Freizeitgestaltung usw. niederschlägt. Und wie sich dieser Charaktertypus grundlegend unterscheidet etwa von einer Grundschullehrerin in einer westdeutschen Großstadt, deren ganzes Sinnen und Trachten ihrer Marketing-Orientierung gemäß darauf aus ist, bei den SchülerInnen gut anzukommen, mit den Kollegen, Vorgesetzten und Eltern gut auszukommen, didaktisch fit und kulturell up to date zu sein, das richtige Outfit zu haben und die schulfreie Zeit als jene Zeit anzusehen, in der sie »eigentlich« lebt.

Die Ergebnisse der Untersuchung lassen sich zunächst als *quantitative* Verteilung der Gesellschafts-Charakterorientierungen darstellen, doch sind diese Befunde nicht als Spiegelbild der Persönlichkeitsstrukturen der Deutschen in Ost und West zu verstehen. Die Pilotstudie zeigt vielmehr am Beispiel einer bestimmten gesellschaftlichen Gruppe, welche Unterschiede sich in der systemspezifischen Charakterprägung in beiden deutschen Staaten herausgebildet hatten (und noch bis heute wirksam sind).

Hier nun die wichtigsten *quantitativen Befunde* der Studie im Überblick. Von den 30 interviewten LehrerInnen (24 Frauen, 6 Männer) zeigen insgesamt 16 eine dominant autoritäre Gesellschafts-Charakterorientierung. Werden auch sekundäre autoritäre Orientierungen mit einbezogen, so lassen sich bei insgesamt 23 LehrerInnen in Ost und West autoritäre Züge erkennen. Die zweithäufigste Charakterorientierung war der leichte Narzißmus: Hier zeigen sechs LehrerInnen, also ein Fünftel, einen dominant leicht narzißtischen Charakter. Unter Einbezug auch sekundärer Charakterorientierungen ist bei neun weiteren, also insgesamt bei der Hälfte der Befragten ein leichter Narzißmus festzustellen. An dritter Stelle folgt der Marketing-Charakter, der bei vier LehrerInnen dominant ist.

Ansonsten wurden gefunden: zwei hortende Charaktere (Besitz ergreifen, festhalten, Angst um Besitz, sich sichern); eine nekrophile Charakterorientierung (feindlich gegenüber dem Lebendigen, andere und sich selbst zerstören), schließlich immerhin eine dominant produktive Orientierung.

Werden die gefundenen Charakterorientierungen *getrennt nach Ost und West* betrachtet, zeigt sich folgendes Bild: Bei 12 von 15 ostdeutschen LehrerInnen fanden wir einen dominant *autoritären Charakter* (unter den restlichen drei waren je einer hortend, narzißtisch und produktiv), während unter den 15 westdeutschen LehrerInnen nur vier dominant autoritär sind. Ein weiteres bemerkenswertes Ergebnis im Vergleich zwischen Ost und West ist das Fehlen des eher durch Distanz zu anderen Menschen gekennzeichneten *Marketing-Charakters* im Osten (nur dreimal sekundär) und seine viermalige Dominanz im Westen. Eine *leicht narzißtische Orientierung* fand sich fünfmal im Westen und einmal im Osten, als sekundärer Zug immerhin noch bei weiteren vier Personen im Westen und fünf im Osten. Zählt man die Marketing-Orientierung und die leicht narzißtische Charakterorientierung zusammen, dann ergibt sich als Kontrast zum Osten, daß unter den 15 westdeutschen LehrerInnen vier dominant marketing-orientiert und fünf leicht narzißtisch sind (außerdem vier autoritär, einer hortend und einer nekrophil). *Der Vergleich zwischen Ost und West zeigt, daß im Osten weiterhin autoritäre Orientierungen vorherrschen (12 von 15 LehrerInnen), während die Westdeutschen (9 von 15) eher marketing- oder narzißtisch orientiert sind.*

Vergleicht man die zwölf dominant autoritären ostdeutschen LehrerInnen mit den vier westdeutschen, fallen wichtige *Unterschiede in der Art des Autoritären* auf: Drei der vier Lehrerinnen aus Westdeutschland zeigen »masochistische« Strebungen im Umgang mit anderen. Bei den Ostdeutschen fällt vor allem ihr paternalistisch geprägter Autoritarismus auf. Typisch dafür ist auch die »sadistische« Beherrschung und Verleugnung der eigenen Gefühle.

Diese Befunde können allerdings kaum als repräsentativ für die Gesamtgesellschaft angesehen werden. Denn PrimarschullehrerInnen in Ost und West sind infolge ihrer faktisch unkündbaren Position zum einen wirtschaftlich gesichert und damit weitaus weniger als andere Gruppen *ökonomischen* Anpassungszwängen ausgesetzt. Außerdem sind sie durch ihren Umgang mit noch anhänglichen Kindern mehr als der gesellschaftliche Durchschnitt von

Anforderungen nach Bezogenheit, Verbindlichkeit und Fähigkeit zu Nähe geprägt, wie sie für produktive, aber auch für autoritäre Charakterorientierungen typisch sind. Eher repräsentativ für Ostdeutschland dürfte dagegen das Fehlen des durch Unverbindlichkeit und Oberflächlichkeit gekennzeichneten Marketing-Charakters und das überproportionale Vorhandensein autoritärer Charakterorientierungen sein. Umgekehrt ist für Westdeutschland wohl mit weitaus mehr Marketing-Orientierten zu rechnen.

Zwar wurde nur ein einziger Lehrer mit einer dominant *produktiven Gesellschafts-Charakterorientierung* gefunden. Doch spielt die Produktivität als sekundäre Orientierung eine wesentliche Rolle. Es zeigen sich auffällige und überraschende Unterschiede zwischen Ost und West. Nicht nur, daß der einzige produktive Charakter aus dem *Osten* kommt; auch bei den Mischungen mit einer sekundär produktiven Orientierung ist ein Übergewicht von sechs zu drei für den Osten festzustellen. Dies zeigte sich auch darin, welche »flowers« (Veränderungswünsche, Wachstumsindikatoren, Verantwortungsgefühl, Interessiertheit und Bezogenheit usw.) bei den Interviewten wahrgenommen wurden. Dies traf für alle 15 Ost-Interviews zu, bei drei Westdeutschen fehlten solche »flowers«, bei den übrigen waren sie oft selbstbezogen und stark narzißtisch besetzt. Umgekehrt fällt auf, daß von den sechs ostdeutschen LehrerInnen, deren Charakterstruktur eine Mischung mit der produktiven Orientierung zeigt, fünf dominant autoritär sind und eine überwiegend leicht narzißtisch.

Interpretation: Gesellschaftssystem und Gesellschafts-Charaktere in Ost- und Westdeutschland

Unsere Studie wollte Gemeinsamkeiten und Unterschiede in den Charakterorientierungen von PrimarschullehrerInnen in beiden Teilen Deutschlands erfassen und erklären. Um ihre system- und berufsspezifische Prägung herauszuarbeiten, haben wir die Arbeits- und Lebenssituation von LehrerInnen in Ost und West analysiert, die auf der Gruppenebene zwischen gesamtgesellschaftlichen Strukturen und den Charakterorientierungen der Individuen vermittelt. Zusammenhänge lassen sich hier mindestens *plausibel* machen, wenn auch nicht immer stringent nachweisen. Auch muß letztlich offen bleiben, welche Rolle vor- und außerberufliche Sozialisationseinflüsse spielen. Fromm hat ein relativ einfaches Schema der Wechselwirkungen von Ökonomie, Gesellschafts-Charakter und Ideen erarbeitet, um die Herausbildung bestimmter Charakterorientierungen zu erklären (vgl. R. Funk, 1978, S. 38–44). Dieses Schema war jedoch für unsere Untersuchung zu präzisieren und teilweise zu verändern.

So galt in der DDR nicht – wie Fromm für den Kapitalismus annimmt – das Primat der Ökonomie, sondern der Politik und eines instrumentalisierten ideologischen Denkens. Innerhalb der sozialistischen Gesellschaftsformation und ihrer planwirtschaftlichen Produktionsweise dominierte das *politische* Interesse am Machterhalt von SED und sozialistischem Staat. Im bürokratisch-autoritären Gesellschafts- und Herrschaftssystem der DDR war das Verhältnis Staat und Bürger geprägt durch einen »sozialistischen Paternalismus«, der umfassende politisch-ideologische Bevormundung und quasi-wohlfahrtsstaatliche Fürsorge miteinander verband (ausführlicher G. Meyer, 1977 und 1991). Dieser Herrschaftstyp brauchte und produzierte vor allem autoritäre Charaktere. Die LehrerInnen waren Teil des staatssozialistischen Herrschaftssystems, und sie halfen, es in der Schule zu reproduzieren. Die institutionellen Strukturen und Machthierarchien des DDR-Schulsystems waren rechtlich und faktisch so autoritär, die politisch-ideologischen Richtlinien für den Unterricht waren im ganzen so strikt, das Netz der Kontrollen öffentlichen Verhaltens so eng, daß sich die LehrerInnen als StaatsdienerInnen weitestgehend anpassen mußten. *Eine autoritäre Charakterorientierung war damit politisch-strukturell bei den meisten vordisponiert.* Ob eher fremdbestimmt oder schon verinnerlicht: die Mehrheit verhielt sich mindestens äußerlich konform im Sinne der SED. Autoritäre Macht zu spüren und autoritäres Verhalten zu zeigen wurde so oft unbewußt auch zum *inneren* Bedürfnis.

Doch bietet die DDR besonders seit Mitte der 80er Jahre auch ein gutes Beispiel dafür, wie sich ein systemkonformer Gesellschafts-Charakter immer weniger bruchlos reproduzieren läßt. Allmählich und eher unsichtbar begannen sich die inneren Einstellungen der BürgerInnen zu verändern, bei vielen hatte sich eine »partielle Gegenidentität« (J. Häuser, 1996) mit produktiven Zügen entwickelt, die 1989 verstärkt zum öffentlichen Ausdruck drängte. Der brüchig gewordene, in sich immer widersprüchlichere Gesellschafts-Charakter wirkte zunehmend weniger als »Kitt« (E. Fromm) der Gesellschaft, sondern eher als Gärstoff und trug erheblich zur inneren Erosion des gesellschaftlichen Gefüges bei.

Auch für die BRD bestimmt der Zusammenhang von Ökonomie, politischer Herrschaft und den Vorgaben des Bildungssystems die Funktionsanforderungen für den Gesellschafts-Charakter und die beruflichen Reproduktionsleistungen von LehrerInnen für das liberal-kapitalistische Gesellschaftssystem. Erich Fromm meint daher, daß hier der (konformistische) Marketing-Charakter, narzißtische und nekrophile neben »älteren« autoritären Charakterorientierungen dominieren.

Westdeutschland

Bei den 15 westdeutschen PrimarschullehrerInnen sind *vor allem drei nicht-produktive Charakterorientierungen* anzutreffen: autoritäre (4), narzißtische (5) und konformistische Marketing-Charaktere (4). Außerdem fanden wir drei sekundär produktiv orientierte Personen.

Die Herausbildung *autoritärer Orientierungen* ist gesamtgesellschaftlich u. a. auf noch immer vorhandene autoritäre Tendenzen besonders in Betrieben und Behörden und in der familiären Erziehung zurückzuführen, ferner auf Traditionen und Bindungen an Autoritäten, die im Dorf wohl noch stärker wirksam sind als in größeren Städten (so auch der Befund unserer Studie). Für die Gruppe der LehrerInnen dürften autoritäre Orientierungen auch herrühren aus der weithin bürokratisch-hierarchischen Organisationsform der Schule und spezifischen Rollenanforderungen (Anleitung geben und Autorität sein; Erfüllung des Stoffplan-Solls; für die Einhaltung von Disziplin, Regeln und Ordnung sorgen; Beurteilung/Auslese, Pflichtethos von Beamten etc.). Bei Kindern in der Grundschule sind vermutlich der Respekt vor der Autorität des Lehrers und Folgsamkeit noch relativ stark vorhanden. Ganz allgemein *disponiert* der Lehrberuf in der Primarstufe zu autoritär-fürsorglichen und »leicht« narzißtischen Charakterorientierungen, sie bilden sich aber keineswegs notwendig heraus.

Narzißtische Orientierungen entwickeln sich in der »leichten«, meist fürsorglichen Form vor allem, indem die LehrerInnen von ihrer Überlegenheit und dem Angewiesensein der ihnen Anvertrauten profitieren. Kinder sind mit ihrer Idealisierungsfähigkeit und Anhänglichkeit besonders dankbare Gegenüber für Menschen, die der Selbstbestätigung bedürfen. Der Narzißmus von LehrerInnen folgt aber auch hier wohl zugleich einer gesamtgesellschaftlichen Tendenz zu Ich-Zentrierung und individualistischer Selbstinszenierung. Unter LehrerInnen wird er vermutlich außerdem durch das hohe Maß an Freizeit und Ferien gefördert, die – viel stärker als in anderen Berufen – eine aufs Private und Persönliche orientierte Lebensführung ermöglichen.

Konformistische Marketing-Orientierungen entstehen zunächst aus gesamtgesellschaftlichen Mechanismen: Verkauf der eigenen Ware Arbeitskraft, Zwänge zur Selbstdarstellung besonders bei Karriereorientierten, Erfolg und Effizienz als Leitwerte, gutes Funktionieren und flexible Anpassung bis hin zur Profillosigkeit; geringe Identifikation mit Aufgaben und Menschen. Solche Mechanismen wirken vor allem in den Bereichen Konsum, Freizeit und Karriere. Für PrimarschullehrerInnen sind Marketing-Mechanismen *im Beruf nur begrenzt* und eher indirekt wirksam. Starker Anpassungsdruck herrscht vor allem seit den 70er Jahren zunächst im Referendariat und in der Zeit vor einer dauerhaften Anstellung. Später existieren eventuell starke Erwartungen von außen, besonders seitens der Eltern.

Besondere Aufmerksamkeit verdienen die *produktiven Orientierungen* bzw. Charakteranteile. PrimarschullehrerInnen sind wirtschaftlich gut abgesichert und verfügen nach Art und Inhalt ihrer Tätigkeit über bessere *Chancen* als etwa in der Privatwirtschaft Tätige, eine produktive Orientierung zu entwickeln, da sie ihre Arbeit und ihren Charakter nur relativ wenig am ökonomischen Nutzen ausrichten müssen. Je freiheitlicher ein Bildungssystem, um so eher kann die persönliche und sachliche Autorität des Lehrenden – mit Erich Fromm gesprochen – rational und produktiv ausgeübt werden, um Wachstum, Eigenständigkeit und reflektierende Vernunft der Lernenden zu fördern. So gibt es pädagogisches Engagement und persönliche Zuwendung, Fachkompetenz und Verantwortungsbewußtsein bei vielen LehrerInnen, die Kinder lieben und möglichst viel geben wollen.

Insgesamt finden wir im Westen ein breites Spektrum von Charakterorientierungen – allerdings in einer Verteilung, die nicht den von Fromm und uns angenommenen Dominanzen entspricht (Marketing, narzißtisch, nekrophil). Dies dürfte nicht nur auf die sehr kleine, nicht-repräsentative Stichprobe zurückzuführen sein, sondern vor allem auf berufs- bzw. gruppenspezifische (und individuelle) Faktoren, zum Beispiel die Bezogenheit auf andere und das Interesse am lebendigen Wachstum der Kinder. Die unerwartet hohe Zahl von Autoritären läßt vermuten, daß der Beruf der GrundschullehrerIn anziehend und förderlich ist für autoritäre Charakterorientierungen. Möglich ist aber auch, daß in der Sozialisation, in der Familie und in vielen hierarchischen Institutionen der BRD noch mehr Autoritarismus vorhanden ist, als von Fromm angenommen wurde.

DDR/Ostdeutschland

Der Vergleich mit den DDR-LehrerInnen zeigt zunächst manche *äußeren* Ähnlichkeiten: ein hohes Maß an Arbeitsplatz- und sozialer Sicherheit; relativ viel zeitliche Dispositionsfreiheit, aber für Frauen (= 90%) viel weniger Freizeit und kaum Teilzeitarbeit); eine personenzentrierte, kommunikative Tätigkeit, aber auch Leistungsdruck über Stoffpläne; strukturell relativ wenig Konkurrenz untereinander. Andererseits war das Maß an Reglementierung und Kontrolle »von oben« und »von außen« sehr viel größer als in der BRD, die Gestaltungsfreiheit im Beruf folglich sehr viel geringer. Die Chancen zur Individualisierung in Lebensstil und Outfit, die Konsummöglichkeiten waren beschränkter, Geld und Besitz spielten als »Lebensinhalt« oder aufwendige Lebensziele (eigenes Haus, Fernreisen) nur eine untergeordnete Rolle.

In der DDR der 80er Jahre gab es in der Bevölkerung, und so auch bei der Mehrzahl der UnterstufenlehrerInnen, trotz ihrer täglich zu demonstrierenden ideologischen Konformität *innerlich* nur noch eine begrenzte politische Loyalität gegenüber dem SED-Regime. Bis ins Jahr 1989 hinein dominierten eher Anpassung, Ohnmacht und politische Apathie. Die DDR-spezifische Spaltung des Denkens und Sprechens in »öffentlich« und »privat«, aber auch das spannungsvolle Ineinander dieser Momente führten dazu, daß sich Charakterorientierungen hier keineswegs einheitlich und ungebrochen entwickelten – gerade auch auf Grund teilweise gegenläufiger Sozialisation in der Familie. Auch wenn die DDR-Gesellschaft im ganzen viel homogener war als ihr westdeutsches Gegenüber, so waren die Charakterorientierungen in ihrer konkreten Ausprägung im

Osten dennoch oft vielfältiger, mehrdeutiger und widersprüchlicher, als man auf den ersten Blick (zumal vom Westen aus) oft meinte.

Aufgrund der strikten politischen Sozialisation und des Anpassungsdrucks im bürokratisch-autoritären Sozialismus überrascht es zunächst nicht, daß bei den DDR-LehrerInnen *autoritär-paternalistische Charakterorientierungen* eindeutig dominieren (12 von 15 Befragten). Wir finden autoritäre Charakterorientierungen als Kombination von »masochistischen« (Unterwerfung, Verinnerlichung paternalistischer Bevormundung) und »sadistischen« Elementen (gegenüber sich selbst als Gefühlskontrolle und Selbstdisziplinierung; gegenüber den Schülern als disziplinierende Machtausübung; insgesamt als »Mitspielen« in einem repressiven Schulsystem). Weithin erschien dieser Autoritarismus in der Form autoritärer Anleitung in der Schule (die Klasse »beherrschen«, lehrerzentrierter Frontalunterricht, Reproduktion von Vorgegebenem) und mater-/paternalistischer Fürsorge (z. T. gemischt mit narzißtischen Elementen). In den Augen der meisten geschah dabei »auch viel Gutes«; aber die Psyche von Lehrenden und Lernenden nahm Schaden durch (Selbst-)Unterdrückung in einem sozial verträglichen Gewand.

Erwartungsgemäß fanden sich *Marketing-Orientierungen* nur als sekundäre Elemente im DDR-Gesellschafts-Charakter (drei Personen). Dispositionen für eine am Erfolg ausgerichtete Marketing-Orientierung ergänzten die autoritären in einer für die DDR spezifischen Form: Der ständige Zwang, »nach oben« Erfolgsberichte abzuliefern, ständig Fortschritte in allen Bereichen zu propagieren und zu dokumentieren, das Erfüllen von Plänen vorzuspielen, die verlogenen, inszenierten Selbstdarstellungen von Kollektiven – dieses »Marketing qua Erfolgsbericht« war eines der Strukturmerkmale der sozialistischen Bürokratie und ihrer administrativen Verkehrsformen. Hinzu kamen – vor allem, aber nicht nur bei Funktionären – überangepaßtes Verhalten, »Wendigkeit« gegenüber den Schwenks in der SED-Politik und ein Gespür dafür, »aus welcher Richtung gerade der Wind bläst«.

»Leichte« narzißtische Orientierungen im Sinne eines *individualistischen* Narzißmus waren nur wenig anzutreffen (einmal dominant, fünfmal sekundär), weit verbreitet war dagegen ein *privatistischer sozialer Narzißmus.* Im Westen ist die narzißistische Orientierung vor allem sozio-kulturell und ökonomisch begründet, in der DDR dagegen war sie vor allem politisch bedingt. Die erwähnte Trennung von privat und öffentlich (hier: Schule, Politik), eine zunehmende

innere Abkehr vom versteinerten DDR-Sozialismus und die Konzentration auf die Privatsphäre, in der man ungezwungener, freier und authentischer leben konnte, führten bei der Mehrzahl der DDR-Bürger zu einem narzißtisch besetzten Privatismus. Der sozialistische Paternalismus erlaubte und begünstigte zum Teil eine solche Orientierung als Herrschaftstechnik: Der bewachte und behütete Bürger kreiste in erster Linie um die Verbesserung seiner eigenen kleinen Welt, suchte hier Selbstbestätigung und hielt sich von der großen Politik fern. Sozial narzißtisch leben hieß: Vor allem das eigene kleine Glück, der engste persönliche Kreis bzw. die Kleinfamilie sind wichtig im Leben (ausführlicher G. Meyer, 1999a). Fromms Begriff des »gesellschaftlichen Narzißmus« (vgl. E. Fromm, 1964, GA II, S. 207–218) ist hier also zu spezifizieren und zu erweitern; auch handelt es sich hier eher um einen »gutartigen Narzißmus«, der von abgrenzender Selbstbewahrung und nur wenig von der Diskriminierung anderer Gruppen lebt.

Diese Tendenz zum sozialen Narzißmus wurde verstärkt durch eine DDR-spezifische *kollektive* Selbstbezogenheit: Man mußte sich beschränken auf die DDR als Lebensperspektive und »das Beste daraus machen«. Zu Recht waren viele DDR-BürgerInnen auf manches stolz, was man unter viel schwierigeren Bedingungen als im Westen aus eigener Kraft erreicht hatte. Nach der Einheit wurden diese Leistungen »von außen« abgewertet, das zu DDR-Zeiten eher latente Selbstbewußtsein wurde verletzt, die ehemaligen DDR-BürgerInnen fühlten sich zunehmend als »Menschen zweiter Klasse«. Viele Ostdeutsche reagierten auf diese – auch narzißtische – Kränkung mit Kritik am »überheblichen« Westen und besannen sich auf »die eigenen Werte, die eigene Identität«.

Überraschend ist schließlich, in welchem Maße wir in der DDR/Ostdeutschland *produktive Orientierungen* feststellten (bei einer Person – der einzigen überhaupt – dominant, sechsmal als sekundäre Orientierung). Bei etlichen DDR-LehrerInnen fanden wir *gewichtige Ansätze zu produktivem Denken, Fühlen und Handeln* innerhalb und außerhalb des Berufs. *Mindestens im Privaten* war also auch in der DDR Raum für Individualität und Kreativität gegeben. Der relative Mangel und der politische Druck, der auf allen lastete, ermöglichten oft (nicht durchweg) eine besondere Art der Nähe und eine zum Teil bemerkenswerte Qualität in den menschlichen Beziehungen. Sie zeigte sich im persönlichen Gespräch; in praktischer, nicht nur materieller Hilfsbereitschaft und Solidarität;

im Zusammenhalt des Arbeitskollektivs; gleichsam unter der Decke und oft gegen »die da oben«; im cleveren Unterlaufen beengender Kontrollen; gelegentlich auch im zivilcouragierten Widerspruch, im mutigen Einsatz für andere oder für politische Liberalität.

Vielleicht gab es bei PrimarschullehrerInnen auch so etwas wie ein pädagogisches Ethos, das die beengenden Außenanforderungen wenigstens mildern, das die Kinder zu größerer Wahrhaftigkeit, Sensibilität oder Selbständigkeit führen wollte. Schon vor 1989 gab es nicht wenige, die die engen Gestaltungsspielräume liberaler und humaner nutzten als andere. Dies gilt wohl am ehesten für die Jüngeren: Zwei der drei nicht autoritär Orientierten im Osten sind jünger als 27 Jahre. So gab es viele »Jas«, aber auch viele kleine »Neins«, manch mutigen Gebrauch des Ermessens.

Autoritäre Herrschaft in der DDR schuf, so unsere Interpretation, eine Art der Bezogenheit, an der man sich in der Negation oder im Rückzug partiell produktiv abarbeiten konnte. Langsam aber sicher bildete sich bei vielen DDR-BürgerInnen *im Stillen* eine »partielle Gegenidentität« heraus (J. Häuser, 1996). Sie wandten dem System innerlich den Rücken zu, auf der Suche nach einem noch unklar definierten Neuen. Eine »universelle Unzufriedenheit« (I. Hanke) und die Entwicklung vielfältiger produktiver Orientierungen in der DDR bildeten eine wichtige sozialpsychologische Basis für die friedliche Revolution von 1989/90. Vielen, aber nicht allen halfen die so entwickelten Eigenkräfte, den Umbruch nach der deutschen Einheit produktiv zu bewältigen (vgl. G. Meyer 1999a; 1999b).

Überraschenderweise fanden wir unter den westdeutschen LehrerInnen weniger produktive Orientierungen als im Osten, obwohl die Lebensbedingungen im Westen relativ bessere *Chancen* dafür bieten. Das wirft die Frage auf, ob das paternalistisch-autoritäre System der DDR nicht doch, wenn auch auf paradoxe und ungewollte Weise, dazu beitrug, daß sich durch das Streben vieler Menschen nach abgrenzender Identitätsbewahrung ein bestimmtes Maß an systemspezifisch geprägter produktiver Charakterorientierung entwickeln konnte. Wie es scheint, geschah dies sogar in höherem Maß als in der westlichen Industriekultur, die sich vor allem an der anonymen Autorität des Marktes orientiert und *so* zur Entfremdung des Menschen von seinen Eigenkräften beiträgt, das heißt eine produktive Identitätsbildung erschwert.

Gesellschafts-Charakterforschung heute:
Anstöße und Anfragen

Befunde und Interpretationen haben exemplarisch gezeigt, in welcher Weise *systemspezifische Unterschiede* des politisch-gesellschaftlichen Kontexts wie in den Arbeits- und Lebensbedingungen einer sozialen Gruppe dazu führen, daß nach der Wende unterschiedliche Gesellschafts-Charakterorientierungen in Ost und West vorherrschten: Im Osten dominiert das Autoritäre, im Westen gibt es ein »pluralistisches« Spektrum. Kernaussagen und wesentliche Elemente der psychoanalytischen Gesellschaftstheorie und Charaktertypologie Fromms haben sich in dieser Pilotstudie weitgehend bewährt. R. Funk hat die Frommsche Typologie der Charakterorientierungen und -züge differenziert und systematisiert. Ich habe den Begriff des »privatistischen« sozialen Narzißmus« ergänzt (der übrigens nicht nur in der DDR, sondern unter anderen gesellschaftlichen Vorzeichen auch in Westdeutschland zu beobachten ist).

Fromms Interesse richtet sich auf die Analyse der Struktur und Ausrichtung der grundlegenden Psychodynamik menschlichen Denkens, Fühlens und Handelns. Ihm geht es nicht um eine vom Subjekt abstrahierende Systemanalyse oder um ein quantifizierendes Beobachten und Messen sichtbaren Verhaltens. Fromm fragt vielmehr nach den meist unbewußten Grundstrebungen, die sich in Verhaltensmustern, Einstellungen und Denkweisen zeigen, die in ihren Motiven zunächst häufig vieldeutig sind, aber überwiegend auf eine bestimmende, relativ konstante Charakterorientierung zurückzuführen sind. Es geht um das qualitativ-kritische Verstehen dessen, was Menschen intentional in ihren Lebensäußerungen bestimmt. Fromms Erkenntnisziel und -objekt sind also nicht die komplexe Erklärung von Verhalten und Einstellungen in bestimmten Situationen, Prozessen und Handlungsresultaten. Diese sind vielmehr »nur« die Ausgangsbasis beobachtbarer Sachverhalte, die dann hinterfragt und psychoanalytisch interpretiert, schließlich auch in humanistisch-therapeutischer Absicht kritisiert werden. *Vor allem darin besteht die bleibende Aktualität seines Ansatzes.*

Die unbewußten Handlungsmotive und -dynamiken von Menschen erschließen sich allerdings nur dem, der sich auf sie auch emotional einläßt, sie auch als Subjekt zu spüren vermag. Deshalb war es besonders wichtig, eine dafür geeignete Methode zu finden. Wir haben in unserer Pilotstudie eine neue tiefenpsychologische Methode der Gruppenauswertung erprobt und zeigen können, wie stark bestimmte psychische Grundorientierungen das Denken und Fühlen unserer GesprächspartnerInnen bestimmen. (Zur Methodik ausführlicher Internationale Erich-Fromm-Gesellschaft, 1995, S. 136–174 und 261–266; vgl. auch J. M. Böhm und C. Hoock, 1998, S. 53–64).

Wir konnten jedoch nicht *alle* Zusammenhänge im Sinne der Frommschen Analytischen Sozialpsychologie und unseres Erklärungsansatzes für Ost-/West-Unterschiede überzeugend und detailliert nachweisen. So gibt unsere Studie auch Anlaß, offene Probleme und kritische Nachfragen mit dem Ziel einer Weiterentwicklung des Frommschen Ansatzes zu formulieren. Meine Fragen beziehen sich auf (1) die Entstehung, gesellschaftliche Vermittlung und Verteilung der Charakterorientierungen, (2) die »Grammatik« ihrer Typologie und (3) auf die Bedingungen des Wandels von Charakterstrukturen.

(1) Fromm versteht die Charakterorientierungen als gesellschaftlich geprägt. Ihm ging es primär darum, sie in ihrer Ausrichtung und Dynamik zu analysieren. Er fragte jedoch wenig – wie ich meine: zu wenig – nach den Prozessen, wie diese Charakterstrukturen entstehen und vermittelt werden. Theoretisch und empirisch ist noch präziser zu klären, in welchem Maße und in welcher Weise die einzelnen gesellschaftlichen *Akteure und Ebenen* (gesamt-gesellschaftlich, institutionell-organisatorisch, gruppen- und berufsspezifisch, individuell) daran beteiligt sind, wenn sich bestimmte Gesellschafts-Charakterorientierungen in Erziehung, Arbeit und Freizeit strukturell und funktional herausbilden. Auch sind die Wertorientierung und das relative Gewicht bestimmter Inhalte sowie die konkrete Wirkungsweise der Charakterformation in einzelnen gesellschaftlichen *Bereichen* (Ökonomie, Politik, Ideologie, Kultur einschließlich Bildungs- und Schulsystem, Berufsrolle) genauer zu bestimmen. Fromm geht theoretisch zu undifferenziert und abstrakt von einem »Primat der Produktionsweise« bzw. »der sozio-ökonomischen Struktur« einer Gesellschaft aus. Politik und Kultur, Sozialisationsprozeß, Arbeitsinhalte und Medien spielen eine größere Rolle, als er in seinen gesellschaftsanalytischen Schriften, eher schon in seinen Zukunftsentwürfen erkennen läßt. Er betont die Rolle der Familie für die Vermittlung und Herausbildung von Charakterorientierungen, doch bleibt undeutlich, *wie* und mit welchem Gewicht die Familie heute

noch im Kontext anderer Sozialisationsinstanzen (zum Beispiel peer groups, Medien, Schule) wirkt. So stellt sich insgesamt die Frage, welche *konkreten* gesellschaftlichen, beruflichen und sozialräumlichen Arbeits- und Lebensbedingungen, welches Verhältnis von öffentlich und privat, welche Arten sozialer Handlungsspielräume *auf welche* Weise die Entwicklung und Entfaltung produktiver Charakterorientierungen eher begünstigen bzw. behindern.

Konkretes Handeln verstand Fromm nicht nur als passive Anpassung an »äußere« Vorgaben, sondern als möglichst aktiven und produktiven Umgang mit gesellschaftlichen Funktionsanforderungen. Doch bleibt unzureichend erklärt, warum in pluralistischen, »offenen« Gesellschaften *eine* Charakterorientierung dominieren sollte bzw. warum und wie sich bestimmte Verteilungen und Mischungen verschiedener Charakterorientierungen ergeben. Fraglich ist schließlich auch, ob sich bei dem heutigen, relativ schnellen gesellschaftlichen Wandel noch relativ konstante psychische Charakterorientierungen entwickeln und ein Leben lang durchhalten. Ist es nicht sogar kennzeichnend für den Marketing-Charakter, daß er »strukturell charakter-los« ist?

(2) Fromms Theorie und Methode ist psychoanalytisch *und* gesellschaftskritisch orientiert. Ist für eine Analyse (und Mobilisierung) des Potentials für die von ihm als unabdingbar angesehenen gesellschaftlichen Reformen – wenn auch sekundär gegenüber einer verstärkt produktiven Orientierung der Menschen – die Ebene des Verhaltens und der Einstellungen nicht doch wichtiger, als Fromm annimmt? Im Blick auf Wirkungen kommt es ja auf ein massenhaftes *demokratisches Handeln* mit einer umfassenden Demokratisierung von Politik und Gesellschaft an. Dem muß aber motivational nicht *notwendig* eine primär produktive Charakterorientierung zugrunde liegen. Hier wären handlungs-, prozeß- und situationsorientierte Ansätze in die Analyse allgemeiner politisch-sozialer Verhaltensmuster und ihrer psychischen Grundlagen ergänzend zu integrieren.

Fromm hat eine *Typologie* von Charakterorientierungen entwickelt, die zahlreiche begriffliche Wandlungen und auch manche Inkonsistenzen aufweist. (Vgl. J. M. Böhm und C. Hoock, 1998, S. 31–35). Die Kriterien der Auswahl, Abgrenzung und Wandlung der Charaktertypen sind nicht immer klar und nur unzureichend theoretisch begründet in Entsprechung zu bestimmten, als dominant angenommenen Strukturen und epochalen Wandlungstendenzen kapitalistischer Gesellschaften. Auch fehlen für empirische Untersuchungen brauchbare Konkretisierungen.

(3) Eine Reihe offener Fragen gibt es auch, wenn es um Bedingungen und Prozesse des Wandels von Gesellschaften und der in ihnen dominanten Charakterstrukturen geht. Fromm beschreibt den Zusammenhang zwischen der ökonomischen Struktur einer Gesellschaft und ihrer sozialtypischen Charakterstruktur als »labiles Gleichgewicht« (vgl. E. Fromm, 1992e [1937], GA XI, 129–175). In diesem Zustand hält der Gesellschafts-Charakter als »Kitt« die gesellschaftliche Struktur zusammen. Dieses labile Gleichgewicht wird immer wieder gestört, vor allem durch den Wandel der Produktionsweise, die nun in Widerspruch gerät zu den bisherigen Charakterorientierungen der Subjekte.

Fromm und Maccoby (1970b, GA III, S. 478 und 481) haben außerdem auf die Möglichkeit der Dynamisierung der gesellschaftlichen Entwicklung durch »unangepaßte« Charaktertypen hingewiesen. Dabei interessiert vor allem der produktiv-emanzipatorische Typ, der gleichsam die Fesseln restriktiver gesellschaftlicher Bedingungen zu lockern oder gar zu sprengen sucht. Verändern sich die sozio-ökonomischen Bedingungen oder – wie im Falle der DDR – wachsen Druck und Handlungsspielräume für politische Reformen, kann sich ein solcher Charaktertyp unter Umständen besser entfalten. Umgekehrt brauchen gesellschaftliche Anpassungsprozesse an neue sozio-ökonomische Bedingungen oft sehr lange, da die Fähigkeit und Bereitschaft zur Charakteränderung nicht sofort gegeben ist (Prinzip der Phasenverschiebung). Für die Analyse dieser Phänomene gibt es bei Fromm bislang nur diese wenigen Hinweise.

Genauere theoretische und empirische Arbeiten stehen noch aus. Unsere Studie analysiert am Beispiel der DDR/Ostdeutschlands die Entstehung von psycho-sozialen Veränderungspotentialen. Neben Studien zur Sozialisation innerhalb und zwischen den Generationen wären vor allem die Möglichkeiten der bewußten (Gesellschafts-) Charakteränderung im Erwachsenenalter genauer zu untersuchen. Fromm hat dies in seinem Werk *Haben oder Sein* angedeutet. Wenn, dann wäre die Fähigkeit einer Gesellschaft zur bewußten Gesellschafts-Charakteränderung der Schlüssel zur Lösung vielfältiger gesellschaftlicher und wirtschaftlicher Probleme.

Eine »Charaktermauer« in Deutschland?
Charakterunterschiede und innere Einheit

Für das Verständnis der sozialpsychologischen Voraussetzungen des inneren Zusammenwachsens der Deutschen in Ost und West lassen sich auf der Basis dieser Pilotstudie drei Thesen formulieren:

1. Die Deutschen in Ost und West bringen deutlich unterschiedliche psychische Tiefenstrukturen mit in den Prozeß der Vereinigung. Unsere Studie hat am Beispiel der PrimarschullehrerInnen aber nicht nur Unterschiede, sondern auch *ambivalente Gemeinsamkeiten* in den Charakterorientierungen in Ost und West aufgezeigt. Die Westdeutschen scheinen noch immer etwas autoritärer und weniger produktiv zu sein als gedacht. Und die ehemaligen DDR-Bürger sind keineswegs so durch und durch autoritär-sozialistisch geprägt, als daß sich nicht ein bestimmtes Maß an produktiven Orientierungen hätte entwickeln können. Insgesamt aber scheint das Produktive auf beiden Seiten weithin unterentwickelt. Psychisch Trennendes und Einendes stellen also kurz nach der Wende in ihrer Wertigkeit für die Entfaltung humanen Lebens weithin ambivalente, oft in sich widersprüchliche Potentiale für ein auch innerlich geeintes Deutschland dar (ausführlicher dazu G. Meyer, 1997 1999a; 1999b). Innere Einheit ist folglich kein Selbstwert, es kommt auf die wert-orientierte *Qualität* dieser Einheit an.

2. Über viele Jahre hinweg gelebte, weithin unbewußte Charakterorientierungen sind überwiegend nur längerfristig veränderbar, selbst wenn sich die äußeren Lebensverhältnisse wie in Ostdeutschland nach 1989 radikal und dramatisch wandeln. Das gilt insbesondere dann, wenn – wie teilweise in der ehemaligen DDR – einige Charakterzüge als positiv und identitätsstiftend erlebt werden und als bewahrenswerter (oder auch nur trotzig gegenüber »dem Westen« behaupteter) Bestandteil der eigenen Biographie gelten. Eine innere Einheit in der sozialen Psyche kann sich daher – wenn überhaupt – nur als allmähliche An*näherung* bei fortdauernder Heterogenität denn als schnelle An*gleichung* entwickeln. Doch beide Gesellschaften haben je auf ihre Weise *auch* fragwürdige psycho-soziale Grundlagen für ein inneres Zusammenwachsen geschaffen. Wollen wir eine Art negativer psychischer Konvergenz vermeiden, so gilt es, die produktiven Orientierungen zu stärken, die Orientierung am Sein statt am Haben zu fördern.

3. Die Gesellschafts-Charaktere und sozialen Biographien der Deutschen in Ost und West unterscheiden sich wesentlich wegen ihrer Prägung durch unterschiedliche Gesellschaftsordnungen. Dies begründet eine historisch zugleich neue und alte Art psycho-sozialer und politischer Distanz, die die Metapher von der »Charaktermauer« nach dem Fall der Mauer zunächst rechtfertigt. Denn die Unterschiede in den Orientierungen des Denkens, Fühlens und Handelns lassen sich sehr wohl mit dem psychoanalytischen Begriff des Charakters zum Ausdruck bringen. Doch gibt es *keine* »Charaktermauer« im Sinne *strukturell verfestigter* psychischer Barrieren für eine innere Einheit. Innere Einheit heißt hier: Kommunikation und allmähliche, aber nicht vollständige Assimilation, gegenseitiges Verstehen und ausgleichende Solidarität. Auch sozialpsychologisch gab es vor 1989 zwischen Ost und West – bildlich gesprochen – nicht nur Mauer und Niemandsland, sondern auch Besucher, Grenzübergänge und Medien, die die Menschen in beiden Territorien verbanden, sichtbar und unsichtbar zugleich. Weder die Befunde für die Jahre bis 1992 noch die Entwicklung danach rechtfertigen sachlich die Rede von einer *dauerhaften* »Charaktermauer« zwischen Ost und West. Einendes und Trennendes wird uns Deutsche in Ost und West gerade auch in den psychischen Strukturen und im Austausch unserer Biographien noch länger begleiten. Die Befunde und das Gesamtbild unserer Studie können ein heilsames Aufmerken und Nachdenken anregen.

Literaturnachweise

Internationale Erich-Fromm-Gesellschaft (Hg.), 1995: *Die Charaktermauer. Zur Psychoanalyse des Gesellschafts-Charakters in Ost- und Westdeutschland*, Göttingen: Vandenhoeck & Ruprecht. (Einzelne Formulierungen dieses Aufsatzes stützen sich auf Beiträge von R. Funk und anderen in diesem Band.)

Internationale Erich-Fromm-Gesellschaft, 1995: »Empirische Charakterforschung. Ergänzungen zur Publikation einer Pilotstudie der Internationalen Erich-Fromm-Gesellschaft«, in: *Wissenschaft vom Menschen. Jahrbuch der Internationalen Erich-Fromm-Gesellschaft*, Münster: LIT Verlag, S. 7–47.

Böhm, J. M., und Hoock, C., 1998: *Sozialisation und Persönlichkeit: Autoritarismus, Konformismus oder Emanzipation bei Studierenden aus Ost- und Westdeutschland*, Gießen: Focus-Verlag.

Fromm, E.: siehe die Nachweise am Ende des Bandes.

Funk, R., 1978: *Mut zum Menschen*, Stuttgart: Deutsche Verlags-Anstalt.

Häuser, I., 1996: *Gegenidentitäten. Zur Vorbereitung des politischen Umbruchs in der DDR. Lebensstile und politische Soziokultur in der DDR-Gesellschaft der achtziger Jahre*, Münster: LIT-Verlag.

Meyer, G., 1977: *Bürokratischer Sozialismus. Eine Analyse des sowjetischen Herrschaftssystems*, Stuttgart: Frommann Holzboog.

– 1991: *Die DDR-Machtelite in der Ära Honecker*, Tübingen: Francke.

– 1997: »Zwischen Haben und Sein. Psychische Aspekte des Transformationsprozesses in postkommunistischen Gesellschaften«, in: *Aus Politik und Zeitgeschichte* B 5/1997, S. 17–28.

– 1999a: »Kleine Lebenswelten im Sozialismus – ein ambivalentes Erbe für die politische Kulturen in Ostmitteleuropa«, in: »*Demokratie in Ost und West« Festschrift für Klaus von Beyme*, hg. von W. Merkel und A. Busch, Frankfurt am Main: Suhrkamp, S. 310–331.

– 1999b: »Values, small life worlds and communitarian orientations: ambivalent legacies and democratic potentials in postcommunist political cultures«, in: *Communitarianism, Liberalism and the Quest for Democracy in Post-Communist Countries*, hg. von A. Koryuschkin und G. Meyer, St. Petersburg: St. Petersburg University Press (im Erscheinen).

Thaa, W., Häuser, I., Schenkel, M., und Meyer, G., 1992: *Gesellschaftliche Differenzierung und Legitimitätsverfall des DDR-Sozialismus. Das Ende des anderen Wegs in der Moderne*, Tübingen: Francke Verlag.

Helmut Johach

Gelebter Humanismus
Zeitdiagnose und politisches Engagement

Erich Fromm, an der Wende zum 20. Jahrhundert geboren und im Alter von 80 Jahren gestorben, ist inzwischen, wenn man die weltweite Verbreitung seiner Bücher zum Maßstab nimmt, zu einem Klassiker geworden. Klassiker haben es an sich, daß sie zwar in gewissem Sinne ihrer Zeit enthoben sind, aber doch unter wechselnden Zeitumständen jeweils neu entdeckt und angeeignet werden müssen. Dabei erscheinen einzelne Aspekte ihres Werkes mehr, andere weniger aktuell.

Zur Aktualität Erich Fromms –
eine erste Annäherung

Fromm verstand sich selbst keineswegs als zeitenthobenen Klassiker. So war das Nazismus-Kapitel in *Die Furcht vor der Freiheit* (1941a, GA I, S. 338ff.), seiner ersten Buchveröffentlichung, die ihn in den USA mit einem Schlag bekannt machte, für seine damaligen Leser aufgrund der Zeitumstände sicher von hoher Aktualität. Ebenso trug die Aufnahme der Ökologie-Debatte, die Anfang der 70er Jahre gerade begonnen hatte, vermutlich zum weltweiten Erfolg von *Haben oder Sein* (1976) entscheidend bei. Dagegen wurde *Die Kunst des Liebens* (1956), aus der Sicht Fromms eher eine Gelegenheitsschrift, vielleicht gerade deshalb zum Welt-Bestseller, weil hier in leicht verständlicher Sprache ein scheinbar zeitloses Thema abgehandelt wird.

Wollte man die Aktualität von Fromms Themen nur am Markterfolg seiner Bücher ablesen, so liefe man leicht Gefahr, den Kern seines Denkens zu verfehlen. Worin aber liegt dieser Kern? Die Frage läßt sich nur beantworten, wenn man das Gesamtwerk von den Anfängen mit den Aufsätzen in der *Zeitschrift für Sozialforschung* bis zum Spätwerk mit *Anatomie der menschlichen Destruktivität* (1973) und *Haben oder Sein* (1976) als eine Einheit sieht. Es wird dann leicht erkennbar, daß bei Fromm durchgehend nach den – größtenteils unbewußten – Kräften gefragt wird, die den für eine Gesellschaft typischen Charakter des Menschen, seinen »Gesellschafts-Charakter«, prägen. Es ist die an Marx und Freud orientierte Methode der *Analytischen Sozialpsychologie*, die in mannigfacher Anwendung, Erweiterung und Revision sein Werk wie ein roter Faden durchzieht.

Erich Fromm hat sich aber auch zeitlebens durch eine besonders hohe *zeitdiagnostische Kompetenz* und ein über seine Berufspraxis als Sozialwissenschaftler und Therapeut weit hinausgehendes *politisches Engagement* ausgezeichnet. Den Ausgangspunkt bilden prägende Erfahrungen einer *deutsch-jüdischen Biographie*, die sich in seinem Werk nach 1933 mehr oder minder verschlüsselt niedergeschlagen haben. Fromms Breitenwirkung seit den 50er Jahren beruht vor allem darauf, daß er Entwicklungen äußerer (politischer) und innerer (psychologischer) Art, die er als menschheitsbedrohend empfand, höchst sensibel wahrnahm und auf sie mit engagierten Stellungnahmen reagierte. Fromms Aktualität liegt darin, daß er ein intellektueller, in der Tradition der Aufklärung stehender und zugleich menschlich mitfühlender Zeitgenosse war. Dies ließ ihn frühzeitig für eine konsequente *Friedenspolitik* und eine umfassende *Mitbestimmungs-Demokratie* eintreten. Sein humanistisches Religionsverständnis war die Kraftquelle, die es ihm ermöglichte, angesichts der Katastrophen des 20. Jahrhundert nicht zu verzweifeln, sondern sich im Sinne der Erhaltung eines lebenswerten Lebens therapeutisch, schriftstellerisch und politisch zu engagieren.

Jüdische Herkunft und Emigrantenschicksal

Erich Fromm wurde im Jahr 1900 in Frankfurt am Main als einziges Kind orthodox-jüdischer Eltern geboren. Als Jugendlicher studierte er eifrig die Bibel und den Talmud, und zeitweilig hatte er das Ziel vor Augen, Rabbiner zu werden (vgl. R. Funk, 1983, S. 21).

Auch wenn er sich unter dem Einfluß der Psychoanalyse zusammen mit seiner Analytikerin und späteren Ehefrau Frieda Reichmann bereits Mitte der 20er Jahre vom orthodoxen Judentum löste, so bekannte er sich doch weiterhin zu seinen jüdischen Wurzeln. Viele seiner späteren Ideen lassen sich schon auf den Kreis um Nehemia A. Nobel zurückführen, in dessen jüdische Atmosphäre sich nach Leo Löwenthal »Philosophie, etwas Sozialismus, etwas Psychoanalyse und auch etwas Mystizismus einmischte« (L. Löwenthal, 1980, S. 18). Salman B. Rabinkow, der in Heidelberg sein Talmud-Lehrer war, beeinflußte Fromm im Sinne des Sozialismus, noch ehe er die Schriften von Marx gelesen hatte und am *Institut für Sozialforschung* den »interdisziplinären Materialismus« (W. Bonß und N. Schindler, 1982, S. 31) der frühen Frankfurter Schule in theoretischen und empirischen Arbeiten mit entwickelte. Es ist kein Zufall, daß der junge Fromm sich für das chassidische Judentum des Ostens begeisterte, weil es einen »radikalen wirtschaftlichen und geistigen Demokratismus« (E. Fromm, 1989b [1922], GA XI, S. 112) verfocht.

Fromm erweist sich also mit seiner familiären Herkunft, seinen persönlichen Verbindungen und den prägenden geistigen Einflüssen als fest im Judentum verankert. Ebenso wichtig sind jedoch die realen Lebensumstände und die politischen Bedingungen, unter denen er aufwuchs. Fromm erlebte seine formative Phase in der Zeit der Weimarer Republik, die anders als das Kaiserreich mit der rechtlichen Gleichstellung der Juden Ernst machte. Wenn auch in den Anfangsjahren der Weimarer Republik, die von Inflation und materieller Not gekennzeichnet waren, der Antisemitismus zunahm, so boten sich doch im weiteren Verlauf bis 1933 vor allem im kulturellen Bereich bisher kaum dagewesene Entfaltungsmöglichkeiten (vgl. N. T. Gidal, 1997, S. 348ff.).

Die Tatsache, daß Erich Fromm als deutscher Jude und marxistisch beeinflußter Psychoanalytiker schon bald nach der Machtergreifung Hitlers aus Deutschland emigrieren mußte, wird in biographischen Arbeiten über ihn zwar erwähnt, jedoch kaum in ihrer ganzen menschlichen Tragweite gewürdigt (vgl. jedoch J. Hardeck, 1992, S. 243f.). Es hat den Anschein, als ob die Übersiedlung zunächst nach Genf, und schließlich im Sommer 1934 nach New York nur eine Erweiterung seines bisherigen Aktionsradius bedeutet hätte. In Wirklichkeit aber sah Fromm bei der Flucht vor den Nazis nicht nur seine bisherige berufliche Stellung in Frage gestellt; es brachen auch für ihn wichtige menschliche Beziehungen ab. Die Emigration *kann* nicht spurlos an ihm vorübergegangen sein, denn er ließ beide Eltern in Frankfurt zurück. Sein Vater verstarb im Dezember 1933; ob Fromm ihn noch einmal gesehen hat, ist ungewiß. Seine Mutter konnte er erst 1941 über England nach New York holen, wo sie noch bis 1959 lebte (R. Funk, 1983, S. 69). Daß das *Institut für Sozialforschung* ihm nach der Reichspogromnacht 1938 das für ihre Ausreise aus Deutschland erforderliche Darlehen verweigerte, war einer der Gründe für das Zerwürfnis mit Horkheimer und Pollock – auf Adorno war Fromm schon in Frankfurter Zeiten schlecht zu sprechen, seit dieser ihn und Löwenthal als »Berufsjuden« (R. Wiggershaus, 1986, S. 298) beschimpft hatte. Erwähnt werden muß in diesem Zusammenhang auch, daß Henny Gurland, Fromms zweite Frau, die er 1944 nach der Scheidung von Frieda Fromm-Reichmann heiratete, ebenfalls deutsch-jüdischer Abstammung war. Sie verstarb 1952 an den Folgen einer Rückenmarksverletzung, die sie sich bei der Flucht vor den Nazis zugezogen hatte. Es ist anzunehmen, daß diese dramatischen Ereignisse Fromm zutiefst erschüttert haben, obwohl oder gerade weil er sie auch im persönlichen Gespräch oder in seinen spärlichen autobiographischen Äußerungen so gut wie nie erwähnte.

Überwindung des Nationalismus

Wenn wir von Fromms Biographie zu seinen Überzeugungen eine Brücke zu schlagen versuchen, so ist seine Vorstellung eines *universalen, alle nationalen Grenzen überschreitenden Humanismus* wohl schwerlich ohne die Erfahrung des Zweiten Weltkriegs und der rassistischen, zum Holocaust führenden Politik der Nazis zustande gekommen. Er selbst führt die Begeisterung für die Vision des Friedens und der Harmonie zwischen den Völkern allerdings schon auf seine Bibel-Lektüre vor dem Ersten Weltkrieg zurück:

»Die Vision eines universalen Friedens und der Gedanke einer Harmonie zwischen allen Völkern rührten mich, als ich zwölf oder dreizehn Jahre alt war. Der Grund für dieses Interesse an der Idee des Friedens und des Internationalismus dürfte in der

Situation zu suchen sein, in der ich mich damals befand: Ich war ein jüdischer Junge in einer christlichen Umwelt, machte gelegentlich Erfahrungen mit dem Antisemitismus und – was noch entscheidender war – empfand die Fremdheit und die engherzige Abgrenzung gegen Andersartige auf beiden Seiten. Mir mißfiel diese Engherzigkeit um so mehr, als ich von dem überwältigenden Wunsch erfüllt war, aus der emotionalen Isolation eines einsamen, verwöhnten Jungen herauszukommen. Was konnte für mich da aufregender und schöner erscheinen als die prophetische Vision von der Brüderlichkeit aller Menschen und von einem universalen Frieden?« (E. Fromm, 1962a, GA IX, S. 40.)

Auch wenn Fromm schon in jungen Jahren in den prophetischen Schriften der Bibel den Glauben an die Harmonie zwischen den Völkern und die Einheit der Menschheit als jüdisches Erbe kennenlernte, so erklärt sich doch die Heftigkeit, mit der er Nationalismus und Rassismus als aktuelle gesellschaftliche Form von »Inzest« und »Götzendienst« (E. Fromm, 1955a, GA IV, S. 45), als »Gruppennarzißmus« (E. Fromm, 1973a, GA VII, S. 182) und als nekrophiles »Verfallssyndrom« (E. Fromm, 1964a, GA II, S. 236) attackiert, vor allem aus seinen politischen Erfahrungen während der Nazi-Zeit. Es scheint mir denkbar, daß er dabei aus dem Verlust eine Tugend machte: Kosmopolitismus als Reaktion auf engstirnigen Nationalismus und Antisemitismus, die ihn dazu zwangen, die enge Bindung an Deutschland aufzugeben.

Trotz seiner guten englischen Sprachkenntnisse, trotz des Erwerbs der amerikanischen Staatsbürgerschaft und seiner späteren – dritten – Ehe mit Annis Freeman, einer »waschechten« Amerikanerin aus Alabama, wurde Fromm ja auch in Amerika nie wirklich heimisch. Er hatte in den USA zwar Erfolg als unorthodoxer Psychoanalytiker, als Dozent an verschiedenen Universitäten und als Autor gesellschaftskritischer Bücher, die hohe Auflagen erreichten. Der »American Way of Life« blieb ihm jedoch von Grund auf fremd. Seine Kritik zunächst am gesellschaftlichen Konformismus, der der Demokratie zuwiderläuft, später an der »Marketing-Orientierung« (E. Fromm, 1947a, GA II, S. 47ff.) und am »kybernetischen Menschen« (E. Fromm, 1973a, GA VII, S. 317ff.), sind vorzugsweise am Beispiel der USA gewonnen. Auch in Mexiko, dem dritten Land, in dem er lange Zeit lebte und viele Freunde gewann, blieb Fromm trotz aller Anerkennung doch letztlich ein Außenseiter.

Was sich bei ihm durchhielt, war die *jüdische Identität*, die gerade keine einseitige Verwurzelung in einem nationalen Staatsgebilde kennt. Vor allem aus ihr begründet sich Fromms humanistisches Credo vom universalen Menschen, »daß jeder einzelne die ganze Menschheit in sich trägt, daß die ›menschliche Situation‹ (*conditio humana*) für alle Menschen die gleiche ist, und dies trotz der unvermeidlichen Unterschiede bezüglich Intelligenz, Begabung, Größe und Hautfarbe« (E. Fromm, 1964a, GA II, S. 222).

Angesichts eines fortdauernden oder wieder erstarkten Nationalismus, der sich auch in Europa in grausamen Bürgerkriegen, »ethnischer Säuberung« und eklatanten Menschenrechtsverletzungen äußert, sowie angesichts der gegenwärtigen Auseinandersetzung um das »neue« Nationalgefühl in Deutschland ist Fromms humanistische Idee von der Überwindung aller nationalen und rassistischen Gegensätze von unverminderter Aktualität.

Erich Fromm hat sich nach dem Zweiten Weltkrieg in einigen Zeitungsartikeln und Memoranden kritisch mit der *deutschen Nachkriegsentwicklung* unter Adenauer, Erhard und Strauß auseinandergesetzt. Er hat in diesem Zusammenhang vor allem die Nichtanerkennung der Oder-Neiße-Grenze, die Verabschiedung der Notstandsgesetze und die »wachsende militaristische Tendenz« in der Bundeswehr kritisiert (vgl. E. Fromm, 1966h, GA V, S. 13ff.; 1990n [1965], GA XI, S. 493–498). Noch kurz vor seinem Tod stellte er der politischen Entwicklung in Westdeutschland, die er äußerst kritisch beurteilte, in einem Manuskript *Über die Beziehungen zwischen Deutschen und Juden* (1978) die Bedeutung der großen Humanisten Marx, Freud und Einstein, allesamt »deutsche Juden«, gegenüber (E. Fromm, 1992r [1978], GA XI, S. 597–600). Fromm selbst bekannte sich in diesem Sinne zur humanistischen Tradition des deutschen Judentums, wohingegen er jedwede Äußerungsform von Nationalismus, Militarismus und Machtpolitik scharf ablehnte.

Diese Haltung brachte ihn auch in ein zunehmend *kritisches Verhältnis zum Staat Israel.* Fromm hing zwar in früher Jugend vorübergehend dem Zionismus an, distanzierte sich jedoch vermutlich schon unter dem Einfluß seines Lehrers Rabinkow und vollends im Zuge seiner Abkehr vom orthodoxen Judentum von der Auffassung, daß die Juden einen eigenen Staat zum Überleben brauchten. Allerdings äußerte er ein gewisses Verständnis für die Gründung des Staates Israel als Reaktion auf den Holocaust. So schrieb er in dem schon erwähnten Manuskript:

»Hitlers Macht und das Trauma des Holocaust haben die Juden so tief getroffen, daß die meisten von ihnen spirituell kapitulierten. Nach dem Holocaust glaubten sie, eine Antwort auf die Frage ihrer Existenz in der Gründung eines Staates gefunden zu haben. Der Staat freilich teilt alle Übel, die mehr oder weniger allen Staaten anhaften, eben weil sie sich auf Macht stützen.« (E. Fromm, 1992r [1978], GA XI, S. 599.)

Im Zusammenhang mit der Gründung des Staates Israel und bei späteren Gelegenheiten setzte sich Fromm für ein Bleiberecht bzw. die Rückkehr der Palästinenser in den Staat Israel sowie für *Frieden und Versöhnung zwischen Juden und Arabern* ein. Er verfaßte im Jahr 1948 eine entsprechende Erklärung, die mehrfach überarbeitet und schließlich mit den Unterschriften von Leo Baeck und Albert Einstein in der *New York Times* veröffentlicht wurde (E. Fromm, 1990t [1948], GA XI, S. 523–527). In den 60er Jahren war Fromm Mitglied eines »Komitees für neue Alternativen im Vorderen Orient« (vgl. R. Funk, 1983, S. 131). Im Gegensatz zur bedingungslosen Unterstützung des Staates Israel durch die meisten jüdischen Organisationen in den Vereinigten Staaten war Fromms Position durch heftige Kritik an der israelischen Politik, ja durch einen »aggressiven Antiisraelismus« (S. Lundgren, 1998, S. 111) gekennzeichnet, der sogar alte Freunde irritierte. In einer brieflichen Stellungnahme zum israelisch-arabischen Krieg von 1973 beging er das für einen Juden denkbar größte Sakrileg, die Bombardierung von Palästinenser-Lagern durch die israelische Armee mit der Vergeltungsaktion der Nazis in Lidice nach dem Attentat auf Heydrich zu vergleichen (Brief an Darmstaedter, zitiert bei S. Lundgren, 1998, S. 112).

Solche Kritik erfolgte bei Fromm aufgrund einer *religiös-humanistischen Auffassung des Judentums*, vor der die »Realpolitik« der Israelis einschließlich ihrer Kriegsführung gegen die Araber keinen Bestand haben konnte. Wie der immer noch bald schwelende, bald offen ausbrechende Konflikt zwischen Israelis und Palästinensern mit seinen Wogen des Hasses auf beiden Seiten zeigt, hatte Fromm recht mit seiner Forderung, daß eine Aussöhnung zwischen Juden und Arabern notwendig sei. Inzwischen ist klargeworden, daß nur ein Friedensabkommen, das von beiden Seiten akzeptiert und eingehalten wird, die Feindseligkeiten dauerhaft beendigen kann.

Engagement für Frieden und Abrüstung

In den 50er und 60er Jahren engagierte sich Fromm in starkem Maße in der amerikanischen Friedensbewegung. So war er u.a. im Jahr 1957 an der Gründung des *National Committee for a Sane Nuclear Policy* – abgekürzt SANE – beteiligt. 1962 nahm er in Moskau an einem vom Weltfriedensrat organisierten Kongreß für Frieden und Abrüstung teil, bei dem er nicht nur die Rüstungspolitik der amerikanischen Regierung, sondern auch die damals geplanten sowjetischen Atomtests scharf kritisierte (vgl. H. Jack, 1987, S. 61ff.).

Der Weltfriedensrat, zu dessen Unterstützern in Europa u.a. Martin Niemöller, Albert Schweitzer und Bertrand Russell gehörten, galt damals bei den meisten westlichen Politikern und größtenteils auch in der öffentlichen Meinung als ein kommunistisches Propagandainstrument, da die zahlenmäßig überwiegenden Mitglieder aus der Sowjetunion und den osteuropäischen Ländern sich jeglicher Kritik an der Rüstungspolitik ihrer Regierungen enthielten. So war es für Fromm gewiß ein mutiger Schritt, sich in die Höhle des Löwen zu begeben und dort eine Position zu vertreten, die nur dem eigenen Gewissen und der Stimme der Vernunft, aber keiner Partei- oder Regierungsdoktrin verpflichtet war. Auch mit der Leitung von SANE kam es im Vorfeld zu einer Auseinandersetzung, da wegen der einseitigen ideologischen Ausrichtung des Kongresses kein offizieller Vertreter entsandt werden sollte.

Dieses Beispiel zeigt, daß Erich Fromm nicht nur ein fähiger Therapeut und Dozent, sondern auch ein mutiger, politisch aktiver Mensch war, der vor Konflikten nicht zurückscheute, wenn es darum ging, ideologische Vorurteile zu durchbrechen und das Vernünftige zu tun.

Fromm war durch die atomare Hochrüstung der Supermächte während der 50er und 60er Jahre alarmiert und aufs höchste besorgt. Er beurteilte aber auch die Wiederbewaffnung Deutschlands und die von Adenauer betriebene Politik der Nicht-Anerkennung der DDR und der Oder-Neiße-Grenze äußerst kritisch, da sie den Ost-West-Gegensatz verschärfte (vgl. E. Fromm, 1966h, GA V, S. 16f.). Vor allem F. J. Strauß galt ihm als ein rücksichtsloser Machtpolitiker und Exponent revanchistischer Kräfte in der Bundesrepublik, die nur danach drängten, den »Finger am Auslöser einer eigenen Atombombe« (a. a. O., S. 13) zu haben.

Demgegenüber setzte Fromm auf eine *Politik der Verständigung*, die auf weltweit kontrollierter Abrüstung und der Übereinkunft beruhen sollte, das zwischen den beiden Supermächten bestehende politische Gleichgewicht nicht zu ändern. Voraussetzung dafür sei die »psychologische Abrüstung« (E. Fromm, 1961a, GA V, S. 56), das heißt die Bereitschaft zur Beendigung des hysterischen Hasses und des Mißtrauens auf beiden Seiten, des paranoiden Denkens, das den Planspielen der Militärs zu Grunde liegt, und der Projektion, die beim Feind die Verkörperung alles Bösen, bei sich selbst dagegen nur lautere Motive am Werk sieht (vgl. a. a. O., S. 58f.). Hier wandte Fromm seine sozio-psychoanalytische Methode auch auf die Beziehung zwischen den beiden großen Machtblöcken zur Zeit des Kalten Krieges an.

Fromm war nicht nur durch das Massensterben in den Schützengräben des Ersten Weltkriegs und die schon damals praktizierte Zerstörung ganzer Städte zutiefst geschockt, sondern auch durch das »wahllose Gemetzel unter der Zivilbevölkerung im Zweiten Weltkrieg, zuerst durch die Nazis und dann durch die Alliierten bei der Massenbombardierung der deutschen und japanischen Städte« (E. Fromm und M. Maccoby, 1962b, GA V, S. 235f.). Der skrupellose Einsatz von Atombomben in Hiroshima und Nagasaki durch die amerikanischen Militärs war in seinen Augen nicht nur ein Beweis für das gigantische Zerstörungspotential der modernen Kriegstechnologie, sondern auch für die nekrophilen Energien inmitten einer zivilisierten Nation. Deshalb wandte er sich in den 60er Jahren mit Entschiedenheit gegen alle Versuche, den Atomkrieg zu verharmlosen. Ein zutiefst nekrophiles, das heißt lebensfeindliches Denken zeigte sich für Fromm u. a. in Herman Kahns Buch *On Thermonuclear War* (1960). Kahn bezeichnete den Tod von ein bis zwei Dritteln der Bevölkerung noch als akzeptabel, »sofern sich nur die Wirtschaft recht bald wieder erholt« (E. Fromm, 1961a, GA V, S. 157). Dieser Trennung von humanem Wertempfinden und Argumenten einer wissenschaftlich-technischen Intelligenz setzt Fromm seine prinzipielle Kritik entgegen:

»Schon die Tatsache, daß man heute eine solche Todesbilanz in aller Ruhe aufstellen kann, ist das Resultat des brutalisierenden Einflusses zweier Weltkriege und der Terrorsysteme unserer Zeit. Viele Experten merken nicht, welche Brutalität es bedeutet, wenn man über die ›Annnehmbarkeit‹ der Ermordung von fünfzig Millionen Menschen auf beiden Seiten diskutieren kann, und sie sind sich auch nicht bewußt, welche weitere Brutalisierung ein Atomkrieg hervorrufen würde. Jede moralische Entwicklung ist zweifellos immer die moralische Entwicklung einer Gesellschaft, und wenn eine Gesellschaft den Massenmord und Massenselbstmord anordnet, werden nur sehr wenige noch in der Lage sein, an der jüdisch-christlichen oder der humanistischen Ethik festzuhalten.« (E. Fromm, 1960c, GA V, S. 236.)

Was die Radikalität seiner Äußerungen gerade auf dem Gebiet der Abrüstungs- und Friedenspolitik angeht, ist Erich Fromm häufig mit den *alttestamentlichen Propheten* verglichen worden. Er selbst hat den Vergleich mit den Propheten nicht gescheut, galten ihm diese doch seit frühester Jugend nicht nur als Vorbilder für die Warnung vor dem möglichen Untergang, sondern auch für die Verheißung einer friedvollen Zukunft, in der »die Völker Pflugscharen aus ihren Schwertern und Winzermesser aus ihren Lanzen schmieden werden« (Jes. 2,4, zitiert zum Beispiel in E. Fromm, 1962a, GA IX, S. 40).

Fromm hat in seinem Werk den Propheten und speziell ihren Aussagen über die *messianische Zeit* einen bedeutenden Platz eingeräumt (vgl. E. Fromm, 1966a, GA VI, S. 158ff.; 1967b, GA V, S. 295ff.). Er tritt selbst mit dem Gestus eines Propheten auf, der die Menschen vor die Entscheidung stellt: Entweder kühl kalkuliertes Risiko des wechselseitigen Untergangs – so hieß ein grausam-ironisches Kürzel für die Wirkung des atomaren Potentials bekanntlich MAD, das heißt *Mutual Assured Destruction* – oder Einsatz aller Kräfte für den Frieden, notfalls auch durch einseitige erste Schritte zur Abrüstung (vgl. E. Fromm, 1960c, GA V, S. 213ff.).

Es war kein Politiker der westlichen Welt, sondern der mächtigste Funktionär des kommunistischen Lagers, der wenige Jahre nach Fromms Tod, noch während der Reagan-Thatcher-Ära mit ihren gigantischen Hochrüstungsplänen, einer Politik der Verständigung durch *Vorschläge zur militärischen Abrüstung* entscheidende neue Impulse gab. Dabei waren es freilich nicht in erster Linie humanistische Motive, sondern vor allem ökonomische Gründe, die die damalige Führung der Sowjetunion zum Umdenken zwangen. Auch wurde die nach anfänglichem Mißtrauen auf internationalem Terrain erfolgreiche Entspannungspolitik Gorbatschows durch bewaffnete Auseinandersetzungen an den Rändern des bis dahin gewaltsam zusammengehaltenen Vielvölkerstaates Sowjetunion stark beeinträchtigt. In den folgenden Jahren, die die Auflösung des Warschauer Paktes und den rapiden Niedergang des real existierenden Sozialismus in Osteuropa mit sich brachten, war – gleichsam als positiver Nebeneffekt – in den westlichen Staaten ein *Rückgang der Angst vor einer nuklearen Katastrophe* festzustellen. Heißt das, daß Fromms friedenspolitische Aktivitäten und Schriften inzwischen überholt sind und uns heute nichts mehr zu sagen haben?

Die Antwort auf diese Frage kann nur ein *klares Nein* sein. Überall auf der Welt finden nach wie vor Kriege statt, und auch wenn die Gefahr einer atomaren Konfrontation zwischen den USA und Rußland abgenommen hat, kann niemand garantieren, daß es nicht doch eines Tages wieder zu einem Einsatz von Atomwaffen kommen könnte – man denke nur an den indisch-pakistanischen Konflikt. Vor allem aber: Die Waffenarsenale werden immer noch aufgestockt, obwohl seit Jahren schon ein Bruchteil des vorhandenen Potentials an atomaren, biologischen und chemischen Waffen genügen würde, um alles Leben auf der Erde zu vernichten. Auch Kriege mit *konventionellen Waffen* sind keineswegs zu verharmlosen. Der Bürgerkrieg im früheren Jugoslawien und die kriegerischen Auseinandersetzungen im Kosovo haben – mitten im »zivilisierten« Europa – zur Vertreibung und systematischen Ausrottung ganzer Bevölkerungsgruppen geführt. Nach dem Golfkrieg setzte die Militärmacht USA erneut ihre technologische Überlegenheit in Form von Bombardements durch die Luftstreitkräfte ein, um den Diktator Saddam Hussein in die Knie zu zwingen. Es folgten die Luftangriffe der NATO gegen Serbien ohne Mandat durch den UN-Sicherheitsrat, die das Morden der Truppen Milosevics im Kosovo allerdings nicht verhindern konnten. Die angerichtete Zerstörung steht in keinem Verhältnis zur deklarierten »humanitären« Zielsetzung, und die Zahl der Opfer unter der Zivilbevölkerung wird in den Medien sicher viel zu niedrig angegeben.

Es besteht wahrlich kein Grund, nach dem Ende der nuklearen Ost-West-Konfrontation die Hände in den Schoß zu legen und zu meinen, die Kriegsgefahr sei ein für allemal gebannt. Im Gegenteil: In Afrika starben vor kurzem noch Zehntausende in blutigen Bürgerkriegen. In der Bundesrepublik wird über mögliche militärische Einsätze der Bundeswehr im Rahmen der unter NATO-Kommando stehenden »Krisenreaktionskräfte« nachgedacht. Auch die in den kapitalistischen Industrieländern immer noch vorangetriebene Steigerung der Rüstungsproduktion, deren Export in die Entwicklungsländer dort den Großteil der Etats verschlingt, gibt Anlaß zu großer Besorgnis. Ohne Zweifel würde Fromm deshalb auch heute seine Stimme erheben, um allgemeine Abrüstung, die Trennung der wissenschaftlichen von der militärischen Forschung, die Umstellung der militärischen auf zivile Produktion und ein Ende des weltweit andauernden Blutvergießens zu fordern (vgl. E. Fromm, 1976a, GA II, S. 409ff.). Sein humanistisches Engagement für Frieden und Abrüstung sollte uns Ansporn sein, in einer Zeit, in der das Denken in militaristischen Kategorien selbst bei »linken« Politikern zunehmend populär wird, für eine Friedenspolitik mit friedlichen Mitteln einzutreten.

Für eine soziale Mitbestimmungs-Demokratie

Erich Fromm ist bekanntermaßen ein scharfer Kritiker des kapitalistischen Gesellschaftssystems, das er in *Wege aus einer kranken Gesellschaft* (1955a, GA IV) ausführlich analysiert hat. In zahlreichen weiteren Veröffentlichungen, u. a. auch in den Bestsellern *Die Kunst des Liebens* (1956a, GA IX) und *Haben oder Sein* (1976a, GA II), macht er den Kapitalismus für die Entfremdungserscheinungen im menschlichen Streben nach Glück und Selbstentfaltung, in den zwischenmenschlichen Beziehungen und in der Organisation der Arbeit verantwortlich. Wie die parallele Kritik am »konservativen, staatlich kontrollierten Industrie-Managertum« (E. Fromm, 1961a, GA V, S. 55) der ehemaligen Sowjetunion zeigt, ist Fromm jedoch ebensowenig ein Anhänger des (damals noch) real existierenden Sozialismus. Der chinesische Kommunismus wird von ihm scharf attackiert, weil er mit Hilfe ideologischer Indoktrination »die volle Kollektivierung der einzelnen Individuen durchzuführen« (a. a. O, S. 131) versucht; damit stehe er in krassem Gegensatz zur westlichen humanistischen Tradition und auch zu dem, was Marx anstrebte.

Es geht Fromm – soviel ist hieraus schon zu ersehen – nicht darum, an die Stelle des kapitalistischen Systems, dessen Auswirkungen auf den Menschen er in seinen vielfältigen Untersuchungen zum *Gesellschafts-Charakter* beschreibt, ein anderes System aus dem Arsenal der bisherigen wirtschaftlichen und politischen Geschichte zu setzen. Vielmehr geht es ihm um das »Ideal einer besseren und menschlicheren Gesellschaft als der gegenwärtigen« (E. Fromm, 1960b, GA V, S. 40). Es ist aber nicht nur die *Spannung zwischen Ideal und Wirklichkeit,* sondern auch der Entwurf von gesellschaftlichen Alternativen, mindestens aber die Forderung grundlegender psychosozialer und politischer Veränderungen, die Fromms kritischem Blick auf die bestehende Gesellschaft seine Schärfe verleiht. Dies hat allerdings auch dazu geführt, daß viele seiner Vorstellungen heutzutage allzu schnell als wirklichkeitsfremde Utopien abgelehnt werden.

Was steht hinter seinen vielfältigen Aktivitäten auf politischem Gebiet? Zum einen, wie wir schon sahen, die Sorge um die Erhaltung des Friedens in einer Zeit, in der die Menschheit am Rand des nuklearen Abgrunds stand. Zum anderen – weniger spektakulär, aber sehr nachdrücklich – der Wunsch nach *Verwirklichung von mehr Demokratie.* Demokratie ist – hier wirkt die Erfahrung mit dem Faschismus noch nach – für Fromm kein leeres Wort. Die Existenz freier Wahlen und eines Mehrparteiensystems sind für Fromm zwar notwendige, keineswegs jedoch hinreichende Bedingungen für Demokratie. Hinzukommen müssen »persönliche Freiheit« – das heißt Freiheit zur Selbstentfaltung und Freiheit der Meinungsäußerung, auch wenn sie den Herrschenden nicht genehm ist – sowie »Demokratie im ökonomischen und gesellschaftlichen Bereich« (E. Fromm, 1961a, GA V, S. 180). Was ist damit gemeint?

Demokratie im *ökonomischen* Bereich ist nach Fromm dann gegeben, wenn die Wirtschaft »dem Wohl der Mehrheit der Bevölkerung dient« (a. a. O.). Wo eine schmale Schicht sich bereichert, während das Gros der Bevölkerung leer ausgeht, besteht keine Demokratie, selbst wenn freie Wahlen, Meinungs- und Pressefreiheit und Unabhängigkeit der Justiz garantiert sind. Dies ist eine im Westen eher ungewöhnliche, im Kern sozialistische Perspektive, da in Fromms Verständnis von demokratischer Gesellschaft die herkömmliche Trennung von wirtschaftlichem und politischem System aufgehoben wird. Damit ist aber auch gesagt, daß es nicht von der Privatisierung oder Verstaatlichung der Produktionsmittel oder einzelner Industriezweige abhängt, ob eine Gesellschaft als demokratisch zu bezeichnen ist, sondern von der Kontrolle, der die Inhaber wirtschaftlicher und politischer Macht unterworfen sind, sowie von der Zielsetzung des gesamten Wirtschaftsprozesses. Hierzu heißt es unmißverständlich in Fromms Entwurf für das Programm der Sozialistischen Partei der USA:

»Produktion und Konsum müssen den Bedürfnissen der menschlichen Entwicklung untergeordnet werden, nicht umgekehrt. Folglich hat sich die gesamte Produktion nach dem Grundsatz des Nutzens für die Gesellschaft zu richten, nicht nach dem Profit, den einzelne oder Unternehmen davon haben. (…)

Der humanistische Sozialismus ist ein System, in dem der Mensch das Kapital und nicht das Kapital den Menschen beherrscht; in dem der Mensch seine Lebensumstände und nicht die Lebensumstände den Menschen beherrschen; in dem die einzelnen Mitglieder der Gesellschaft planen, was sie produzieren wollen, anstatt daß die Produktion sich nach den Gesetzen der unpersönlichen Mächte des Marktes und des Kapitals mit dem ihnen eigenen Bedürfnis nach maximalem Profit richten.«
(E. Fromm, 1960b, GA V, S. 31f.)

Mit *gesellschaftlicher* Demokratie bezeichnet Fromm zum einen Mitbestimmungsrechte für die Belegschaft in den Betrieben, nicht nur durch Mitbestimmung von Gewerkschaftsvertretern in den Aufsichtsräten, sondern auch durch Aufteilung der Verantwortung zwischen Betriebsleitung und Belegschaft und »Beteiligung am Management und der Beschlußfassung« (E. Fromm, 1955a, GA IV, S. 225). Um eine Zusammenballung wirtschaftlicher Macht zu vermeiden und die Umweltkosten beim Transport zum Verbraucher so gering wie möglich zu halten, wird sodann die »maximale Dezentralisierung von Wirtschaft und Politik« (E. Fromm, 1976a; GA II, S. 401) empfohlen; dazu ist es nötig, »die Riesenkonzerne in kleinere Einheiten aufzubrechen« (a. a. O.).

Eine wichtige Funktion fällt den *Massenmedien* zu: Alle Methoden, die auf »Gehirnwäsche« hinauslaufen, sollen verboten werden; statt dessen ist ein »wirksames System zur Verbreitung von objektiven Informationen zu etablieren« (a. a. O., S. 403 und 408). Und schließlich sollen, damit aus der passiven »Zuschauerdemokratie« eine aktive »Mitbestimmungsdemokratie« werden kann, auch die einzelnen Individuen ihren Beitrag leisten, indem sie »sowohl ihre ökonomischen als auch ihre politischen Funktionen aktiv wahrnehmen« (a. a. O., S. 309).

Resümee und Ausblick

Wenn wir fragen, wie es um die *Verwirklichung* dieses Frommschen Programms bestellt ist, so sieht die Bilanz nicht sehr ermutigend aus. Spätestens seit dem Zusammenbruch der kommunistischen Herrschaft im Osten Europas sehen sich der Kapitalismus und seine Anhänger gestärkt. Die reale Entwicklung verläuft unter dem Schlagwort »Globalisierung« genau in entgegengesetzter Richtung zu Fromms Vorstellungen. Die internationalen Märkte sind global vernetzt, wenngleich der größte Teil der Investitionen und des Handels noch innerhalb der Großwirtschaftsräume Amerika, Asien und Europa abgewickelt wird. Die Ausdehnung transnationaler Unternehmen nimmt zu, und durch Fusionen entstehen immer neue Kapitalzusammenballungen mit vorher nicht gekannter wirtschaftlicher Macht (Beispiel Daimler/Chrysler). Gewerkschaftlicher Einfluß wird zurückgedrängt, die Unternehmensziele orientieren sich immer ausschließlicher an den Interessen der Kapitaleigner. Und nicht zuletzt hat sich die Politik augenscheinlich den Interessen der Wirtschaft unterzuordnen. Die Folgen kennt jeder: Seit Anfang der 90er Jahre immer neue Rationalisierungsschübe, rasant gestiegene Massenarbeitslosigkeit, Sozialdumping in den Industrieländern, wachsendes Elend in der Dritten Welt und ungebremste Naturzerstörung im globalen Maßstab. Mutet Fromms Idee eines »humanistischen, demokratischen Sozialismus« (E. Fromm, 1961b, GA V, S. 174) da nicht wie eine rückwärtsgewandte Idylle an?

Sicher wäre es zu kurz gegriffen, wenn man mit Ideen und Programmen der 60er Jahre *unmittelbar* an die wirtschaftlichen und politischen Herausforderungen der Jahrtausendwende herangehen wollte. *So* ist der Rückgriff auf Fromm auch nicht gemeint. Die Probleme, die sich heute stellen, müssen mit aktuellen Erkenntnissen und den Mitteln der heutigen Zeit angegangen werden. Und die Wirklichkeit ist nicht nur eindimensional, denn die bisherige Entwicklung ruft auch Gegenkräfte auf den Plan. So werden gerade unter Finanzfachleuten immer mehr Stimmen laut, die eine Regulierung der internationalen Finanzmärkte verlangen. So ist absehbar, daß die Wirtschaftsideologie des Neoliberalismus bald ausgedient haben wird. So wurde zum Beispiel die von der OECD geplante Einführung eines »Multilateralen Abkommens über Investitionen« (*M*ultilateral *A*greement of *I*nvestment, abgekürzt MAI), das die

Stellung der multinationalen Unternehmen gegenüber den nationalen Regierungen weiter privilegiert hätte, vorerst auf Eis gelegt, nachdem der Entwurf an die Öffentlichkeit gebracht und sehr kontrovers diskutiert worden war (vgl. F. R. Glunk, 1998, S. 151ff.).

Die Frommsche Sozialutopie – nennen wir sie ruhig so – liefert keine »Rezepte« für die Probleme der Gegenwart, aber sie gibt eine Richtung an, in der eine mögliche Lösung zu suchen ist. Und das Ideal einer *sozialen Mitbestimmungsdemokratie, in der nicht mehr das Kapital die Menschen beherrscht,* entwickelt um so mehr Leuchtkraft, je mehr die realen Verhältnisse zu beweisen scheinen, daß das Schicksal des Menschen und der Erde vom Kapital abhängig ist. Mit seinem Vertrauen auf das dem Menschen innewohnende Humanum, das sich zwar durch die kapitalistischen Verhältnisse verbiegen, aber nicht unterdrücken läßt, und seiner davon geleiteten Sozialutopie könnte sich Fromm im Gegensatz zu anderen Autoren, die postmoderne Beliebigkeit verkündigen, auf längere Sicht als ein moderner Klassiker erweisen.

Literaturnachweise

Bonß, W., und Schindler, N., 1982: »Kritische Theorie als interdisziplinärer Materialismus«, in: *Sozialforschung als Kritik. Zum sozialwissenschaftlichen Potential der Kritischen Theorie,* hg. von W. Bonß und A. Honneth, Frankfurt am Main: Suhrkamp, S. 31–66.

Fromm, E.: siehe die Nachweise am Ende des Bandes

Funk, R., 1983: *Erich Fromm. Mit Selbstzeugnissen und Bilddokumenten.* Reinbek: Rowohlt.

Gidal, N.T., 1997: *Die Juden in Deutschland von der Römerzeit bis zur Weimarer Republik.* Köln: Könemann.

Glunk, F. R. (Hg.), 1989: *Das MAI und die Herrschaft der Konzerne. Die Veränderung der Welt durch das Multilaterale Abkommen über Investitionen.* München: Deutscher Taschenbuch Verlag.

Hardeck, J., 1992: *Vernunft und Liebe. Religion im Werk von Erich Fromm.* Frankfurt am Main/Berlin: Ullstein.

Jack, H. A., 1987: »Die Friedensbewegung und Erich Fromm«, in: *Der unbekannte Fromm. Biographische Studien,* hg. von L. von Werder, Frankfurt am Main: Haag und Herchen, S. 61–69.

Löwenthal, L., 1980: *Mitmachen wollte ich nie. Ein autobiographisches Gespräch mit Helmut Dubiel.* Frankfurt am Main: Suhrkamp.

Lundgren, S., 1998: *Fight against Idols. Erich Fromm on Religion, Judaism and the Bible.* Frankfurt am Main/Berlin/New York: Lang.

Wiggershaus, R., 1987: *Die Frankfurter Schule. Geschichte – Theoretische Entwicklung – Politische Bedeutung.* München/Wien: Hanser.

BURKHARD BIERHOFF

Gesellschafts-Charakter und Erziehung

In dem vorliegenden Beitrag knüpfe ich an das theoretisch anregende Konzept des Gesellschafts-Charakters (*social character*) an und versuche, aktuelle Wandlungstendenzen im Erziehungsprozeß zu beschreiben, die mit der Familie und der Kindheit heute verbunden sind. Es geht darum, die Frommsche Sozialpsychologie als einen offenen problemorientierten Ansatz aufzuweisen, der sich als anhaltend aktuell erweist, die derzeitigen gesellschaftlichen und sozialcharakterologischen Entwicklungen zu erfassen.

Die gesellschaftliche Aufgabe der Erziehung

Die gesellschaftliche Aufgabe der Erziehung liegt darin, die menschlichen Energien so auszurichten, daß die Menschen die gesellschaftlich vorfindbaren Situationen bewältigen, das heißt im wesentlichen: durch die Befriedigung der gesellschaftlich produzierten Bedürfnisse und durch die Produktion der Mittel der Bedürfnisbefriedigung die eigene Existenz und die ihrer Bezugsgruppe sichern können. Dabei ist das Motiv, nicht nur zu überleben, sondern »gut« und »besser« zu leben. Die Vorstellungen, was »gut« und »besser« meint, können sehr unterschiedlich sein und in philosophischer Weise erörtert werden, zum Beispiel im Sinne einer Tugendethik. Im Alltag folgen die Menschen den moralischen Vorstellungen, die sie als gegeben vorfinden. So wird eine konsumorientierte kapitalistische Gesellschaft die Idee des »guten« Lebens mit dem Bild des Schlaraffenlandes oder des Supermarktes gleichsetzen. Dann ist die oberste Prämisse der Lebensgestaltung: »Das Vergnügen, das du heute haben kannst, verschiebe nicht auf morgen.«

Erziehung und Sozialisation statten die Menschen mit den Haltungen und Verhaltensweisen aus, die sie brauchen, um sich unter den gegebenen gesellschaftlichen Verhältnissen zu orientieren, die

Beziehung zu anderen Menschen zu gestalten, einen Lebenssinn zu finden, zu lieben und zu arbeiten und ein Gefühl eigener Identität auszubilden. Bestimmte Ziele und Objekte werden leidenschaftlich besetzt; dabei kann es sich um Ideen und Ideale wie Freiheit, Macht, Genuß, Glück und Ehre handeln oder um Abstraktionen und Objekte wie das Vaterland, die Fahne, den eigenen Clan, das Auto, den Computer.

Erich Fromm hat die Funktion von Erziehung dahingehend umschrieben, daß die Menschen veranlaßt werden, sich die gesellschaftlichen Notwendigkeiten und Verhaltenserwartungen in einer inneren Struktur zu eigen zu machen, die er den Charakter nennt. Dabei verwendet er einen doppelten Charakterbegriff. In Bezug auf die Unverwechselbarkeit und Individualität des Menschen spricht er vom »individuellen Charakter«. Nun weisen die Menschen einer Gesellschaft, einer Bezugsgruppe oder eines sozialen Milieus Übereinstimmungen in ihrer psychischen Struktur auf. Das, was diesen Menschen charakterlich gemeinsam ist, die gesellschaftlich signifikanten Charakterzüge, bezeichnet Fromm als den Gesellschafts-Charakter oder Sozialcharakter.

Der Gesellschafts-Charakter

Mit dem Gesellschafts-Charakter ist der zentrale Grundbegriff der Frommschen Sozialpsychologie gegeben. Darunter versteht Fromm die gesellschaftliche Struktur, die die menschliche Energie auf die gesellschaftlich erwünschten oder notwendigen Ziele lenkt, und zwar so, daß die Befolgung der gesellschaftlichen Verhaltenserwartungen den Individuen wie eine freie Entscheidung vorkommt und ihnen ein Gefühl der Befriedigung vermittelt.

Den Gesellschafts-Charakter begreift Fromm als die Form, in die die menschliche Energie gebracht wird, damit sie als Produktivkraft von der Gesellschaft genutzt werden kann. In diesem Nutzungsprozeß sieht er jedoch die Gefahr angelegt, daß die Gesellschaft den Menschen verzweckt und dabei verkrüppelt. Die Unzufriedenheit mit diesem Zustand kann dazu führen, daß sich im Menschen Widerstandskräfte regen und eine Dynamik entsteht, die darauf hinzielt, »bessere« oder menschenwürdigere Zustände herbeizuführen.

Eine Gesellschaft, die mit den menschlichen Grundbedürfnissen in krassen Gegensatz gerät, ist zum Untergang verurteilt oder muß verändert werden. Da die veränderte Gesellschaft das Werk der Menschen sein muß und nicht nach Maßgabe beliebiger Wünsche entworfen werden kann, denkt Fromm in erster Linie von den gesellschaftlichen Notwendigkeiten und Zielen her, die den Gesellschafts-Charakter bestimmen: Solange keine gesellschaftliche Organisation existiert, in der das Interesse der Individuen mit dem der Gesellschaft versöhnt ist, werden gesellschaftliche Zwänge die Entfaltung der Menschen mehr oder weniger stark behindern.

Fromm erkennt, daß eine Gesellschaft nur unzureichend an die menschlichen Bedürfnisse angepaßt sein kann und daß soziale Pathologien zu psychosozialen Defekten führen können. Für ihn ist der *soziale Defekt* Ausdruck und Folge der *Pathologie der Normalität*, einer spezifischen Entfremdung des konformitätsorientierten Menschen. Eigentlich handelt es sich um eine doppelte Entfremdung, die sich darin zeigt, daß der Mensch nicht nur entfremdet ist, sondern aufgrund spezifischer Deformation seine Entfremdung nicht erkennen kann. Vielmehr wählt er spezifische Erlebnisformen (zum Beispiel »Einkaufen als Zeitvertreib«), die seine Gefühle der Ohnmacht, des Überdrusses und der Verzweiflung unter der Oberfläche halten und so verhindern, daß das Unbehagen, die *Malaise*, zum Ausdruck kommt.

Beschädigte Subjektivität

In seiner Charaktertheorie hat Fromm produktive und unproduktive Varianten des Charakters aufgewiesen. In der gegenwärtigen Gesellschaft sind mehrere Charaktertypen verbreitet, die Fromm als autoritär, marketing-orientiert, narzißtisch und nekrophil bezeichnet hat. Im folgenden sollen beispielhaft Wesenszüge der Marketing- und der narzißtischen Orientierung beschrieben werden. Menschen, die diesen Typen zuzurechnen sind, zeigen Merkmale pathologischer Normalität, das heißt, sie gelten gesellschaftlich als gesund und normal, weil sie innerhalb des bestehenden Rahmens gut funktionieren. Da ihre Modalpersönlichkeit den gesellschaftlichen Erwartungen entspricht, fällt es nicht auf, daß sie einen sozialen Defekt haben, also ihre Persönlichkeit in bestimmter Weise nicht entwickelt, ja geradezu verkrüppelt ist. Insoweit aber dieser Defekt nicht extrem in einem Symptom der Gefühllosigkeit ausgeprägt ist, bleiben Unbehagen, Unzufriedenheit, Langeweile und chronische Depressivität bestehen.

Fromm faßt den Menschen mit einem sozialen Defekt nicht als leidendes und bedrängtes Subjekt, sondern beschreibt ihn als funktional eingepaßten, gefühllosen Organisationsmenschen. Demgegenüber erscheint es mir angemessener, von *beschädigter Subjektivität* zu sprechen und die Frage offen zu lassen, ob dieser Mensch an sich und den Verhältnissen zu leiden beginnt, welche widerständigen Kräfte er entwickelt, wie er sich seine Realität aneignet und sie verändert. Die Frommschen Beschreibungen des Marketing- und des narzißtischen Charakters sind in Abgrenzung zum »produktiven Ideal« formuliert, so daß diese Charaktertypen als unproduktiv dargestellt werden. Zur Bewältigung der gesellschaftlichen Notwendigkeiten sind sie jedoch funktional und geben insofern auch die Grundlage für die weitere Entwicklung der Gesellschaft und des Menschen vor.

Mit der *Marketing-Orientierung* beschreibt Fromm die Erlebniswirklichkeit eines Menschen, der sein Identitätsgefühl daraus bezieht, daß er aufgrund seiner Anpassungsfähigkeit (cerebrale und visuelle Orientierung) so sein kann und sein will wie alle anderen auch. Diese auf Konformität zielende Haltung erlaubt es ihm, seine Persönlichkeitseigenschaften auf dem Personalmarkt zu verkaufen. Das Modell des Marktes ist nicht nur die Organisationsform der ökonomischen Sphäre, sondern auch zum Prinzip der Organisation der zwischenmenschlichen Beziehungen geworden. Der moderne Markt weist sich dadurch aus, daß der »Tauschwert« einer Ware ihrem »Gebrauchswert« vorgelagert ist. Mit dem Marketing-Charakter als einer gesellschaftlich vorherrschenden Charakterorientierung einher geht die Vorstellung von der funktionalen Ersetzbarkeit anderer Menschen (»Wegwerf-Beziehungen«), von der Natur und ihren Ressourcen als einem »Warenhaus«, in dem man sich ohne Rücksicht hemmungslos bedienen kann, und dem »Glück« als Folge der Maximierung von Bedürfnisbefriedigung durch Waren und Dienstleistungen. Die damit verbundene Ansicht, »Leben« sei dann sinnvoll, wenn es – neben der hektischen Betriebsamkeit im Alltag des Berufs und der Familie – die Möglichkeit biete, anstrengungslos glücklich zu sein, führt oft in die Langeweile und Depressivität, hinter der sich ein »Gefühl der Ohnmacht« verbirgt. Wenn es einem Menschen in eigener Anstrengung, vielleicht therapeutisch unterstützt, gelingt, seine Gefühle von Ohnmacht und Langeweile *bewußt* zu erleben, ohne in die Geschäftigkeit des Konsumierens und anderer Zerstreuungen zu flüchten, kann er in dem Zulassen dieser Gefühle erstmals eine Bewältigungsmöglichkeit für die dahinter stehenden Fehlhaltungen und Selbstbeschränkungen erlangen.

Fromm hat den Narzißmus des modernen Menschen gesondert beschrieben, obwohl er auch als charakterliche Dimension der Marketing-Orientierung zu finden ist. Narzißmus und narzißtische Erlebniswirklichkeit sind mit dem sogenannten *falschen Selbst* verbunden (ein Begriff, den Fromm selbst nicht gebraucht, der aber das von ihm Gemeinte gut trifft). Dieses gründet auf dem Versuch des Kindes, so zu werden, wie die Bezugspersonen es haben möchten. So stellt das Kind sein falsches Selbst dar und unterdrückt die Äußerungen seines *wahren Selbst*.

Der *narzißtische Charakter* bewegt sich in der Polarität von Grandiosität und Wertlosigkeit. Das mangelnde Selbstwertgefühl wird zumeist durch einen großspurigen Habitus, mangelnde Bescheidenheit, Angst vor Fehlschlägen, Beschönigung von Mißerfolgen und Furcht vor Mißerfolg kompensiert. So steht hinter der aufgeblasenen Selbstdarstellung ein kleines schwaches Ich, das darauf angewiesen ist, von außen Zuspruch und Bestätigung zu finden. Die Bezogenheit zu den anderen Menschen ist dabei instrumentell; sie ist davon abhängig, was diese zur Bestätigung des falschen Selbst beitragen. Somit fehlt dem narzißtischen Charakter der ungetrübte Blick auf die anderen. Er nimmt diese immer im Lichte seiner eigenen Bedürfnisse und Selbsttäuschungen wahr. Der andere ist nur insoweit wirklich, als er funktionalisiert und manipuliert werden kann.

Für Fromm zeigt sich die narzißtische Charakterorientierung also darin, daß das Interesse an der Außenwelt eingeschränkt ist und nur das als real erlebt wird, was die eigene Person, die eigenen Gefühle und Interessen betrifft. Dieses Eigene kann erweitert werden auf die eigene Familie oder Bezugsgruppe, auf die eigene Nation, Weltanschauung und Religion. Der narzißtische Mensch nimmt nur dieses Eigene als gefühlsmäßig bedeutsam wahr. Die Welt außerhalb wird ohne emotionalen Bezug rein verstandesmäßig wahrgenommen. Diese unreale Wahrnehmung geht einher mit einem Verlust an lebendiger Bezogenheit, Objektivität und Urteilsfähigkeit. Fromm vertritt die Ansicht, daß es sich bei extremen Ausprägungen eines solchen Realitätsverlusts um eine tiefliegende Störung des Persönlichkeitskerns handelt. Gesellschaftlich sind narzißtische Störungen weit verbreitet. Darin, sie zu bewältigen, sieht Fromm eine entscheidende Herausforderung unserer Zeit.

In ihrer Genese reichen narzißtische Störungen zurück auf frühkindlich erlebte Situationen, die die sogenannte narzißtische Zufuhr gefährdet und zu strukturellen Defiziten in der Entwicklung des Selbst geführt haben. Hierbei ist ein Erziehungsstil typisch, der aufgrund eines Mangels an Bezogenheit und Empathie seitens der Eltern auf Führung und Anleitung verzichtet, das Kind sich selbst überläßt bzw. massenmedialen Einflüssen überantwortet. Hinzu kommt, daß die Rücknahme »offener« Autorität zugunsten der »anonymen« Autorität beim Kind eine konforme Haltung bewirkt. Fromm schließt zwar nicht aus, daß ein Mensch seinen Narzißmus bewältigen und seine Haltung der Konformität korrigieren kann, doch beschreibt er die narzißtische und die Marketing-Orientierung typisierend eher als eine generelle Verhinderung menschlicher Produktivität und weniger als eine reale charakterologische Grundlage für die Veränderung des Menschen und der Gesellschaft.

Wandlungen des Gesellschafts-Charakters

Der Gesellschafts-Charakter ist keine statische Größe, sondern Wandlungen unterworfen. Zudem folgt er einer eigenen Dynamik, die sich nicht auf Wandlungen der Sozialstruktur reduzieren läßt. In das von Fromm skizzierte Konzept sozialen Wandels geht neben einer heuristischen Vorstellung von der Natur des Menschen sowohl die Dialektik von Sein und Bewußtsein, das Basis-Überbau-Modell als auch die Vorstellung eines Widerspruchs zwischen den Produktionsverhältnissen und den sich entwickelnden Produktivkräften ein. Fromm geht davon aus, daß Strukturen des Gesellschafts-Charakters hinter den aktuellen Veränderungen der Sozialstruktur zurückbleiben können, so daß es zu Reibungen zwischen den veränderten sozio-ökonomischen Bedingungen und der Charakterstruktur kommt. Veränderungen des Gesellschafts-Charakters können aber auch sozio-ökonomische Veränderungen anregen oder beschleunigen.

Der Gesellschafts-Charakter wird im Erziehungsprozeß von der älteren Generation auf die Heranwachsenden übertragen. Aufgrund sich verändernder sozio-ökonomischer Bedingungen mit ihren Folgen für die Lebensweise reproduziert sich der Gesellschafts-Charakter jedoch nicht unverändert, sondern zeigt neue Akzentuierungen und neue Formen. In der gegenwärtigen Epoche sind die Wandlungsprozesse beschleunigt, so daß die Rückwirkungen auf den Gesellschafts-Charakter nur schwer abschätzbar sind. Offenbar haben sich aber die Formen des Charakters verändert und sind neue Erlebnismodalitäten und Subjektstrukturen entstanden. Für die Erziehung ist jedoch nicht klar, für welche Gesellschaft die Heranwachsenden erzogen werden sollen, weil aufgrund des rapiden Wandels sich noch niemand diese zukünftige Gesellschaft vorstellen kann. Zudem ist die Erziehung in Familie, Kindheit und Schule nur ein Teil der sozialisatorischen Einflüsse. Fromm selbst hat auf den Rückgang personaler Autorität zugunsten der von ihm als anonym bezeichneten Autorität verwiesen. In vielen Bereichen lösen sich die Menschen aufgrund der Erfahrung von Komplexität von einfachen linearen Modellen. So gilt auch für die Erziehungs- und Sozialisationsprozesse, daß sie in ihren Wirkungen nur begrenzt planbar und letztlich nicht berechenbar sind. Die Fähigkeit der Subjekte, die vorgefundene Wirklichkeit aktiv anzueignen und sich dabei auf wechselnde Situationen und Anforderungen einzulassen, wird zunehmend wichtiger. Der einzelne muß seine besondere Form der Auseinandersetzung mit seiner ihm gesellschaftlich vorgegebenen Wirklichkeit finden, die er in seinem Erleben und Handeln gleichsam »verlebendigt«, jedenfalls nicht einfach unverändert reproduziert.

Die allgemeine Flexibilisierung der Menschen, durch die Marketing-Orientierung des täglichen Lebens und die Anforderungen des Arbeitsprozesses erzwungen und in den Charakter eingedrungen, erscheint als eine direkte Antwort auf die zunehmende Ausdifferenzierung lebensweltlicher Strukturen. Die Pluralisierungs- und Individualisierungstendenzen, der Verlust von Einheitlichkeit und Überschaubarkeit, stellen bekannte, überkommene Strukturen in Frage, die ehemals einen klaren Orientierungsrahmen gebildet haben.

Entstehung des Neuen

Wir leben gegenwärtig in einer Zeit, in der trotz aller Bedrohlichkeiten neue Strukturen des sozialen Lebens aufkeimen und sich auch das Verhältnis der Generationen tiefgreifend verändert hat. Mit den heute entstehenden neuen Kulturelementen verbunden ist die Abwertung der Erfahrung der Älteren sowie die zunehmende Bedeutung kinder- und jugendeigener Subkulturen, die sich der Kontrolle durch die Erwachsenen entziehen.

Oft können sich Eltern und Erzieher nur sehr begrenzte Vorstellungen von der Mentalität ihrer Kinder machen, ihren Verarbeitungsformen von Wirklichkeit, ihren leidenschaftlichen Strebungen. Im Generationenverhältnis entstehen Fremdheit und Mißverstehen. Es gibt keine Kontinuität der Erfahrungen mehr, sondern eher einen Bruch in den Erlebniswelten. Diese erscheinen aufgrund neuer Generationsgestalten und Differenzen in den Charakterstrukturen nicht mehr kompatibel, so daß die Verständigungsverhältnisse zwischen den Generationen begrenzter werden.

Heute wird üblicherweise ein Verständnis von Erziehung vertreten, das dem Heranwachsenden eine aktive Auseinandersetzung mit den vorfindbaren Gegebenheiten zubilligt. Dabei werden die Prozesse der Erziehung und Sozialisation mit dem der Individuation oder »Selbstwerdung« als verwoben angesehen. Der Erziehungs- und Sozialisationsprozeß wird nicht im mechanistischen Sinne als ein bloßer Prägeprozeß verkannt. Vielmehr wird das aktiv auf Erziehungszumutungen und Sozialisation reagierende, mithin Vorstellungen der eigenen Individualität ausbildende Subjekt zentral berücksichtigt. In der zeitgenössischen Erziehungstheorie hat sich der Fokus auf *das seine Realität aktiv formende Subjekt* verlagert. Dieses Subjekt verarbeitet Realität nicht gesellschaftsfern, sondern immer in der dialektischen Verschränkung der Grundprozesse von Vergesellschaftung und Individuierung. Das Individuum wird als ein Wesen bestimmt, das sich von Anbeginn in Vergesellschaftung befindet und in Bezogenheit zu anderen Menschen entwickelt.

Einer gängigen These zufolge befinden sich die heutigen hochindustrialisierten Gesellschaften in einem Transformationsprozeß. Die Kriterien für die Transformation in ein neues Zeitalter können nicht der Vergangenheit entnommen werden, sondern müssen neu entwickelt werden. Sie müssen innerhalb der bestehenden Kultur geschaffen und durchgesetzt werden. Auf dem Spiel steht das Überleben des Menschen als Gattungswesen. Notwendig geworden ist eine globale Neubewertung des technischen Fortschritts. Hier ist eine universale Ethik gefragt, die vom Geiste der Lebensdienlichkeit durchdrungen ist und sowohl das Verhältnis des Menschen zu sich, zu den anderen des gleichen oder anderen Geschlechts, der gleichen oder einer anderen Rasse sowie zur Natur und den sogenannten Errungenschaften der wissenschaftlich-technischen Zivilisation neu bestimmt. Die neue Kultur – als »Gegenkultur« entstehend – wird von denen geschaffen, die erkennen können, wo und wie sie in ihrem Denken, Fühlen und Handeln von der Gesellschaft, die sie kritisieren und verändern wollen, selbst durchdrungen sind, die aber dennoch bewußt und im Wissen um ihre eigenen Beschädigungen, Unvollkommenheiten und Grenzen nach neuen Möglichkeiten der Selbstveränderung und Lebensgestaltung suchen. Das Hauptaugenmerk ist heute auf die Generation zu richten, die von den Wandlungsprozessen und Herausforderungen des gegenwärtigen Zeitalters besonders betroffen ist: die Kinder.

Kindheit im Wandel

Allen gegenläufigen Behauptungen zum Trotz, kann Kindheit heute wesentlich als *Kindheit in der Familie* beschrieben werden (ca. 90 % der Kinder wachsen bei ihren leiblichen Eltern auf). In der Familie – oder in familienähnlichen Lebensformen – wird das Kind in seinen ersten Lebensjahren erzogen und sozialisiert. Da die Erziehungs- und Sozialisationsfunktion ein Merkmal der Familie ist, lassen sich die Veränderungen in der Kindheit nicht ohne die Wandlungen der Familie (zum Beispiel zur vaterlosen Familie) beschreiben. Allerdings verweisen beide – Familie wie Kindheit – auf ihren gemeinsamen Hintergrund zurück, die sozio-ökonomischen und soziokulturellen Lebensbedingungen und Wandlungsprozesse. Hinzu kommt, daß Kindheit gesellschaftlich nicht nur im Medium der Familie als »Agentur der Gesellschaft« bestimmt wird. Der öffentliche Raum bestimmt seinerseits durch die vielfältigen massenmedialen Einflüsse die Kindheit, ja »zerstört« – einer gängigen These zufolge – diese geradezu (es gibt keine »Geheimnisse« mehr, da den Kindern gleichermaßen wie den Erwachsenen alles zugänglich ist). Kindheit heute ist auch eine pädagogisierte Kindheit, eine im Zugriff der Pädagogik, der Spiele- und Freizeitindustrie stehende »verplante« Kindheit, die von Anspruchs- und Konsumdenken bestimmt wird (Kinder als Käufer und Konsumenten). Es ist allerdings Vorsicht geboten vor zu pauschalisierenden Aussagen.

Bezüglich der Erziehung lassen sich Wandlungen von einer Gehorsam und Disziplin einfordernden Erziehung hin zu einer eher toleranten, teils aber auch gleichgültigen, permissiven Erziehung verzeichnen. So ist eine Entwicklungslinie von der Kontrolle zur Erlaubnis, aber auch eine zur Gleichgültigkeit, festzustellen. Das ist aber kein einheitlicher Trend im Erziehungsverhalten, vielmehr ist das soziale Herkunftsmilieu entscheidend für die unterschiedlichen, heute noch nebeneinander existierenden Erziehungsstile und -praktiken. Eine weitere Veränderung liegt in dem, was als Erziehungsschwäche der Familie bezeichnet wurde und den Rückgang elterlicher, besonders väterlicher Präsenz im Erziehungsprozeß meint zugunsten massenmedialer, überhaupt »anonymer«, Einflüsse – und zugunsten der Eigensozialisation in peer-groups.

Auf der Ebene der Sozialintegration sichtbar werdende Krisenerscheinungen lassen sich unter dem Aspekt des *Individualisierungsdrucks* beschreiben, das heißt: Dem Individuum werden biographische, familiäre und berufliche Entscheidungen zugemutet, die es teils in seiner Kompetenz, teils in seiner Verfügung über Ressourcen überfordern und zu psycho-sozialem Streß und biographischen Krisen führen. Die Sichtweise der Individualisierung und Pluralisierung wird teils kurzschlüssig auf die Kindheit übertragen, so daß sinngemäß von einer Risikokindheit gesprochen wird und die Belastungen der Kinder hervorgehoben werden. Hier scheint Kindheit aber zur Projektionsfläche für die Befürchtungen und Wünsche von Erwachsenen zu werden. Das verallgemeinerte Bild einer Risikokindheit ist nicht zutreffend. Kinder heute erscheinen deutlich weniger belastet als etwa in der Kriegs- und Nachkriegszeit; jedenfalls sind es andere Belastungen als früher.

Statt über den angeblichen Verlust einer geschützten Kindheit zu klagen, erscheint es sinnvoller, den Realitätsbezug des heutigen Menschen zu untersuchen, der aus seinem Charakter resultiert.

Vorherrschend ist heute ein Realitätsbezug, den Fromm als cerebral reduziert und kognitiv-strukturierend beschrieben hat. Eine hohe kognitive Präsenz und ein leidenschaftsloses Engagement mit rasch wechselnden Orientierungen lassen diesen cerebralen Menschen als cool, gelangweilt und distanziert erscheinen. Das Gefühlsleben dieses Menschentyps ist längst nicht so differenziert entwickelt wie sein Denken. Das Eindringen des Computers in Wohn- und Kinderzimmer repräsentiert diesen Trend, dem die Kinder viel intensiver ausgesetzt sind als die Erwachsenen, die in der Welt von gestern sozialisiert wurden. In den Erlebniswelten der Kinder vermischen sich unterschiedlichste Erfahrungen, die sie mit Menschen und mit Dingen machen. Diese Erfahrungen sind so vielfältig und in ihren Folgen so unkalkulierbar, daß alle Zeitdiagnosen, alle resümierenden Beschreibungen der Kindheit, hypothetisch bleiben.

Neben dem zunehmenden Medienkonsum ist ein anhaltender Trend mit der Technisierung des Spielzeugs gegeben. Spielzeug wird technisch belebt, indem Hunde bellen und Puppen sprechen. Die Phantasie wird dabei abgewertet, da sie nicht so technisch perfekt einem Gegenstand, einem Spielzeug, ein magisches Leben einzuhauchen vermag. Mit der Belebung toter Dinge wird der reale Tod bagatellisiert, indem der Held des PC-Spiels, sei es Teddy oder Jazz-JackRabbit, am Monitor »stirbt«, auf der Bahre weggetragen wird, um auf Knopfdruck wieder zu neuem Leben erweckt zu werden, das heldenhaft in neuen Levels aufs Spiel gesetzt wird. Nicht viel anders sind die virtuellen Haustiere (»Tamagotchi«) zu sehen. Die in Amerika seit den späten 80er Jahren verbreiteten »Monster zum Sezieren« fügen sich in diesen Trend ein. Dieses tote Spielzeug wirkt echter als etwas Lebendiges, beispielsweise ein Tier, dessen Pflege mühselig ist. Das beim Seziervorgang fließende Blut ist kein wirkliches Blut; die Neugierde, die sich in destruktiven Forscherdrang verkehrt, bleibt gefühllos, indem sie die Grenze zwischen Lebendigem und Totem nicht wirklich erfährt.

Das Problem heute sind sicherlich nicht die Computerspiele, und es liegt auch nicht in der gekonnten Beherrschung der Tastatur oder des Joysticks. Entscheidend ist vielmehr, was darüber hinaus noch vermittelt wird, ob eine andere Qualität als die bloße Beherrschung eines technischen Hilfsmittels oder Spielzeugs im Erziehungsprozeß auf der Grundlage einer Haltung der Begegnung erfahrbar wird. Ist der Küchentisch als der Mittelpunkt des Familienlebens wirklich vollständig durch das Fernsehgerät und den Computer ersetzt worden, oder sind Räume und Zeiten der Begegnung geblieben, wenn auch in veränderter Form? Entscheidend ist, welche kommunikativen Qualitäten im sozialen Nahbereich bei computer-spielenden Kindern und Jugendlichen vorzufinden sind.

Die Äußerung eines 15jährigen Jugendlichen drückt stellvertre-tend für das aktuelle Erleben vieler Gleichaltrigen heutiges Selbst- und Zeitbewußtsein aus: »Ich bin froh, daß ich in dieser Zeit lebe und nicht vor 50 Jahren geboren wurde.« Die Antwort auf meine Nachfrage, warum er das so finde: »Weil es damals keine Computer gab.« Es ist jedoch kaum möglich, aus dieser Antwort die Art und Weise des Umgangs mit dem Computer abzulesen. Es gibt auch kei-nen zwingenden Grund zu der Annahme, daß die Fähigkeit, die eigene Realität produktiv zu verarbeiten, heute geringer ist als eine oder zwei Generationen zuvor.

Empirische Untersuchungen machen deutlich, daß die meisten Kinder und Jugendlichen durchaus auf ihre Eltern zählen können. Kinder werden in aller Regel als hohes Gut gewertet und liebevoll umsorgt. Zu den technischen Möglichkeiten gehört es, sie notfalls mit High-Tech-Medizin zu zeugen und zu versorgen. Hierin zeigt sich allerdings eine merkwürdige Ambivalenz: Kinder gelten als hohes Gut, können aber funktional zur Steigerung des Selbstwertes der Eltern eingesetzt werden. In einem Beitrag über den Trend zum perfekten Kind wurde die Losung ausgegeben: »Warum ein zweit-klassiges Kind haben, wenn man ein erstklassiges haben kann?«

Hierbei geht es nicht zuletzt auch um die Wunscherfüllung der Eltern in Bezug auf das, was sie nicht erreicht haben, ein Problem, das in der Psychologie als Delegation oder emotionaler Mißbrauch benannt worden ist. Offenbar sind Eltern so weit aus dem Existenz-kampf freigesetzt, daß sie darüber nachdenken können, was für sie defizitär ist – wenn dies auch zumeist ein Nachdenken ohne tiefere Reflexivität ist. In ihrem Kind finden sie dann einen Schwächeren, an dem sie ihren verspäteten Bewältigungsversuch ausagieren kön-nen. Damit ist nicht einfach Bevormundung gemeint nach dem Motto: »Du sollst es mal besser haben als wir.« Dieses Bemühen nach stellvertretender Selbstverwirklichung kommt just zu der Zeit, wo das Ende der Fahnenstange erreicht ist, jedenfalls in Bezug auf das Immer-mehr-haben und Immer-höher-hinausgelangen-wollen. Der Punkt des Umdenkens scheint erreicht. Sind die Menschen entsprechend ausgestattet, hier innezuhalten und sich neu zu orien-tieren?

Das bedrängte Subjekt

Das moderne Subjekt findet sich in einer allgemeinen Situation der Bedrängnis wieder. Es fühlt sich in die Enge getrieben und überfordert. In dieser Situation kann es versuchen, sich seiner selbst durch nichtalltägliche Erlebnisse zu vergewissern, die ihm ermöglichen, sich lebendig zu fühlen (siehe konsum- und freizeitindustriell arrangierte Grenzsituationen wie Outdoor-Aktivitäten, Extremsportarten). – Psychologen haben die sogenannte Angstlust beschrieben, die Menschen die Reize solcher Unternehmungen suchen läßt.

In der heutigen Gesellschaft ist fast jeder Mensch bestrebt, sein Selbstwertgefühl möglichst hoch zu halten oder zu steigern, indem er in den Augen der anderen Anerkennung findet. Oder er versucht, sein geringes Selbstwertgefühl mit Hilfe eines Surrogats auszugleichen. So kann das zu geringe Selbstwertgefühl zum Beispiel kompensiert werden durch die Unterwerfung unter das Diktat der Moden oder unter eine Autorität, die sagt, wo es lang geht.

Selbstwert bildet sich im Realitätsbezug, in der Bezogenheit zur Welt der Menschen und Dinge. Wenn etwa Dinge mehr zählen als Menschen, werden verdinglichte Modi der Bezogenheit entwickelt. Der vorherrschende Modus der Bedürfnisbefriedigung gründet darauf, daß die Menschen sich ihre Existenz auf dem Markt kaufen müssen, also Waren erwerben und sich selbst wie eine Ware taxieren lassen (modisch, up to date). Im Gegensatz dazu gelingt es nur einer Minderheit, eine Haltung der Begegnung mit Kooperativität, Mitgefühl und Altruismus zu leben. Die gespenstische Wirklichkeit, die die Warenwelt heute gewinnt, offenbart der allabendliche Werbespot, in dem Dinge menschenähnliche Züge gewinnen, also sprechen können, besorgt sind um das Wohlergehen der Menschen und ihnen helfen, anerkannt zu werden und im Alltag zurecht zu kommen, Zeit zu sparen, Bequemlichkeit zu gewinnen etc. Das alles hat Konsequenzen für die Erlebniswirklichkeit der Menschen, für ihr Selbsterleben.

Identität ist im weitesten Sinne das Verhältnis eines Menschen zu sich selbst auf der Grundlage von Bezogenheit zur Welt und zu den anderen. Die persönliche Identität beinhaltet immer auch die Dimension des Selbstwertgefühls. Wie gewinnen Kinder und Jugendliche heute ihren »Selbstwert«? Dieser ist ja nicht selbstgefunden, sondern von außen, von den anderen, zugesprochen. Heute findet sich eher der generelle Trend, die neuen Erlebnisformen der Kinder und Jugendlichen abzuwerten, weil sie nicht den Erfahrungen der Älteren entsprechen. Im Gegensatz zu dieser abwertenden, manchmal sogar kulturpessimistischen Kritik geht es um die Frage, welche Chance den neuen Erlebnisformen innewohnt, zu einem Identitätserleben zu kommen, das von Selbstwert und Wirkmächtigkeit statt von Ohnmacht und Langeweile geprägt ist. Welche Progressionsniveaus und Regressionsniveaus beinhalten und erlauben die heutigen Formen?

So werden heute etwa extreme Formen des Selbsterlebens und Bewirkenkönnens gesucht, um das alltäglich erlebte Unbehagen zu überwinden. Dabei werden oft nur die seichten Reize wahrgenommen, die lediglich ablenken, indem sie dieses Unbehagen zeitweise überdecken. Diese Reize müssen gesteigert werden, um das Gefühl von Lebendigkeit zu erhalten. Die zugrunde liegende Haltung verhindert allzu oft die Selbstveränderung, weil die gesellschaftlich vermittelte Erwartung besteht, ein Leben ohne Leiden und Anstrengung sei möglich.

Fromm beschreibt die von der *Malaise* als Zeitkrankheit infizierten Menschen als unglücklich und unbefriedigt, obwohl sie alles haben und im Überfluß leben. Die Erlebniswirklichkeit dieser Menschen wird von Langeweile und Überdruß, chronischer Depressivität und Geschäftigkeit bestimmt. Für Fromm hat dieser pathologische Zustand seinen Grund darin, daß der Mensch sich zunehmend in ein Ding verwandelt hat.

Darin sieht Fromm aber einen Verstoß gegen die *conditio humana*. Der reale Mensch ist für Fromm eine »Mischung« aus produktiven und nicht-produktiven Anteilen. Die in seiner *Natur* verankerten Bedürfnisse beinhalten eine Dynamik in Richtung Bezogenheit, Lebendigkeit und menschliches Wachstum. Um seelisch zu gesunden, müsse der Mensch in einem ersten Schritt sich des alltäglichen Leidens gewahr werden und all das erkennen, was er aus seiner »bewußten Persönlichkeit« ausgeschlossen hat.

Ausblick

Vermutlich haben die meisten Menschen ein Gespür für sich und eine Ahnung von dem alltäglich sich von neuem vollziehenden Selbstverrat bewahrt. Sie leiden an sich und ihrem Alltag, neigen aber dazu, eher in Konformismus und Konsumismus zu fliehen, als die alltägliche Malaise bewußt auszuhalten und im Sinne des Gewahrwerdens auszuforschen.

In einer Zeit, die von rapidem sozialem Wandel geprägt ist, in der es keine zeitlos gültigen Werte und Traditionen mehr gibt, in der traditionelle Lösungen entwertet sind und in der nahezu alles möglich erscheint, kann das Subjekt sich seine Wirklichkeit nur reflexiv aneignen und nach neuen, noch unbekannten Antworten suchen.

Gegenwärtig befinden wir uns in einem grundlegenden zivilisatorischen Transformationsprozeß, der traditionelle Lebensformen in Frage stellt oder auflöst und dessen Verlauf wir nicht prognostizieren können. Er wird von Visionen begleitet, die den »Aufbau einer neuen Gesellschaft« betreffen. Die Bedeutung von Fromm als einem dem Messianismus verbundenen Vordenker eines neuen Zeitalters liegt auch in der Eindringlichkeit und visionären Kraft seiner sozialpsychologischen Beschreibungen und sozialphilosophischen Bewertungen des Verlaufs der Epoche. Im Sinne des »zynischen Realismus«, einer unbedingten Wahrheitsbereitschaft mit der Verpflichtung zur Desillusionierung und Entmythologisierung ideologischer Wissensformen, sieht er das bedrängte Subjekt, den unter Bedingungen eines nicht versöhnten Zusammenbestehens von Mensch und Gesellschaft lebenden Menschen, in der Ambiguität der zukünftigen Gefährdungen und Chancen. Entweder es gelingt dem Menschen, seine Widerstandskraft gegen repressive Formen der Vergesellschaftung zu stärken und sich auf Vernunft, Liebe und produktive Arbeit zu besinnen – oder er richtet sich zugrunde. Die eine (zerstörerische) Tendenz besteht *in* der anderen (die auf Humanisierung gerichtet ist). Die Mischung dieser gesellschaftlichen Tendenzen ist gleichermaßen im Charakter der Menschen wiederzufinden, in dem produktive und nicht-produktive Anteile miteinander legiert sind.

Wie sich der gesellschaftliche Wandel zukünftig akzentuieren wird, wie sich bestehende Charaktere wie die Marketing-Orientierung und der Narzißmus verändern werden und ob es einen produktiven Charakter *(productive social character)* geben wird – alle diese Fragen müssen offen gelassen werden. Die Entwicklungen zu Beginn des neuen Jahrtausends werden zeigen, wohin der Weg führt.

HELMUT WEHR

Biophile Alternativen in der Weiterentwicklung der Schule

Gesellschaftliche Veränderungen: Die zweite Moderne und die »Kinder der Freiheit«

Der soziale Wandel der Industriegesellschaft führt durch die Entwicklung des wissenschaftlich-technischen Fortschrittes zu tiefgreifenden politischen, ökonomischen, kulturellen und sozialen Veränderungen. Diese verändern jedoch nicht nur Strukturen und Institutionen, sondern über die Veränderung des sozialen Umfeldes auch das Individuum selbst. Es entsteht die Möglichkeit, aber auch der Zwang, ein eigenes Leben zu führen, mit der Ambivalenz, daß die *Normal*-Biographie zur *Wahl*-Biographie, zur *Bastel*-Biographie, zur *Risiko*-Biographie, zur *Bruch-* oder *Zusammenbruch*-Biographie werden kann. In diesem Falle ist dann das eigene Leben auch das eigene *Scheitern*. Die einzelnen Menschen ringen um ein eigenes Leben in einer Welt, die sich immer mehr und offensichtlicher ihrem Zugriff entzieht, da die Welt unentrinnbar global vernetzt ist, was durch das Internet, wirtschaftliche Verbindungen der großen Unternehmen, Telekommunikation usw. deutlich wird. So sind Kursschwankungen in Tokio und New York auch in Frankfurt spürbar. Marktveränderungen setzen sich sehr schnell in Produktionsveränderungen, -verschiebungen, -verschlankungen um. Gleichzeitig mit dieser Abhängigkeit vom globalisierten Markt ist das eigene Leben zugleich auch das ent-traditionalisierte Leben. Die Sozialstruktur des eigenen Lebens entsteht mit fortlaufender Differenzierung und Individualisierung. »Jeder ist sich selbst der Nächste« (vgl. U. Beck, 1996).

Über gesellschaftliche Institutionen wie die Familie, Kindergärten, Schulen, Krankenhäuser, Arbeitsstätten usw. schlagen sich gesellschaftliche Veränderungen in veränderten Biographien von Kindern nieder. An dieser Stelle einzelne Aspekte *veränderter Kindheit:* Einzelkinder-Dasein, das zwar emotionale Dichte enthält, aber ambivalent ist, Wärme und Kälte beinhaltet. Die Anzahl der Scheidungskinder und Kinder mit nur einem Elternteil steigt, ebenso die mütterliche Berufstätigkeit. Hinzu kommt die elterliche Verunsicherung: Wie sollen wir erziehen? Diskrepanzen brechen auf zwischen Selbstbestimmung und institutionalisierter (pädagogischer) Dauerbetreuung, zwischen Leistungsdruck und »pädagogisch-therapeutischer Provinz«. Für Kinder werden oft Erfahrungen aus zweiter Hand (»Medienkindheit«, vgl. H. von Hentig, 1984) wie Fernsehen, Video, Computerspiele wichtiger als die ursprüngliche, primäre Erfahrung. Konsumhaltungen dringen ein in kindliches Denken mit den Ausprägungen von Wegwerfmentalität und verändertem Kontaktverhalten gegenüber anderen Kindern, zum Beispiel dem Auftreten eines Übermaßes an zweckbestimmten Sozialkontakten. So verändert sich das Raum- und Zeiterleben (»Verinselung«), das Leben angesichts bedrohter, unübersichtlicher Umwelt und ungewisser werdender Zukunft.

Der Wegfall tradierter Kontrollmechanismen im Leben von Kindern heute schlägt sich in einem Zuwachs an Freiheitsgraden nieder; dieser ist allerdings erkauft mit Unsicherheiten durch den Wegfall sicherheitsgebender Orientierungen (U. Beck und E. Beck-Gernsheim, 1990; E. Nyssen und B. Schön, 1995, S. 57ff.).

Hierbei liegt die Gefahr der neuen Vielfalt nicht nur in der »Unübersichtlichkeit«, die sie mit sich bringt. Sie liegt auch in der Unfähigkeit gesellschaftlicher Institutionen, mit der gewachsenen Vielfalt umzugehen. Der Individualismus kann nicht nur verteufelt werden, sondern muß auch als ein wünschenswertes und unvermeidliches Produkt unser gesellschaftlichen Entwicklung akzeptiert werden.

Doch die Jugendlichen werden nicht nur passiv individualisiert. Sie individualisieren sich selbst auch aktiv. Dies wird im Begriff der »Biographisierung« der Jugend deutlich; der Begriff meint Aktivwerden, Erringen, Selbstgestalten des eigenen Lebens. Es geht nicht nur um *Selbstverwirklichung,* sondern auch um *Selbst(er)findung* einer »Patchwork-Identität«. Das eigene Leben wird zum alltäglichen Handlungs-, Inszenierungs-, Selbstdarstellungsproblem. Dies bedeutet für Jugendliche, seien sie »Sonnenkinder« oder »Sorgenkinder der Freiheit«, neben dem möglichen Spaß einen enormen Zuwachs an Streß, an (subjektiven) Überforderungserscheinungen (K. P. Fritzsche, 1998). Individuelle Freiheit wird abgetrotzt, verteidigt und gesichert gegen die Erwachsenen, die immer noch nicht wissen, »wo es langgeht«.

Chancen der Individualisierung im Sinne Becks sind also die erhöhten Freiheitsspielräume, größere Flexibilität, Demokratisierung und die Betonung von Selbstverwirklichungs-Werten gegenüber Pflicht- und Sicherheitswerten. Was die damit verbundenen Chancen, ebenso wie die Risiken angeht, spielt für die Jugendlichen immer noch das beispielgebende und -versagende Leben der Erwachsenen eine wichtige Rolle.

Das Leben der Erwachsenen ist heutzutage allerdings geprägt durch Krisen im Erwerbsarbeitssektor, durch Arbeitslosigkeit, Globalisierung etwa ökologischer Probleme (El Niño, Ozonloch usw.), Rationalisierung und Abbau oder Verlagerung von Beschäftigung. Diese Phänomene sind inzwischen nicht mehr »bloß« Belastungen des Erwachsenenlebens, von denen Jugendliche in dem ihnen zugestandenen »Schonraum« nicht betroffen sind. Sie haben inzwischen vielmehr das Zentrum der Jugendphase erreicht, indem sie den Sinn der Jugend, ihr gesellschaftlich zugestandenes »Moratorium« in Frage stellen. Wenn die Arbeitsgesellschaft selbst zum Problem wird, dann muß auch die Jugendphase als Phase der biographischen Vorbereitung auf diese Gesellschaft zum Problem werden. Die 12. *Shell-Studie* zeigt deutlich, daß von allen Problemen am stärksten die Probleme der Arbeitswelt die Jugend beschäftigen und nicht die sogenannten »klassischen« Lehrbuchprobleme der Identitätsfindung, Partnerwahl und Verselbständigung. Jugendliche äußerten die Sorge, daß die derzeit bestehenden Probleme mit Massenarbeitslosigkeit, Lehrstellenmangel, Sozialabbau, Verarmungsprozessen von der Politik nicht angegangen werden, ja daß in absehbarer Zeit Lösungen nicht erwartbar sind. Dies macht sie skeptisch und betroffen – sie fühlen sich von der Politik und den Erwachsenen im Stich gelassen. Eine Situation, die mit »autoritativen« Kommunikationsstrukturen nicht abzuarbeiten ist (vgl. Jugendwerk der Deutschen Shell AG [Hg.], 1997, S. 11f.).

Mit dem zweiten Modernitätsschub verändert sich »Jugend« selbst und wird eine Phase mit eigenen (»alternativen«) Erfahrungs- und Lebensqualitäten. Sie enthält zunehmend Möglichkeiten zu einem Leben aus eigener Verantwortung, zur Gestaltung der eigenen Biographie. Die tendenzielle Auflösung der kollektiven Statuspassage und die Biographisierung der Jugendphase stellen sich als Strukturwandel dar: als *Entstrukturierung* und *Individualisierung*, wobei

Entstrukturierung meint, daß der Übergang ins Erwachsenenalter in eine tendenziell zusammenhanglose Abfolge von Teilübergängen zerfällt, die jeweils durch eigene Erscheinungsformen und Zeitstrukturen bestimmt sind. *Individualisierung* bedeutet, »daß die Biographie der Menschen aus vorgegebenen Fixierungen herausgelöst, offen, entscheidungsabhängig und als Aufgabe in das Handeln eines jeden einzelnen gelegt wird« (U. Beck, 1986, S. 216).

Daß in der heutigen Zeit von einer Zunahme von Risikokonstellationen in der Lebensphase Jugend auszugehen ist, wird durch eine Fülle von Untersuchungsergebnissen belegt: Psychosomatische Störungen und psycho-soziale Auffälligkeiten, Verhaltensauffälligkeiten wie aggressives und delinquentes Verhalten, gesundheitsgefährdendes Verhalten wie der Konsum von Drogen oder Arzneimitteln sind Symptome eines »bio-psycho-sozialen Spannungszustandes«. Sie gelten als Anzeichen dafür, daß die Entwicklungsanforderungen, die sich Jugendlichen heute in modernen Industriegesellschaften stellen und die zunehmend komplexer und schwieriger geworden sind, von ihnen große Flexibilität und Handlungskapazitäten verlangen, die die individuell verfügbaren Ressourcen der Bewältigung übersteigen und so problematische Verhaltensweisen zu forcieren scheinen (vgl. *Pädagogik* Nr. 7–8, 1990; U. Beck und E. Beck-Gernsheim, 1994).

Neben der gesellschaftlichen Desorientierung mit ihren sozialisatorisch-charakterologischen Voraussetzungen spielen weitere allgemeine, sozialpsychologisch relevante Bedingungsfaktoren bei der Entstehung der Devianz- und Gewaltbereitschaft unter Jugendlichen eine Rolle: die *Ausbreitung von Langeweile*, der gegenüber der mit Gewaltausübung verbundene Nervenkitzel, Kick, Flow bzw. Adrenalinschub als willkommene und notwendige Abwechslung erscheint, und die Wirkung der Neuen Medien: Fernsehen, Video, Computer, Internet, die nicht zu Unrecht mitverantwortlich dafür gemacht werden, daß das Gespür für das, was mit Gewalt verursacht wird, bei vielen Kindern und Jugendlichen aus dem Blick gerät (vgl. H. Johach, 1994, S. 134f.). In *Anatomie der menschlichen Destruktivität* (E. Fromm, 1973a, GA VII, S. 214ff.) zählt Fromm »Erregung und Stimulation« zu den menschlichen Grundbedürfnissen. Er unterscheidet zwischen dem »einfachen Stimulus«, auf den der Mensch nur reagiert, und dem »aktivierenden Stimulus«, der den Betreffenden dazu veranlaßt, selbst »aktiv zu werden«. Fromms sozialpsychologische Kritik an der gegenwärtigen Industriegesellschaft verweist darauf, daß aktivierende Reize, die den Menschen zu produktivem Tätigsein, das heißt zu innerer und äußerer Aktivität anregen, heutzutage immer mehr durch einfache, das heißt passivierende Reize ersetzt werden:

> »Unser heutiges Leben in der Industriegesellschaft arbeitet fast ausschließlich mit derartigen ›einfachen Reizen‹. Stimuliert werden dabei Triebe wie sexuelles Begehren, Gier, Sadismus, Destruktivität und Narzißmus. Vermittelt werden diese Reize durch Filme, Fernsehen, Radio, Zeitungen, Magazine und den Gebrauchsgütermarkt. Im großen und ganzen beruht die gesamte Reklame auf der Stimulierung von Wünschen, die durch die Gesellschaft erzeugt werden. Der Mechanismus ist immer der gleiche: einfache Stimulation – direkte und passive Reaktion. Hierin liegt der Grund, weshalb die Reize sich ständig ändern müssen, um nicht ihre Wirkung zu verlieren« (E. Fromm, 1973a, GA VII, S. 217).

Eine Folge des Mangels an aktivierenden Reizen und der trotz allen geschäftigen Konsums grassierenden Frustration sind Langeweile und chronische Depression, für Fromm wesentliche Merkmale der »Pathologie der Normalität« (E. Fromm, 1955a, GA IV, S. 13ff.; 1973a, GA VII, S. 220ff.), die damit eine charakterologische, nicht zwanghaft-mechanische destruktive Aggressivität freisetzt:

> »Eine besonders gefährliche Folge ungenügend kompensierter Langeweile ist Gewalttätigkeit und Destruktivität. Diese Lösung findet meist in passiver Form ihren Ausdruck, indem man sich von Berichten über Verbrechen, tödliche Unfälle und andere blutige und grausame Szenen angezogen fühlt, mit denen Presse, Rundfunk und Fernsehen die Öffentlichkeit füttern. Viele reagieren deshalb so begierig auf solche Berichte, weil man sich auf diese Weise am schnellsten in Erregung versetzen kann und so seine Langeweile ohne innere Aktivität los wird. Bei der Diskussion über die Wirkung der Darstellung von Gewalttätigkeiten wird meist übersehen, daß Langeweile die Voraussetzung dafür ist, daß solche Darstellungen eine Wirkung ausüben. Es ist allerdings nur ein kleiner Schritt von der passiven Freude an Gewalttätigkeiten und Grausamkeit bis zu den vielen Formen, aktiv Erregung durch sadistisches oder de-

struktives Verhalten zu erzeugen. Der Unterschied zwischen dem ›unschuldigen‹ Vergnügen daran, einen anderen in Verlegenheit zu setzen oder zu necken, und der Beteiligung an einem Lynchmord ist nur quantitativ« (E. Fromm, 1973a, GA VII, S. 224).

Die durch fehlende Primärerfahrungen induzierte Langeweile wird durch Konsum- und »Erlebnis«-angebote überdeckt und kommt dadurch nicht zum direkten Ausdruck, was die Desillusionierung und Aufklärung erschwert. Zurück bleibt oft ein vages, malaiseartiges Gefühl der »Pathologie der Normalität« (E. Fromm, 1955a, GA IV; S. 13ff.; 1991e [1953], GA XI, S. 211–266), eine leichte Schizophrenie, wie Fromm es provokativ formuliert. Suchtförmige Konsumgewohnheiten, seien es Alkohol, Kaffee, Nikotin, Arbeits- und Beziehungssucht, extremes Freizeit- und Sportverhalten zeigen die gesellschaftliche Nicht-Befriedigung fundamentaler Bedürfnisse: Bezogenheit, Transzendenz, Identitätserleben, das Fehlen eines Rahmens der Orientierung und der Erfahrung von Wirkmächtigkeit. Vor allem die Verknüpfung des Konsums mit sexuellen Reizen, wie sie zum Beispiel die Autoindustrie zeigt, bewirkt eine Anstachelung des Sexuellen bei gleichzeitiger Verweigerung der Befriedigung. Marcuse spricht hier von »repressiver Entsublimierung« (H. Marcuse, 1972, S. 76ff.). Diese pathologische Situation fördert in geringem Maße die Ausprägung produktiver Charakterorientierungen und die Aktualisierung von liebender Solidarität, aufklärender Vernunft und kreativer Arbeit. »Charakter« im dynamischen Sinn der analytischen Psychologie wird verstanden als die besondere Form, in welche die menschliche Energie durch die dynamische Anpassung menschlicher Bedürfnisse an die besonderen Daseinsformen einer bestimmten Gesellschaft gebracht wird. Der Charakter bestimmt dann seinerseits das Denken, Fühlen und Handeln des einzelnen Menschen:

»Der Begriff des Gesellschafts-Charakters entspricht nicht der vollständigen oder stark individualisierten – tatsächlich einzigartigen – Charakterstruktur, wie wir sie beim einzelnen Individuum finden, vielmehr handelt es sich um eine ›Charakter-Matrix‹, um ein Syndrom von Charakterzügen, das sich bei der Anpassung an die ökonomischen, gesellschaftlichen und kulturellen Bindungen entwickelt hat, die jener Gruppe gemeinsam

sind« (E. Fromm und M. Maccoby, 1970b, GA III, S. 254; vgl.
E. Fromm, 1941a, GA I, S. 380).

Für die Identitäts- und Orientierungsbildung verunsicherter, streß-
geplagter Jugendlicher in Zeiten riskanter Freiheiten bietet sich hier
zur Wiedergewinnung von (scheinbarer) Sicherheit und Orientierung das Muster »(neue) Flucht vor der Freiheit« an (vgl. E. Fromm,
1941a, GA I, S. 217ff; K. P. Fritzsche, 1998, S. 27f.). Statt der Bewältigung der Herausforderung durch einen Lernprozeß mit Identitäts-
und Kompetenzzuwächsen (Freiheit *zu* ...) wird nach Fluchtwegen
(Freiheit *von* ...) gesucht: Gewalt und Destruktivität, Sucht, Fundamentalismus, Egozentrismus, Narzißmus, Autoritarismus, Konsumismus, etc.

Diese Unsicherheit erhöht sich durch die Zuspitzung der *Selektionsfunktion von Schule*: Der Schulabschluß ist nur noch »Schlüssel
zu den Vorzimmern des Systems. Erst in den Vorzimmern werden die
Schlüssel zum Beschäftigungssystem verteilt« (U. Beck, 1986, S. 245).
Diffuser und unklarer ist geworden, nach welchen Regeln, Kriterien,
Bedingungen die Verteilung erfolgt. Bildungs-, Ausbildungs- und
Arbeitsmarktchancen sind nicht mehr linear planbar, Entscheidungs-
kriterien sind selten transparent. Erworbenes Wissen veraltet inner-
halb kurzer Zeit. Der Umgang mit neuen Produktionstechnologien:
PC, TV, Telekommunikation und Bildmedien, die in der Wirtschaft
Verwendung finden, können in der Schule zu wenig berücksichtigt
werden.

Grundlegend für die heutige Regelschule ist immer noch das Bild
eines Schülers, einer Schülerin, das durch ausgeprägte Sekundär-
tugenden: Ordnung, Disziplin und Sorgfalt charakterisiert werden
kann. Intellektualität wird aufs Memorieren und Reproduzieren beschränkt (vgl. *Erziehung und Wissenschaft*, Heft 6, 1998, S. 2ff.).
Sprach- und Buchwissen sowie Lehrerzentrierung sind selbstverständliche »Tugenden«, die anerzogen werden von Kindesbeinen
an. Lernbereitschaft und soziale Anpassung sind wichtiger als individuelle Profilierung. Einher damit geht die Entfaltung unprodukti-
ver statt produktiver Charakterorientierungen.

Dem widersprechen die gesellschaftlichen Erfordernisse der
zweiten Moderne: »Die Individuen müssen, um nicht zu scheitern,
langfristig planen und den Umständen sich anpassen können, müssen organisieren und improvisieren, Ziele entwerfen, Hindernisse
erkennen, Niederlagen einstecken und neue Anfänge versuchen. Sie

brauchen Initiative, Zähigkeit, Flexibilität und Frustrationstoleranz« (U. Beck und E. Beck-Gernsheim, 1994, S. 15), sowie Streß- und Freiheitskompetenz (K. P. Fritzsche, 1998, S. 145f.). Damit wandelt sich notwendigerweise das Verständnis von dem, was »Bildung« heißen kann. Klassische (kognitive) »Bildung« im humanistischen Sinne Humboldts sichert heute nicht mehr vor Rechtsradikalismus, Globalisierungsbrüchen, Arbeitslosigkeit und Umweltkatastrophen.

Schule ist immer noch eine wesentliche Gesellschaftsagentur, die den *Gesellschafts-Charakter* mitprägt. Der Begriff des Gesellschafts-Charakters erklärt, wie sich die allgemeine psychische Energie in die spezifische Form der psychischen Energie verwandelt, die die jeweilige Gesellschaft braucht, um »richtig« zu funktionieren (E. Fromm und M. Maccoby, 1970b, GA III, S. 255). Die Schule hat heute, nach dem Abstreifen vieler autoritär-patriarchalischer Zwangselemente, die Eigenart einer überfütternden Mütterlichkeit angenommen, die den Schüler dazu zwingt, daß er »langweilige« Lernhappen konsumiert. Es kommt zu einem Wissensinput à la Nürnberger Trichter mit speziellen Informationsbeständen, die später zum Funktionieren im gesellschaftlichen Leben nötig sind, wie zum Beispiel am Arbeitsplatz, im Konsumbereich oder im öffentlichen Leben. Der Schüler hat demnach die Aufgabe, sich diesen Besitz von spezifischem, abprüfbarem Informationsgut anzueignen, ihn im *Kopf* zu *haben* (vgl. E. Fromm, 1976a, GA II, S. 293ff.). Gleichzeitig werden die Inhalte vom Lehrer vorbereitet wie »mundgerechte Lektionen«, die eigene Anstrengung und damit Selbstentwicklung zu vereiteln drohen (vgl. E. Fromm, 1989a, GA XII, S. 412). Fromm hat diesen Zusammenhang kritisiert:

»Sie schaffen sich eine ganze Welt aus Papierschnitzeln, Holz, Steinen, Stühlen und praktisch allem, was ihnen in die Hände kommt. Aber mit etwa sechs Jahren, wenn sie in die Erziehungsmühle geraten, werden sie fügsam, unspontan und passiv, und sie verlangen nach Stimulationen, bei denen sie selbst passiv bleiben können und nur zu ›re-agieren‹ brauchen. Sie wollen jetzt kompliziertes Spielzeug haben, das ihnen nach kurzer Zeit langweilig wird. Kurz, sie benehmen sich genau so, wie es die Erwachsenen mit ihren Wagen, Kleidern, Reisezielen und Sexualpartnern machen« (E. Fromm, 1973a, GA VII, S. 218).

Dies hat allerdings zur Folge, daß es zu einem Mangel an desillusionierendem, kritischem Bewußt- und Subjektwerden kommt, womit statische gesellschaftliche Bedingungen konserviert werden, die jedoch das System selbst zu sprengen drohen, wie an vielfachen schulischen Phänomenen – Desinteresse, Mobbing, Bullying, Disziplinlosigkeit, Demotivation usw. – zu sehen ist, die Unterrichten zu einem Dompteursakt gestalten.

Von daher darf gefolgert werden, daß die »Passung« der gesellschaftlichen Institution Schule nicht mehr stimmt und mit veränderter Kindheit und den Erfordernissen, die eine humane gesellschaftliche Zukunft als Herausforderung an das System stellt, inkompatibel ist. Kinder, die geprägt sind durch zunehmende »Individualisierung«, Pluralität und kommunikatives und flexibles miteinander (Aus-)Handeln, gehen in ein *Schulsystem*, das teilweise starren institutionellen Zwängen gehorcht, zum Beispiel dem Vorherrschen einer verbal-abstrahierenden, lehrerzentrierten Kommunikationsform (vgl. H. J. Apel, 1995; E. Nyssen und B. Schön, 1995, S. 130f.).

Veränderte Qualifikationsstruktur – veränderte Bildung und Erziehung

Erziehung in der Schule als eine »Funktion der Gesellschaft« (Wilhelm Dilthey) erbringt für die Gesellschaft verschiedene Leistungen: Die Schule hat eine *Qualifikationsfunktion*: Das bedeutet, Hilfe für die Entfaltung von Fähigkeiten zu leisten, bis zum individuell erreichbaren Abschluß, der für Chancen auf dem Arbeitsmarkt maßgebend ist. Gleichzeitig aber hat die Schule auch eine *Selektionsfunktion* zu erfüllen: Das bedeutet, nach Gründen zu suchen, die den Ausschluß von Schülerinnen und Schülern mit (aktuellen) Lern- bzw. Verhaltensschwierigkeiten von bestimmten schulischen Lernprozessen rechtfertigen, entsprechend dem Leistungsprinzip und auf Grund von Gerechtigkeitskriterien. Nicht zufällig wird in Zeiten, da eine an Wachstum orientierte Wirtschaft prosperiert, die Allokationsfunktion (die beratende Zuweisung in bedarfsorientierte Ausbildungsgänge, die den Eignungen der Schülerinnen und Schüler entsprechen) in den Vordergrund gestellt, während man sich in Zeiten der Stagnation oder Rezession um die Legitimierung selektiver Maßnahmen bemüht.

Ein weiterer Beitrag, den die Schule zur gesamtgesellschaftlichen Reproduktion leistet, ist die von Wolfgang Klafki angeführte Funktion der *Kulturtradierung und Kulturentwicklung*. Die schulische Kulturüberlieferung darf dabei aber nicht rückwärts-, sondern muß vorwärtsgewandt sein. Sie soll durch die Übereinstimmung der Generationen kulturelle Identität stiften und weiterentwickeln. Also muß neben der Anpassungsleistung der Schule die *Innovations*funktion stärker in den Mittelpunkt gerückt werden, denn nur in der allen Kindern gemeinsamen Institution Schule läßt sich Pluralität noch auf einen – erst zu findenden – Nenner bringen (vgl. E. Nyssen und B. Schön, 1995, S. 134f.). Der gemeinsame Nenner könnte im Profil einer »humanen Schule« bestehen; auch hier hätte die Qualifikationsfunktion in einem ganzheitlichen Sinne die Selektionsfunktion von Schule zu dominieren, nicht umgekehrt (vgl. H. von Hentig, 1976; R. Olechowski, 1998, S. 23f).

Da sich das Qualifikationsprofil gewandelt hat, erfahren auch die Bildungs- und Erziehungsziele der Schule eine Veränderung. Folgende Schlüsselqualifikationen bzw. Basiskompetenzen werden hierbei deutlich: Kommunikations- und Interaktionskompetenz, also Teamfähigkeit, Kreativität und Innovation, personal-biographische, soziale und motorische Kompetenzen, Flexibilität und selbstbestimmtes, lebenslanges Lernen, das Orientierung und Sinnperspektiven zu geben vermag, da Bildungs- und Berufsbiographien nicht mehr bruchlos zu planen und zu erleben sind (vgl. Landesinstitut für Schule und Weiterbildung des Landes Nordrhein-Westfalen [Hg.], 1997; R. Olechowski, 1998, S. 29). Hier können die »existentiellen Bedürfnisse«, wie sie Fromm beschreibt (vgl. E. Fromm, 1973a, GA VII, S. 207ff.), wichtige Anhaltspunkte bieten.

Die Schule befindet sich heute auf einer Gratwanderung zwischen der Kompensation erzieherischer Defizite und der Vermittlung des expandierenden Wissens. Hier bedeutet der Frommsche Erziehungsbegriff eine Orientierungsmarke. Fromm schreibt:

»Erziehen bedeutet, dem Kind zu helfen, seine Möglichkeiten zu realisieren. (Das englische Wort *education* = Erziehung kommt vom lateinischen *e-ducere*, was wörtlich soviel bedeutet wie ›herausführen‹ oder ›etwas herausbringen, was potentiell bereits vorhanden ist‹.) Das Gegenteil von Erziehung ist Manipu-

lation, bei welcher der Erwachsene nicht an die Entwicklungsmöglichkeiten des Kindes glaubt und überzeugt ist, daß das
Kind nur dann zu einem ordentlichen Menschen wird, wenn er
ihm das, was er für wünschenswert hält, einprägt und alles unterdrückt, was ihm nicht wünschenswert scheint. An einen Ro-
boter braucht man nicht zu glauben, weil in ihm kein Leben ist,
das sich entfalten könnte« (E. Fromm, 1956a, GA IX, S. 513).

Es entwickelt sich eine plausible, glaubwürdige Alternative, in der
Biophilie, die Liebe zum Leben, die »Kunst des Lebens« ihren Ort
hat (vgl. E. Fromm, 1976a, GA II, S. 269ff.; A. Cohen, 1990, S. 42f.).
Dieser ganzheitliche, subjektbezogene Bildungsbegriff soll folgenden Ansprüchen gerecht werden: Bildung ist im Gegensatz zu Erziehung ein *lebenslanger Prozeß*, der selbst-verantwortet und
selbst-verantwortlich auf die Zukunft (Utopie) hin gestaltet werden
muß. Bildung läßt sich nicht garantieren – sie ist letztlich Selbstbil-
dung (dazu gehört ein Menschen- und Selbst-Bild), womit die
jeweilige Bedürfnislage in ihrer physischen, psychischen, sozialen
und intellektuellen Ganzheit bedeutend wird (vgl. A. Cohen, 1990,
S. 53f.). Die Verantwortlichkeit der *Lern*prozesse liegt dabei beim
Lernenden – die Verantwortung der *Lehr*prozesse liegt bei den Lehrenden: der Schule und den Eltern.

Daraus ergeben sich *fünf Aufgaben* für eine »gute Schule« (vgl.
Erziehung und Wissenschaft, Nr. 11, 1994, S. 7): Sie muß, weil sie
sich dem *ganzen* Schüler, nicht nur einem schnell veraltenden Lehr-
buch-Wissen verpflichtet fühlt, in lebendiger Weise – wie die fünf
Finger einer Hand – die Einheit von Begegnen – Feiern – Arbeiten
(das heißt ganzheitlichem Lernen) – Spielen und Gesprächen beinhalten. Eine gute Schule berücksichtigt die *Bedürfnisse von
Schülern*: erkunden und erfahren; gestalten und darstellen; denken
und handeln; sich freuen und erholen; regeln und festlegen.

Das Programm des »offenen Unterrichts« zielt auf mehr oder weniger freie Lernformen wie zum Beispiel Freiarbeit, Wochenplanar-
beit oder fachübergreifend-projektorientierten Unterricht (vgl. D.
Hintz, K. G. Pöppel und J. Rekus, 1995, S. 246; W. Wallrabenstein,
1997). Das Ziel des »offenen Unterrichts« kann als die *Humanisierung des Lernens* betrachtet werden. Damit steht der/die SchülerIn
und seine/ihre Bedürfnisse im Zentrum des Lernens: Neues erkennen, Lernen, Zuwendung, Anerkennung und Nähe, sich austau-
schen, lösbare Konflikte erleben, Selbstdarstellung, Selbstentfal-

tung und Kompetenzzuwachs, Erfahren eigener Leistungsfähigkeit und Kreativität, Wahrnehmen von Konsequenzen und Grenzen, die Sicherheit und Orientierung geben. Dies impliziert ein hohes Maß an Selbstbestimmung (vgl. auch K. Garnitschnig, 1998, S. 7ff.).

Wenn den SchülerInnen mehr Verantwortung für ihren eigenen Lernprozeß zugestanden wird, ist ihre aktive Perspektiveübernahme zu bedenken und methodisch umzusetzen. Dies erfordert zentral inhaltliche, methodische und organisatorische Mit-Bestimmung in Fragen des Lernprozesses. Daß auch der Bereich des sozialen Lernens einvernehmlich, das heißt gemeinsam zu regeln ist, zeigen die Klassenregeln und Vereinbarungen in den Klassenzimmern vieler Schulen.

Die an die Schule gestellte Forderung, SchülerInnen durch »Schlüsselqualifikationen« selbst-, sozial- und sachkompetent zu bilden und zu erziehen, ist in der Regel nicht an einzelnen Schulfächern festzumachen. Wenn man davon ausgeht, daß für einen erfolgreichen Lernprozeß keineswegs nur die Intelligenz, sondern auch Arbeitshaltung, Arbeitstechniken, Verhalten, Einstellungen, Motivation usw. entscheidend sind, wird offensichtlich, daß es nötig ist, »das Lernen zu lernen«. Lerntechniken können individuell und im Sozialverbund dargestellt werden. Fächerverbindende Bezüge können an vielfältigen Anwendungsbeispielen verdeutlicht werden. Ein vorrangiges Ziel ist deshalb die *Erziehung zu selbständigem Arbeiten.* Lerntechniken sollen den SchülerInnen weitergehende Möglichkeiten zur Verfügung stellen, ihre schulischen Aufgaben selbständiger zu erfüllen. Andererseits kann die *inhaltliche, thematische, methodische* und *institutionelle Öffnung* (vgl. J. Rekus, 1994; D. Hintz, K. G. Pöppel und J. Rekus, 1995) und Individualisierung des Unterrichts nur glücken, wenn SchülerInnen selbständig zu lernen vermögen. SchülerInnen sollten möglichst früh eigenständige, positive Erfahrungen beim Lernen sammeln. Es kann jedoch nicht um »Rezeptvermittlung« gehen, denn »Lernen« ist eine individuelle Erfahrung. Notwendig sind gleichfalls entsprechende *Gesprächs-* und *Zuhörregeln:* Klarheit des Themas und der Fragestellung, kooperative Fragenerstellung, Formulierung offener Impulsfragen, bevorzugte Verwendung kurzer, eindeutiger Formulierungen, individuelle Bekräftigung, Einräumen entsprechender Zeitkontingente, klare Gliederung und zusammenfassende Ergebnissicherung (vgl. *Pädagogik,* Nr. 2, 1992, S. 44f.). *Konsensuell* erarbeitet und eingeübt, kann sich eine kommunikative, das heißt bedürfnisorientierte *Gesprächskul-*

tur ausweiten, die die weit verbreitete unterrichtszielorientierte Gesprächsführung sinnvoll einbindet bzw. aufhebt.

Damit wird *soziales Lernen* gefördert, denn »wer zusammen mit einer Gruppe produktiv arbeitet, arbeitet zugleich auch produktiv an seinem Leben« (E. Fromm, 1989a, GA XII, S. 417).

Mit der Öffnung von Schule, in der »der Mensch Vorrang hat« (E. Fromm, 1960a, GA V, S. 35) vor dem sachbezogenen Lehr-Plan, ist auch eine *subjektorientierte Lern-Kultur* verbunden. Hier steht das Lernverhalten und die subjektive Rekonstruktion von Welt, das lebendig-entdeckende Aneignen von Bildungsinhalten im Zentrum, wie es L. Pongratz (1991) und V. Frederking (1994) dargestellt haben. LehrerInnen werden zu LernberaterInnen, zu »Mitschülern« (E. Fromm, 1968a, GA IV, S. 345). So kann sich »ernsthaftes Wissen« (E. Fromm, 1989a, GA XII, S. 412) auf einer kompetenzstarken Motivationsbasis entwickeln. Dies kann angebahnt werden in einer Lern-AG oder in einem »Lernen-lernen«-Projekt.

Das Einüben und Trainieren von Lern-Methoden kann folgende Erfahrungen vermitteln: Aneignung von Lern- und Arbeitstechniken, kompetentes Sozialverhalten, zum Beispiel Gesprächsfähigkeit, Umgang mit Angst und Streß. Das Gefühl der Hilflosigkeit und des Ausgeliefertseins kann so verhindert oder eingegrenzt werden. Entspannungs- und Konzentrationsübungen können dies unterstützen, denn damit wird Streßkompetenz erworben (K. P. Fritzsche, 1998, S. 145f.), eine Fähigkeit, die einen zentralen gesellschaftlichen Problemkreis beschreibt und wesentliche Selbsterfahrungspotenzen in sich birgt. Entspannungsübungen bieten Kindern autonome Hilfen, ihr Verhalten und ihre Reaktionen vermehrt selbst vernünftig und realistisch zu steuern. Viele schulische Probleme hängen zusammen mit der verminderten Konzentrationsfähigkeit der Kinder, verursacht u.a. durch Medien, Familien-, Wohnsituation usw. Schulisch produzierte Unruhe und Konzentrationsschwäche kann durch das gezielte Fördern geeigneter Spiele abgebaut werden. Imaginationsfähigkeit, kreative Phantasie und eine selbsterfahrene Innenlenkung können sich so entwickeln (A. Cohen, 1990, S. 72f.). Damit wird eigenes Sein und sein kreativer Ausdruck konkretisierbar.

Eine entsprechende Gesprächskultur hat auch Konsequenzen für den Lernerfolg der SchülerInnen, denn einschlägige Ergebnisse aus der Gedächtnisforschung zeigen, daß Lernstoffe im Gedächtnis wesentlich länger verankert bleiben, wenn sie sprachlich zum Ausdruck gebracht werden, als wenn sie lediglich über den auditiven oder akustischen Kanal rezipiert werden. (Die Behaltensrate beträgt beim Zuhören und Lesen etwa 20–30 Prozent, nach sprachlicher Formulierung dagegen bis zu 70 Prozent.)

Lerntheoretisch offensichtlich ist, daß Lernen aus eigenem Antrieb für das Individuum effektiver ist und »sitzt«. Lern- und Arbeitstechniken können Schüler und Schülerinnen unabhängiger von der Hilfestellung anderer Personen machen, vermitteln demnach subjektive Vollmacht und das Gefühl von »Wirkmächtigkeit«. Pausen mit kleinen Belohnungen wirken verstärkend, denn sie kommen dem Bedürfnis der SchülerInnen nach der Rhythmisierung der Arbeits-Zeit entgegen, der Balance von Arbeit und Muße. Um Lern-Freude aufzubauen oder zu erhöhen, dienen Gespräche und Entspannungsübungen. Dazu ist es nötig, ein angstfreies Klima im Unterricht zu schaffen. Trotz der häufig beobachtbaren Schul-Unlust ist erkennbar, daß gerade Kinder von 10 bis 12 Jahren häufig eine solche Zähigkeit und Ausdauer bei allem entwickeln, was sie wirklich selbst interessiert, daß es gilt, diese Fähigkeiten für schulisches Lernen zu gewinnen.

Die Bedeutung von Lehrerinnen und Lehrern

Die Öffnung der Schule bedeutet für die LehrerInnen-Rolle Merkmalsverschiebungen. Die Vorstellung der Lehrerin als *Vermittlerin* von Lerninhalten, *Erzieherin*, *Beurteilerin* von Lernleistungen, *Beraterin* bei (Schul-)Problemen muß in Richtung Verantwortung für partnerschaftliche Lernkultur, Selbststeuerung und -verantwortung, Kreativität, kommunikative Fähigkeiten, fachliche, didaktische, methodische Kompetenz, Kooperations- und Teamfähigkeit entwickelt werden. Diese Veränderungen des Lehrer- und Lehrerinnenbildes können Voraussetzungen sein für Strukturveränderungen. Kommunikative Kompetenzen und Kooperationsfähigkeiten können sich in der Entwicklung eines pädagogischen Konsenses beweisen, der die Voraussetzung effektiven pädagogischen Handelns darstellt. Kollegiale Strukturvoraussetzungen für die Entwicklung eines positiven Schulklimas oder einer »*Schulkultur*« scheinen folgende Merkmale zu sein:

- kollegiales Verhalten und gemeinsames Planen,
- das Formulieren und Einhalten klarer Ziele und hoher Erwartungen, die von allen geteilt werden (pädagogische Normen),
- das bewußte Herbeiführen von Übereinstimmung (pädagogischer Konsens),
- das Setzen von Ordnung und Disziplin, verstanden als Orientierung an eindeutigen und fairen Regeln (vgl. *Pädagogik,* Nr. 4, 1997, K. Garnitschnik, 1998, S. 6).

Diese vier Maximen – umgesetzt in konkretes Handeln – stärken das Verantwortungsgefühl und die *Identifikation* mit der Schule und der eigenen Arbeit (W. Schwark, in: *Bildung und Wissenschaft,* Nr. 1, 1993, S. 11). Wesentliche Grundlage ist das Vermögen, die »Kunst des Zuhörens« zu beherrschen, das heißt zur Empathie für andere Menschen fähig und stark genug zu sein, das Erleben des anderen so zu spüren, als ob es das eigene wäre. Empathie setzt die Fähigkeit zu lieben voraus. Einen anderen verstehen bedeutet, ihn zu *lieben,* nicht im erotischen Sinne, sondern so, daß man den anderen erreichen kann und seine Angst überwindet, sich selbst dabei zu verlieren. Verstehen und Lieben lassen sich nicht voneinander trennen, sonst wird die Türe zum wirklichen Verstehen verschlossen bleiben (vgl. E. Fromm, 1991d, GA XII, S. 366).

Im erzieherischen Bereich realisiert sich pädagogische Liebe in der Balance von »väterlicher« und »mütterlicher« Liebe, dies bedeutet bedingungslose Wertschätzung und verantwortete, realistische Herausforderung (vgl. E. Fromm und M. Maccoby, 1970b, GA III, S. 458ff.; A. Cohen, 1990, S. 78f.; H. Scarbath, 1992, S.19f.). Einher damit geht der Prozeß, daß sich die Autorität des Lehrers/der Lehrerin zu einer rational-verantwortlichen entwickelt, die ihren Ursprung im Kompetenzvorsprung individueller Entwicklung und Auseinandersetzung sozial vorlebt (E. Fromm, 1976a, GA II, S. 298ff; 1963d, GA IX, S. 367f.). Hier ist »Ungehorsam« nicht tabuisiert, sondern Teil des Dialogs.

Die Intensivierung der Kommunikation in Muße »mit allen Sinnen« (E. Fromm, 1955a, GA IV, S. 242) ist ein möglicher (Aus-) Weg, der Lehrern wie Schülern mehr Zufriedenheit und Erfolg im Unterricht verspricht. Generell kann man sagen: Je ausgeprägter die Kommunikationskompetenz der Schüler ist, desto größer sind in aller Regel auch ihre Motivation, ihr Selbstvertrauen, ihre Teamfähigkeit, ihre Selbständigkeit und ihr Lernerfolg. Das begünstigt ihre positive Einstellung zur Schule und zum Lernen. Für LehrerInnen wiederum hat dieser Kompetenzzuwachs auf Schülerseite zur Folge, daß die Unterrichtsgespräche tendenziell harmonischer, konstruktiver und effektiver verlaufen. Das trägt zu einem guten Klima in der Klasse bei, bringt eine gewisse Entlastung und begünstigt straffere Gesprächsverläufe. Nicht zuletzt wird auch die *Berufszufriedenheit der LehrerInnen* gesteigert und damit dem *Burnout* entgegengewirkt, wozu vor allem das pädagogisch-therapeutische Gespräch in der Supervisionsgruppe Hilfestellung geben kann. Hier kann sich dann die ganze Vitalität der humanistischen Psychoanalyse Fromms entfalten, da die Nähe zum Ursprung hier am offensichtlichsten ist, zur Psychotherapie.

Diese Entlastung der LehrerInnen ist nötig, denn das heutige, der zweiten Moderne entsprechende Lehrerleitbild beinhaltet: Verantwortung für partnerschaftliche Lernkultur, Selbststeuerung und -verantwortung, pädagogische (schülerorientierte) Grundeinstellung, Kreativität; kommunikative Fähigkeiten: Authentizität, Empathie, Konfliktfähigkeit; fachlich-wissenschaftliche, didaktische, methodische Kompetenz; Beratungs- und Medienkompetenz; Kooperations- und Teamfähigkeit sowie ökologische Kompetenz. Dies bedeutet eine Herausforderung zur Weiterentwicklung der Lehrerpersönlichkeit, die Energie, Motivation zur Arbeit an sich selbst und im Kollegium mit sich bringt.

Konsens-Basis könnte das *humanistische Menschenbild Erich Fromms* sein. Es darf nicht sein, daß es heißt: »Kinder waren für die meisten eine Belastung, keine Bereicherung. Der Sinn des Lebens bestand darin: arbeiten, um sich viel leisten zu können.« Es gilt: »Die Titanic umsteuern« (*Erziehung und Wissenschaft*, Nr. 3, 1998, S. 6; H. Wehr, 1997) in Richtung einer biophilen Gegenthese: »Gut leben, statt viel haben« (O. Herz, 1996, S. 16; vgl. E. Fromm, 1976a, GA II). Schule als Institution hat weitgehend ihren technizistisch-administrativen Systemzwängen nachgegeben. Demgegenüber gilt es meines Erachtens, durch Konsensfindung vor-technische, ganzheitliche Lösungsmuster in der pädagogischen Kommunikation wiederzuentdecken. Schulisches Leben ist mehr als didaktisch-methodische Technik, bzw. kognitives Informieren. Dem trägt zum Beispiel die Erlebnispädagogik Rechnung, indem sie zentral auf das »Gemeinschaftserleben« verweist. Im erlebnisorientierten Lernen läßt sich Langsamkeit (*schola*, lateinisch *Muße*!) wiederentdecken, und Zusammenarbeit, Selbertun, Selbstbestimmung und -verantwortung durchwirkt entdeckendes Lernen (vgl. P. Sommerfeld, 1993, S. 71ff.). Das pädagogische Ziel erscheint beim gemeinsamen Arbeiten, Entdecken, Projektieren, Reden und Leben, beim gemeinsamen Konflikte-Durchstehen und Zusammen-Feiern.

Wesentlich erscheint mir die Bemerkung von Negt, daß »der Mut zu einem neuen Reformgeist nur von unten kommen (kann), sonst bleibt alles beim alten« (O. Negt, 1994, S. 2). Ähnlich argumentiert Hartmut von Hentig in *Die Schule neu denken* (1993): »Die Schule ist nur als Lebens- und Erfahrungsraum« zukunftsfähig, sie ist nur als (demokratische) »polis« denkbar, da die Lebensprobleme die Lernprobleme der Kinder überlagern. Seine »Minima Paedagogica« fußen auf *sechs* praktisch umsetzbaren Prinzipien, welche die Merkmale der neuen Schule ausmachen sollen:

1. Das Leben zulassen
2. Mit Unterschieden leben
3. In der Gemeinschaft leben
4. Der ganze Mensch
5. Eine Brücke zwischen der kleinen und der großen Welt
6. Die Schule bleibt eine Schule.

Auf einer etwas abstrakteren Ebene, aber für den »Geist einer Schule« durchaus konkretisierbar, schält Fromm anhand der Diskussion »antiautoritärer« und kommunitärer Erziehung folgende schulischen Basis-Postulate heraus, die durchaus Inhalte eines biophilen Lehrer-Leitbildes werden könnten:

1. Bedingungslose, mütterliche Liebe, das Gefühl absoluter Sicherheit: »Ich liebe dich, egal was du tust.«
2. Väterliche »Verantwortung«, das heißt, die Rechte anderer zu respektieren und altersgemäß Pflichten der Gemeinschaft gegenüber zu erfüllen: »Ich erwarte, daß du dir Mühe gibst, verantwortungsbewußt zu handeln.«
   Das mütterliche und das väterliche Prinzip (Mitgefühl und Gerechtigkeit) bilden gleichberechtigt nebeneinander »Struktur« und »Gerechtigkeit«.
3. Produktive Stimulation, das heißt ganzheitliche, Körper, Geist und Psyche gleichermaßen ansprechende Anregung: Unterricht zum Beispiel in Tanzen, Musik, Gesang, Kunst.
4. Grundbedingung eines sinnerfüllten Lebens ist das »Interesse«.

»Das Interesse ist eine grundsätzliche Einstellung und eine sich durch alles hindurchziehende Form der Bezogenheit auf die Welt« (E. Fromm, 1968a, GA IV, S. 321).

5. Das Prinzip der Selbstverwaltung und unbürokratischer (demokratischer) Führung beinhaltet das Prinzip, die Kinder und besonders die Jugendlichen in weitem Umfang bei der Entscheidung über eigene Angelegenheiten mit heranzuziehen.

Diese fünf Prinzipien eröffnen eine demokratische und pädagogische Möglichkeit menschlicher Organisation im Sinne einer humanen Schul-Erziehung. In der »sensorientierten« Erziehung zur Selbstfindung wird die »Kunst des Lebens« (E. Fromm, 1947a, GA II, S. 16ff.) zum Inhalt und Lehr-Lernprinzip von Schule. Mit »Liebe zum Leben« (»Biophilie«) meint Fromm eine bestimmte Lebensqualität, eine Grundhaltung:

> »Der Biophile fühlt sich vom *Lebensprozeß* selbst und vom Wachstum jeder Art angezogen. Er baut lieber neu auf, als Vorhandenes zu erhalten. Er ist fähig zu staunen. Er sucht lieber nach etwas Neuem, als nur das Alte zu bestätigen. Er liebt das Abenteuer des Lebens, denn zum Leben gehört immer die Ungewißheit und das Risiko. Seine Einstellung ist funktional und nicht mechanisch. Er sieht das Ganze und nicht dessen Teile. Er zieht die Struktur der Summierung vor. Er möchte dadurch, daß er neue Anreize gibt, und nicht durch Gewalt formen und beeinflussen« (E. Fromm, 1970i, GA IX, S. 417).

Erziehung soll Kindern Anregungen bieten und damit ihrem Leben Sinn vermitteln. In einer so profilierten Schule wird praktisches und theoretisches Wissen und Können zu kritischen Kompetenzen entfaltet, die einen kreativen Ausdruck der SchülerInnen- und LehrerInnenpersönlichkeit zulassen. Intellektuelle, kulturelle und künstlerische Bildung verbinden sich mit handwerklichen Elementen, wie es die Arbeitsschule oder das schwedische Slöjd (E. Fromm, 1960a, GA V, S. 35f.) im kooperativen Projekt verdeutlichen (vgl. E. Fromm, 1970b, GA III, S. 453; O. Jäger, 1998).

Apel, H. J., 1995: *Theorie der Schule, eine historische und systematische Darstellung ihrer Grundlinien*, Donauwörth: Auer.

Beck, U. (Hg.), 1997: *Kinder der Freiheit*, Edition Zweite Moderne, Frankfurt am Main.

Beck, U., 1986: *Risikogesellschaft. Auf dem Weg in eine andere Moderne*, Frankfurt am Main: Suhrkamp.

– 1996: »Jeder ist sich selbst der Nächste«, in: *Pädagogik*, Nr. 7–8, 1996.

Beck, U., und Beck-Gernsheim, E. (Hg.), 1994: *Riskante Freiheiten. Individualisierung in modernen Gesellschaften*, Frankfurt am Main: Suhrkamp.

Beck, U., und Beck-Gernsheim, E., 1990: *Das ganz normale Chaos der Liebe*, Frankfurt am Main: Suhrkamp.

Bernath, U., und Campbell, E. D. (Hg.), 1975: *You Are My Brothers. Father Wasson's Story of Hope for Children.* Huntington.

Cohen, A., 1990: *Love and Hope. Fromm and Education, New York.*

Frederking, V., 1994: »›Die Welle‹ von Morton Rhue. Ein handlungs- und produktionsorientiertes Unterrichtsmodell«, in: *Praxis Deutsch*, Nr. 21, 1994.

Fritzsche, K. P., 1998: *Die Stressgesellschaft. Vom schwierigen Umgang mit den rasanten gesellschaftlichen Veränderungen*, München: Kösel.

Fromm, E.: siehe die Nachweise am Ende des Bandes.

Garnitschnig, K., 1998: »Eine Theorie, innovative Ideen praktisch werden zu lassen«, in: *Erziehung und Unterricht*, Nr. 1, 1998, S. 4–22.

Hentig, H. von, 1976: *Was ist eine humane Schule?* München.

– 1984: *Das allmähliche Verschwinden der Wirklichkeit. Ein Pädagoge ermutigt zum Nachdenken über die Neuen Medien.* München.

– 1993: *Die Schule neu denken*, München und Wien: Hanser.

Herz, O., 1996: »Politik und Pädagogik brauchen Visionen. Zukunftsfähiges Deutschland«, in: *Erziehung und Wissenschaft*, Nr. 4, 1996, S. 16.

Hintz, D.; Pöppel, K. G.; Rekus, J., 1995: *Neues schulpädagogisches Wörterbuch,* Weinheim/München: Juventa.

Jäger, O., 1998: Projektwoche – Möglichkeit für eine humane Schule und Gesellschaft, Neuwied und Berlin: Luchterhand.

Johach, H., 1994: »Zur gegenwärtigen Eskalation der Gewalt. Ursachen – Zusammenhänge – Lösungsansätze«, in: Jahrbuch der Internationalen Erich-Fromm-Gesellschaft, Bd. 5; *Vom Umgang mit dem Fremden*, Münster und Hamburg: LIT-Verlag, 1994, S. 127–154.

Jugendwerk der Deutschen Shell AG (Hg.), 1997: *Jugend '97, Jugend und Politik. Die 12. Shell Jugendstudie.* Gesamtkonzeption und Koordination: Arthur Fischer, Richard Münchmeier. Opladen: Leske & Budrich.

Landesinstitut für Schule und Weiterbildung des Landes Nordrhein-Westfalen (Hg.), 1997: *Die Zukunft denken – Gegenwart gestalten. Handbuch für Schule, Unterricht und Lehrerbildung zur Studie »Zukunftsfähiges Deutschland«*, Weinheim und Basel.

Marcuse, H., 1972: *Der eindimensionale Mensch.* Neuwied, Berlin.

Negt, O., 1994: »Auf der Suche nach Orientierung und Kompetenz. Plädoyer für eine zweite Bildungsreform«, in: *Erziehung und Wissenschaft*, Nr. 4, 1994, S. 2.

Nyssen, E., und Schön, B. (Hg.), 1995: *Perspektiven für pädagogisches Handeln*, Weinheim und München: Juventa.

Olechowski, R., 1998: »Grundsätze für eine Reform der Schule der Vierzehn- bis Neunzehnjährigen unter dem Aspekt einer ›humanen Schule‹«, in: *Erziehung und Unterricht*, Nr. 1, 1998, S. 23–36.

Pongratz, L., 1991: »Lebendiges Lernen mit Texten von Erich Fromm«, in: J. Claßen, (Hg.): *Erich Fromm und die Kritische Pädagogik*, Weinheim und Basel: Beltz, S. 139–159.

Rekus, J., 1994: »Bildung heute – veränderte schulische Schwerpunkte«, in: *Schulintern* Nr. 1, 1994, S. 1–4.

Scarbath, H., 1992: *Träume vom guten Lehrer. Sozialisationsprobleme und dialogisch-förderndes Verstehen*, Donauwörth: Auer.

Sommerfeld, P., 1995: *Erlebnispädagogisches Handeln. Ein Beitrag zur Erforschung konkreter pädagogischer Felder und ihrer Dynamik*, Weinheim/München: Juventa.

Wallrabenstein, W., 1997: *Offene Schule – Offener Unterricht*, Reinbek bei Hamburg.

Wehr, H., 1997: »Prometheus und Epimetheus«, in: *Ethik und Unterricht*, Nr. 3, 1997, S. 10–12.

LUDWIG PONGRATZ

Ökonomisierung der Bildung
Eine Packungsbeilage zu Risiken und Nebenwirkungen

Es gehört zur unbefragten Selbstverständlichkeit der bürgerlichen Welt, alles, was nur irgendwie in Produktions- und Verwertungsprozesse einbezogen werden kann, in eine Ware zu verwandeln. Daß dieser Vorgang höchst widersprüchliche Resultate nach sich zieht, wird – mal mit Empörung, mal mit einem Achselzucken – zur Kenntnis genommen. Danach geht man zur Tagesordnung über. Der Stachel des Widerspruchs aber bleibt; er läßt die moderne Gesellschaft nicht zur Ruhe kommen. Oft bricht er an den Rändern des Systems wieder auf.

In marginalisierten Bereichen – wie etwa der Kunst – wird der Widerspruch der Warenproduktion am ehesten noch flagrant: Jeder weiß, daß Kunst zu hohen Preisen gehandelt, gar als Geldanlage in Tresoren gebunkert wird. Jeder weiß auch, daß der eigentliche Wert von Kunst sich der Marktlogik gänzlich entzieht. Das, worauf Kunst abzweckt – etwas »Anderes« zum Vorschein zu bringen, das sich ökonomischen Imperativen gerade nicht fügt –, widerstreitet ihrer Reduktion auf eine Ware. Entsprechend finden sich Kunst und Kommerz in der bürgerlichen Welt widersprüchlich aneinandergekettet: In ihrem Zusammenschluß treiben sie den Widersinn des Systems allererst auf die Spitze.

Nicht anders geht es der Bildung. Die Widersprüche, die die Vermarktung von Bildung nach sich zieht, kommen jedoch erst in unseren Tagen voll zu Bewußtsein. Solange der Bildungssektor unter staatlicher Regie organisiert wurde – und auf diese Weise den konkurrierenden Einzelinteressen von Privatanbietern entzogen war – konnte zumindest der Idee nach eine Vorstellung von Allgemeinbildung beibehalten werden, die in der vernünftigen Gestaltung des Allgemeinen (sprich: des Gemeinwesens) ihren Ausdruck fand. Seitdem sich jedoch die Marktlogik im Bildungssektor einnistet, tritt der überkommene Sinn von Bildung – nämlich die Befähigung zur autonomen Lebensführung in einer mündigen Gesellschaft – in greifbaren Widerspruch zu den herrschenden Ökonomisierungszwängen. Der seit den 80er Jahren von regierungsamtlicher Seite bewußt und entschieden vorangetriebene Auf- und Ausbau des Weiterbildungssektors erweist sich – so gesehen – im Rückblick als höchst zwiespältiges Unterfangen.

Die Qualifizierungsoffensive als Bildungsdesaster

Die neoliberale Trendwende der 80er Jahre, die sich selbst den Titel »Qualifizierungsoffensive« gab, führte all die Versprechungen und Verlockungen im Gepäck, die die Verfechter des Marktes seit jeher ins Feld führen – vor allem die Hoffnung, bei fortschreitender Funktionalisierung des Bildungssektors gehe ökonomische Prosperität mit individueller Freiheit einträchtig Hand in Hand. Eben deshalb sei angeraten, sich dem Zwang zu stetiger Rationalisierung und Umstellung anzudienen. Zwar wird als Preis für das rastlose Life-long-learning nicht mehr der Marschallstab im Tornister versprochen, sondern beruflicher Erfolg, Karriere, Macht und Ansehen, doch wird der Zwangscharakter des Systems nun offenkundig: Immer mehr Menschen finden sich wieder in der Rolle von Zauberlehrlingen der Industriegesellschaft. Die beschleunigte Umwälzung der ökonomischen und technologischen Basis der Gesellschaft fordert ihren pädagogischen Preis: den expansiven Zwang zum Dauerlernen.

Mit der »Qualifizierungsoffensive« wird Bildung unmittelbarer als je zuvor dem Diktat ökonomischer Verwertung ausgesetzt. Die seitdem forcierte Expansion des Weiterbildungsmarktes erzeugt Deformationen, die das überkommene Selbstverständnis von Weiterbildung insgesamt berühren: Am Ende wird aus dem Anspruch lebensbegleitender Bildung »lebenslängliche Weiterbildung« (vgl. K. A. Geißler und H. Heid, 1987, S. 18). Die Idee des unaufhörlichen Progreß durch Bildung hat nicht nur mythische Anklänge, sondern führt auch neue Zauberformeln im Schlepptau: zum Beispiel den Begriff der »Schlüsselqualifikation«.

»Schlüsselqualifikationen« sollen, so die Idee, ein weites Spektrum von unterschiedlichen Aufgabenfeldern gleichsam mit einem »General-Schlüssel« aufschließen. Sie sollen (wie im Märchen vom

Tapferen Schneiderlein) dazu verhelfen, Sieben auf einen Streich zu erlegen. Dazu aber dürfen diese Qualifikationen nicht inhaltsspezifisch, sondern müssen formal-abstrakt konzipiert sein. Schlüsselqualifikationen, so heißt es bei einem der Gründerväter dieser Idee, tragen dazu bei, »ein enumerativ-additives Bildungsverständnis (Fakten-, Instrumenten- und Methodenwissen) durch ein instrumentelles Bildungsverständnis (Zugriffswissen, know how to know) abzulösen. (...) Die mentale Kapazität soll nicht mehr als Speicher von Fakten, Kenntnissen, sondern als Schaltzentrale für intelligente Reaktionen genutzt werden« (D. Mertens, 1994, S. 40).

Speicher, Schaltzentrale, intelligente Reaktionen: Schon der verwendete Begriffskoffer kündet von der ungenierten Ankunft des Automatenmenschen. Der Mensch als höchst flexibler Industrieroboter, als Hardware, die mit veränderter Software immer neue Problemlösungskapazitäten bereithält – dies dürfte zur innersten Logik der »Qualifizierungsoffensive« gehören. Um der beständigen Rotation wechselnder Ansprüche jedoch nachzukommen, »ist education permanente unerläßlich, auch unter der Voraussetzung eines Grundbildungslehrplans, in dem die Schulung für Schlüsselqualifikationen die Kernaufgabe geworden ist« (a. a. O., S. 42). Education permanente, lebenslängliches Lernen, wird zur pädagogischen Chiffre für die Einwilligung ins »rat race« (wie es in Amerika heißt), ins »Rattenrennen« um die besten gesellschaftlichen Plätze, die selbstverständlich immer nur wenigen zur Verfügung stehen.

Die ungebrochene Dynamik dieses Rattenrennens verdankt sich der Verwertungslogik der warenproduzierenden Gesellschaft, der steigenden Geschwindigkeit des erzwungenen technischen Wandels, den Wachstumsimperativen der Ökonomie. Opfer dieser Qualifizierungsoffensive sind nicht allein die Rationalisierungsverlierer, die als Arbeitslose »freigesetzt« werden, Opfer ist auch jene wichtige Tradition, die im Begriff aufklärerischer Bildung ihr Zentrum hat. Zielte Bildung einstmals aufs Subjekt, genauer: auf die selbsttätige, kritische Aneignung seiner Lebensumstände, so löst der Qualifizierungsbegriff diesen Zusammenhang ausdrücklich auf: Denn die angeeigneten Qualifikationen »verfallen immer rascher, sie werden – Südfrüchten ähnlich – zur Ware, die relativ leicht verdirbt« (K. A. Geißler, 1992, S. 67). In den Qualifikationsbegriff sind die Verfallzeiten schon eingebaut. Sein Erfolg, so ließe sich paradox formulieren, ist seine Substanzlosigkeit.

Bildungsträger lassen keinen Zweifel daran, daß Bildung keine freie Entscheidung eines sich frei wähnenden Individuums mehr ist, sondern zum notwendigen Zwang wird. Wer sich diesem Druck nicht beugt, befindet sich von vornherein auf der Seite der Rationalisierungsverlierer. Wer ihn auf sich nimmt, bekommt trotzdem keine Garantien, auf der Gewinnerseite zu stehen. Tatsächlich ist im Zwangsapparat der Weiterbildung niemand Herr der eigenen Situation. Jeder begreift sich aus seinen Defiziten, aus dem, was er nicht kann, was er noch lernen muß. Lebenslängliches Lernen heißt also auch: lebenslänglicher Schülerstatus, lebenslängliches Zwischenstadium. »Immer weniger wird es möglich, einen festen Platz, eine biographische Heimat zu finden. Wir leben bestenfalls als Lern-Nomaden, im schlechteren Fall werden wir zu einer ewig wandernden Baustelle gemacht. Das ganze Leben wird zu einer Vorbereitung aufs Leben« (K. A. Geißler, 1991, S. 732).

Vom Bildungsbürger zum Selbst-Vermarkter

Die strukturellen Zwänge des Weiterbildungsmarktes rufen einen bestimmten zugehörigen Habitus hervor: eine innere Haltung und psychische Disposition, die die Unterwerfung unter den Zwang zum Motor der Vermarktung der eigenen Person macht. Allerdings: Was sich objektiv als Unterwerfung unter die anonyme Autorität des Marktes ausnimmt, erscheint subjektiv als vermeintliche Steigerungsform der eigenen Person. Fromm hat die entsprechende psychische Strebung im Begriff der Marketing-Orientierung gefaßt. Mit der forcierten Ökonomisierung der Gesellschaft, die nicht allein den wirtschaftlichen Sektor, sondern tendenziell alle sozialen Lebensbereiche erfaßt, wird diese Orientierung zum Grundmerkmal von Industriegesellschaften in der zweiten Hälfte des 20. Jahrhunderts. Die Marketing-Orientierung ist in der Regel mit weiteren psychischen Dispositionen verschwistert. Hier spielen die Faszination für das Leblose und Dingliche – also das, was Fromm mit dem Begriff der Nekrophilie umreißt – ebenso eine besondere Rolle wie die Bevorzugung inszenierter Wirklichkeiten und die Flucht in narzißtische Größenphantasien. (Vgl. die Einleitung zu diesem Band.)

Während für die erste Hälfte des 20. Jahrhunderts eine überwiegend autoritäre Charakterorientierung kennzeichnend war, deren wesentliches Merkmal in der Beherrschung und Verschmelzung mit Objekten und Personen der Außenwelt bestand, lösen sich diese projektiven Bindungen unter dem Diktat der vom Marketing bestimmten Marktgesetze immer mehr auf. Die moderne, flexible Unternehmensführung kennt weder Partriarchen noch sakrosankte Bosse; denn auch diese stehen bei Bedarf zur Disposition. An die Stelle machtvoller, personaler Instanzen tritt zunehmend ein Netz flexibler, anonymer Funktionsprozesse, die keine tiefergehende emotionale Bindung dulden. Im Selbsterleben des Marketing-Charakters spiegelt sich diese Entwicklung in einer Art unverbindlicher Bezogenheit wider. Ein hervorstechendes Merkmal der Marketing-Orientierung besteht nach Fromm nämlich gerade darin, »daß keine spezifische und dauerhafte Form der Bezogenheit entwickelt wird; die Auswechselbarkeit der Haltungen ist das einzig Beständige einer solchen Orientierung« (E. Fromm, 1947a, GA II, S. 53). Dies geht durchaus konform mit den Ansprüchen des Marktes, für den Flexibilität, Austauschbarkeit und Anpassungsfähigkeit zu bevorzugten Persönlichkeitsmerkmalen avancieren. Die zentralen Leitwerte, auf die hin sich Erleben und Handeln orientieren, sind Sich-Verkaufen und Gut-Ankommen. Genau darauf konzentriert sich die Angebotspalette des boomenden Weiterbildungsmarkts. Jeder versucht, sich so gut wie möglich zu verkaufen: mit seinen Zeugnissen, seinen Sprachkenntnissen, seinem selbstbewußten Auftreten, seinen Fortbildungskursen, seinen extravaganten Ideen. An zahlreichen Stellenanzeigen in gängigen Tageszeitungen läßt sich ablesen, wie der Zwang zur Selbst-Vermarktung in grandiosen Selbstinszenierungen endet. »Wer sich verkaufen will, muß sich als Könner, als Bester, als Glücksfall, als Größter, Kompetentester, Vertrauensvollster usw. präsentieren« (R. Funk, 1997, S. 10).

Bedeutung erlangen dabei nur noch diejenigen Eigenschaften, die sich leichtgängig vermarkten lassen. Je mehr aber der Mensch dazu übergeht, sich selbst als Ding, als variabel verwertbare Kapitalanlage zu betrachten, um so mehr löst sich seine Identität auf. Zurück bleibt das unterschwellige Bewußtsein vom verschwundenen Sinn der eigenen Existenz, eine depressive Langeweile und unaussprechliche Einsamkeit. »Da der Marketing-Charakter weder zu sich selbst noch zu anderen eine tiefe Bindung hat, geht ihm nichts wirklich nahe, nicht weil er so egoistisch ist, sondern weil seine Beziehung zu anderen und zu sich selbst so dünn ist. (...) In Wirklichkeit steht dem Marketing-Charakter niemand nahe, nicht einmal er selbst« (E. Fromm, 1976a, GA II, S. 375). Diese innere Leere aber führt dazu, sich eine Belebung und Vermenschlichung von den am Markt angebotenen Waren zu erhoffen. Dem gibt die expandierende Werbung Ausdruck, die mit einem gigantischen Apparat versucht, die Suggestivkraft von Waren zu erhöhen. »Wenn nicht mehr der Mensch mit seinen Bedürfnissen das Subjekt des Marktgeschehens ist, sondern das Marktgeschehen, der Erfolg am Markt, die Verkäuflichkeit von Waren das eigentliche Agens, der Ort des Lebens ist, dann ist es nur folgerichtig, daß die zu Markte getragenen Waren auch belebt werden, einen menschlichen Namen haben, sich durch menschliche Eigenschaften auszeichnen« (R. Funk, 1997, S. 15).

Die Vermenschlichung der Dinge, die mit der Verdinglichung des Menschen einhergeht, ist ein Merkmal der Marketing-Orientierung, das durch eine zweite Grundstrebung verstärkt wird: die in hochindustrialisierten Gesellschaften immer dominanter werdende Bevorzugung des Dinglichen gegenüber dem Lebendigen. Fromm hat sie »Nekrophilie«, Liebe zum Leblosen, genannt. Diese wurzelt wie die Marketing-Orientierung in einem eklatanten Mangel an Selbst-Sein, an einem Mangel also, aus seinen eigenen Kräften zu leben und ihnen in der Welt einen produktiven Ausdruck zu geben. Das Angezogensein vom Leblosen, Dinghaften, Mechanischen und Maschinellen aber läßt sich nur zum Teil aus den Zwängen einer expandierenden Marktlogik erklären. Fromm sah vielmehr in dem die gesamte Moderne kennzeichnenden Grundzug der Berechenbarkeit und Quantifizierbarkeit des Lebendigen den wichtigsten Schlüssel zum Verständnis nekrophiler Dispositionen. Neben der Faszination der Berechenbarkeit, die die belebte Natur in sezierbare Objekte und Menschen in Dinge verwandelt, ist es die Attraktion des Maschinellen und Technisch-Machbaren, aus dem sich die Liebe zum Leblosen speist. Die Liebe zum Leblosen ist für Fromm kein ursprüngliches Phänomen; vielmehr ist sie »das Ergebnis ungelebten Lebens« (E. Fromm, 1941a, GA I, S. 324), erwachsen aus der unerträglichen Machtlosigkeit, Isolierung und Verdinglichung der Menschen. Wo zwischenmenschliche Verhältnisse eine gespenstische Sachlichkeit annehmen, verblassen die Menschen schließlich zu Funktionsträgern, zu Robotern aus Fleisch und Blut. Die Nekrophilie findet ihre aktuelle Symbolik in der Menschmaschine. Fromm kommt »zu dem Schluß, daß die leblose Welt der totalen Technisierung nur eine andere Form der Welt des Toten und des Verfalls ist« (E. Fromm, 1973a, GA VII, S. 319).

Die von Fromm umrissenen Charakterorientierungen lassen sich zunächst als idealtypische Konstruktionen verstehen. In der sozialen Realität treten sie stets in spezifischen Mischungsverhältnissen auf. Marketing-Orientierung und nekrophil-destruktive Orientierung schließen sich dabei nicht selten mit narzißtischen Strebungen zusammen. Sie verstärken sich gegenseitig und bilden ein eigenes Syndrom. Das durch den zunehmenden Selbstverlust geschwächte Selbsterleben wird mit Hilfe phantasierter eigener Großartigkeit kompensiert. Nähe und Verbundenheit zu anderen Menschen gibt es bei der narzißtischen Kompensation also nur dann, wenn der oder die anderen die eigene Grandiosität teilen, fördern, spiegeln, ergänzen. Die narzißtische Orientierung konzentriert alle Energien auf den Versuch, die eigene Ohnmacht vor sich selbst zu kaschieren. Entsprechend entwickelt die narzißtische Person eine hochsensible Fähigkeit, Wünsche und Bedürfnisse anderer differenziert zu erfassen, um sie zum Spiegel der eigenen Person zu machen. Hinter der Fassade des erfolgreichen, flexiblen, mobilen, gut ankommenden Selbst-Verkäufers nistet ein äußerst labiles Selbstbild mit einem tief verwurzelten Mangel an Vertrauen, bei gleichzeitigem symbiotischem Bedürfnis nach Schutz und Zugehörigkeit.

Ein Beispiel: Marketing als Ideologie

Die skizzierten Charakterorientierungen begleiten die Ökonomisierung der Gesellschaft bzw. des Bildungssektors auf nahezu allen Ebenen. Sie werden von Organisationsentwicklungsprozessen ebenso hervorgetrieben wie von umfangreichen Anstrengungen zur Qualitätssicherung und Personalentwicklung, die zahlreiche Bildungseinrichtungen gegenwärtig auf sich nehmen. Sie lassen sich über Prozesse der Didaktisierung und Effektivierung von Lernprozessen hinabverfolgen bis auf die mikrologische Ebene einzelner Seminarsequenzen. Am anschaulichsten allerdings lassen sie sich dort demonstrieren, wo der Aufbau einer Marketing-Orientierung selbst zum Thema wird: in Verkaufstrainings- und Marketing-Seminaren.

Wie unverblümt in solchen Veranstaltungen die Marketing-Orientierung als Ideologie eigens feilgeboten wird, ist frappant. Das

Ideologische, besser: Pathologische, solcher Konzeptionen liegt deshalb so offen zutage, weil der Marketing-Charakter offensichtlich dazu übergegangen ist, an sich selbst zu glauben, und deshalb die eigene Irrationalität und schizoide Grundstruktur bedenkenlos herausposaunt. Ein passables Beispiel hierzu bietet eine Veröffentlichung von Gerd Gerken – durchaus kein Unbekannter in der Marketing-Szene – mit dem vielversprechenden Titel *Symbiotic Selling und das Ego – Verkäufer befreien vom Gefängnis der alten Strategien – Warum man mehr verkauft, wenn man aufhört zu verkaufen* (G. Gerken, 1994).

Im großen und ganzen läuft der Vorschlag des Marketing-Strategen Gerken darauf hinaus, den Verkaufsakt insgesamt als fingierte Wirklichkeit zu inszenieren. Damit zieht er lediglich die Konsequenz aus der eklatanten Schwächung der Ich-Funktionen, die mit dem beschriebenen Syndrom von Marketing-Orientierung, Nekrophilie und Narzißmus einhergehen. Der fortschreitende Verlust von authentischem Selbst-Erleben setzt zusehends die Realitätskontrolle und damit die Vermittlung der Ansprüche von Individuen zu den Gegebenheiten der Außenwelt außer Kraft. Um den Mangel an Selbst-Sein zu kompensieren, sollen die Menschen sich die Wirklichkeit als Phantasiegebilde nach eigenem Gusto gleichsam zurechtschneidern. Die Lösung lautet also: Statt die Wirklichkeit in ihrer Widersprüchlichkeit wahrzunehmen, konstruiert und inszeniert man sich eine Wirklichkeit, die so beschaffen ist, daß sich die Ich-Funktionen (Ich-Stärke, Wirklichkeitssinn, Frustrationstoleranz, Leidfähigkeit usw.) weitgehend erübrigen.

In der Diktion des Marketing-Propheten Gerken lautet die Botschaft dann so: »Die Menschen interessieren sich immer heftiger für unmögliche Zukünfte. Sie verlangen also vom Produkt einen neuartigen Zukunfts-Service – getreu der Frage: In welcher Form wird sich mein zukünftiges Leben verändern, wenn ich dieses Produkt kaufe? (...) Bis vor kurzem sah die normale Lage so aus, daß jeder Konsument eine glasklare und stabile Identität hatte. Man wußte genau, wer man war, und man blieb sich in seinem Charakter treu. Das gilt aber heute nicht mehr, zumindest nicht bei den jüngeren Konsumenten bis ca. 40 Jahre. Sie weisen das auf, was die Soziologen eine ›patchwork-identity‹ (...) nennen, das heißt, sie spielen ihrer Person unterschiedliche Persönlichkeiten vor. Und sie genießen es, daß sie kein endgültiges Selbstkonzept mehr haben« (a. a. O., S. 43).

Nach diesem Lobpreis der verlorenen Identität geht Gerken dazu über, Verkäufern eine Marketing-Strategie zu empfehlen, die er (aufgrund eines falsch verstandenen Begriffs von Symbiose) »symbiotic selling« nennt. Er empfiehlt also allen Verkäufern, ihren Kunden im Beratungsgespräch dabei behilflich zu sein, eine inszenierte Zukunft nach eigener Wahl zu finden, in die das gewünschte Produkt als Projektionsfläche für individuelle Wünsche hineinfingiert werden kann. Daß es sich dabei nicht um eine symbiotische Beziehungsfigur im klassischen Sinn handelt, sondern um eine Pseudo-Beziehung, die die Beziehungslosigkeit der Warenkonsumenten nur auf Dauer stellt, geht im Etikett »symbiotic selling« unter. Mit welcher Psychotechnik das gesamte Verfahren jedoch operiert, legt der Verfasser mit schonungsloser Klarheit offen: »Der symbiotische Verkäufer verkauft in erster Linie Geist: den Geist von möglichen Zukünften für die patchwork-identity der modernen Konsumenten. Kurz: Er verkauft eigentlich gar nichts mehr, sondern er erfindet zusammen mit dem Kunden Dinge im Zukunfts-Geist, der diesem Kunden hilft, seine Identität zu bereichern« (a. a. O.). Daß es überhaupt nicht um die Bereicherung von Identitäten geht, sondern um deren Fragmentierung, machen die nachfolgenden Überlegungen jedoch völlig klar. Das Gerkensche Gerede von Transparenz (»völlig durchlässiges Ich-Konzept«), Genuß (Kunden »genießen das Spiel, mehrere Persönlichkeiten in einer Person zu sein«) und Spiel (»je multipler die Persönlichkeit des Kunden ist, desto spielerischer muß das Verkaufsgespräch werden«) soll schlicht vergessen machen, daß die beschriebenen Persönlichkeitsmuster normalerweise unter dem Stichwort »Schizophrenie« abgehandelt werden. Insofern sagt dieser Text durchaus die Wahrheit über den gesellschaftlichen Zustand: Schizophrenie ist – wie bereits Adorno anmerkte – »die geschichtsphilosophische Wahrheit übers Subjekt« (Th. W. Adorno, 1975, S. 277).

Ein ganz neues Befreiungsvokabular kommt ins Spiel, das den Selbstverlust des Menschen zum angeblichen Gewinn ummünzt: Endlich könne man damit aufhören, »Konsumenten wie ›Endverbraucher‹ zu behandeln und nicht wie Menschen« (G. Gerken 1994, S. 46), endlich werde es möglich, »an keine Prinzipien, keine Dogmen und keine endgültigen Wahrheiten mehr zu glauben« (a. a. O., S. 46). Das Plädoyer fürs Irrationale gibt sich futuristisch und ist doch keinen Deut besser als die alten, faschistoiden Mythologien. Allerdings präsentiert sich die herrschaftskonforme Irrationalität diesmal ohne

129

jede Tarnkappe: »Es ist eine Art Wegwerf-Geist, der den Verkäufer befähigt, eine 360-Grad-Persönlichkeit zu werden. (...) Es ist die Umwandlung von persönlichen Glaubens-Mustern in Richtung eines virtuellen Glaubens. Das bedeutet konkret, daß der Verkäufer trainiert, sein eigenes enges Weltbild total zu verlernen. (...) Das macht ihn fähig, im Prinzip alles zu glauben« (a. a. O., S. 46). Wer tatsächlich bereit ist, sich dieser Form von Gehirnwäsche zu unterziehen, dem wird versprochen, endlich mit der Welt Frieden zu schließen – ja mehr noch: ein weiser Mensch zu werden. Als Preis der Selbstaufgabe winkt das »expanded self«, »also ein Selbst-Konzept, das wesentlich toleranter und wesentlich absichtsloser ist. Ein Selbst, das sozusagen Frieden geschlossen hat mit der Welt, so wie sie ist. (...) Nur derjenige, der mit der Welt so virtuell umgehen kann, ist in der Lage, mit wildfremden Personen oder mit Menschen, die völlig anders denken und fühlen, spontane, echte Partnerschaften im mentalen Raum einzugehen« (a. a. O., S. 47).

Die angebotene Eintrittskarte in die schöne neue Welt stellt zu guter Letzt die Begriffe auf den Kopf: Die gesamte Pseudo-Veranstaltung wird als echte Partnerschaft ausgegeben, während allen anderen Beziehungsformen attestiert wird, daß sie immer nur »ein Pseudo-Verstehen« (a. a. O., S. 47) sein können. Die handfeste Absicht, einfach mehr zu verkaufen (denn nichts anderes ist der aufgeherrschte Sinn des warenproduzierenden Systems), wird schließlich ausgegeben als weise Absichtslosigkeit: Der Verkäufer soll »seine Kommunikation über den Attraktor der Absichtslosigkeit laufen lassen« (a. a. O., S. 46). Genau dies bewirke, daß am Ende mehr verkauft wird. Der ganze Schwindel aber wird schließlich als Glanzpunkt des Humanismus gefeiert: »Der befreite Verkäufer verkauft mehr, weil er als Mensch handelt« (a. a. O., S. 47).

Quadratur des Kreises: Weiterbildung als Technologieersatztechnologie

Die vom Verkaufstrainer Gerken ausgegebene Parole, man könne mehr verkaufen, wenn man zu verkaufen aufhöre, findet gegenwärtig in der Diskussion über didaktische Modelle zur Weiterbildung ihre Entsprechung. Der Ruf lautet nun nicht: »Befreit die Verkäufer vom Gefängnis der alten Strategien«, sondern: »Befreit die Lehrenden und Lernenden vom Gefängnis der Instruktionsdidaktik.« Mehr und intensiver werde eben gerade dann gelernt, wenn dem »lernenden System« genügend Spielräume zur Selbstorganisation eingeräumt werden. Die geistigen Anleihen beim Konstruktivismus, mit denen schon Gerken seine Rezeptologie eher beiläufig schmückte, bilden im aktuellen theoretischen Diskurs zur Weiterbildung den Mainstream. Hinter Stichworten wie »nicht-interventionistische Didaktik«, »Ermöglichungsdidaktik« oder »pragmatische Gelassenheit« (vgl. R. Arnold und H. Siebert, 1995) wird ein postfordistischer Zuschnitt im Umgang mit pädagogischen Prozessen erkennbar: Nachdem in bestimmten Produktionssektoren die Effekte der Taylorisierung endgültig ausgereizt sind, sollen Produktivitätssteigerungen nicht mehr durch Zerlegung, sondern durch synergetische Kopplungen und produktive Resynthetisierungen erfolgen.

Die konstruktivistisch orientierte Weiterbildung nimmt diesen Gedanken auf. Zwar setzt sie an keiner Stelle die Zwangsstrukturen der Ökonomisierung außer Kraft, doch finden sie nun ihre theoretische Umdeutung im Rahmen von Modellen der Selbstorganisation bzw. Autopoiesis. Faktisch geht es auch in diesem Fall um die gesteigerte Effizienz des Systems, rhetorisch allerdings wird ein Befreiungs-Vokabular reaktiviert, das der Reformpädagogik der ersten Hälfte unseres Jahrhunderts entlehnt ist. Statt der Frage nachzugehen, warum sich hinter dem Rücken der Teilnehmer von Weiterbildungsprozessen die Systemimperative langfristig dennoch durchsetzen, wird ihnen vorschnell versichert, nun endlich beginne die Freisetzung aus dem Gefängnis des rigiden Instruktionslernens. Selbstorganisiert zu lernen bedeute, die Verantwortung für die Ergebnisse des Lernprozesses selbst zu übernehmen, als »autopoietisches System« selbst im Mittelpunkt des Lernprozesses zu stehen, spontan und produktiv zu sein, keinem externen Befehlssystem mehr zu unterliegen.

Der Konstruktivismus verweist alle Vorstellungen von Kontrolle über andere Menschen ins Reich der Fiktionen, da »lernende Systeme« als autonome, operational und semantisch geschlossene Einheiten aufgefaßt werden, deren Verhalten kausal zu beeinflussen ohnehin nicht möglich ist. Denn nicht lineare Kausalität kennzeichne lernende, »autopoietische Systeme«, sondern Wechselwirkung und Zirkularität. Anstelle eindeutiger Relationen dominierten

Nichtplanbarkeit und Kontingenz das Lerngeschehen. Die These von der Nichtplanbarkeit des Geschehens aber führt die konstruktivistisch inspirierte Weiterbildung in eine basale Paradoxie: Insofern es der Idee nach keine direkte Interventionsmöglichkeit gibt – gibt es auch keine Erfolgsgarantie. Folglich nimmt die Weiterbildung (bzw. die Pädagogik generell) ein Können in Anspruch, das sie nicht können kann. Das wiederum hat durchaus praktische Konsequenzen: In immer neuen Anläufen nämlich sehen sich konstruktivistische Didaktiker genötigt, ihr Instrumentarium methodisch zu verfeinern, um die Teilnehmer in einem »mehrdimensionalen Annäherungsprozeß« dennoch zu erreichen.

Der Systemtheoretiker Luhmann hält für diese Quadratur des Kreises den Terminus »Technologieersatztechnologie« (vgl. N. Luhmann und K. E. Schorr, 1979) bereit. Die paradoxe Problemstellung provoziert vermutlich die eklektizistische Attitüde, mit der reformpädagogische Arrangements mit neuesten Psychotechniken zusammengeschlossen werden. Der Methoden-Mix mag noch so up to date sein, die Terminologie kann ihre irrationalen Anteile kaum verleugnen: Eine Kopplung »lernender Systeme« entstehe, »wenn die Beteiligten eine Resonanz in der Gruppe spüren, wenn eine Schwingung entsteht, wenn ein wechselseitiges Lerninteresse zustandekommt« (R. Arnold und H. Siebert, 1995, S. 161).

Was allerdings alles vorausgegangen sein muß, damit der Lernprozeß in die Verfügungsgewalt »lernender Systeme« – in deren erfolgreiche Bewältigung von Anforderungen oder deren Scheitern – übergehen kann, bleibt systemtheoretisch unthematisiert. Alle Formen selbstgesteuerten Lernens sind sozial selektiv, denn sie bevorzugen diejenigen, die bereits gelernt haben, strukturiert zu arbeiten, sich zu motivieren, kurz: die die bürgerlichen Arbeitstugenden internalisiert haben. Hinter dem autopoietischen, selbstorganisierten Lernsystem taucht ein Sozialtypus auf, dessen vorgebliche Autonomie auf vielfältigen verinnerlichten Disziplinarprozeduren aufruht. Sie erst machen ihn fähig zur Einhaltung selbstgesetzter Normen, zur Methodisierung des Umgangs mit sich selbst und zu planmäßigem Handeln, zur Selbsterforschung und zum bewußten Umgang mit den eigenen Affekten. (Vgl. R. Boenicke, 1998, S. 8.)

Die aktuellen Modelle selbstgesteuerten Lernens sind so gesehen alles andere als gesellschaftlich neutral, denn sie entfalten eine ungeplante Selektionswirkung. »Unter dieser neuen Freiheit, die keine Freiheit ist, werden diejenigen begraben, die abgehängt werden von dem bürgerlichen Ethos, eigene Absichten zu verfolgen, statt fremde auszuführen, diejenigen, die nicht oder nicht jetzt das Bedürfnis nach Selbststeuerung in sich entdecken, die es nicht hinbekommen, geforderte Motivationsleistungen zu erbringen, die aus dem Zirkel von Abgrenzung, Abhängigkeit und Lernverweigerung nicht herausfinden, die sich passiv verhalten oder einfach mit Orientierungslosigkeit reagieren« (a. a. O., S. 8). Vermutlich werden diejenigen, die mit geringerem »kulturellem Kapital« ausgestattet sind, dieser Selektion am ehesten zum Opfer fallen. Im Windschatten der neoliberalen Rhetorik von Selbstorganisation und Selbstentfaltung wartet eine immer rücksichtslosere Zweiteilung der Gesellschaft.

Darüber freilich schweigt sich das Programm der »Technologieersatztechnologie« beredt aus. Sein Blick bleibt reduziert auf die systemimmanenten Operationen »lernender Systeme«. Denn Lernen ist nach dieser Terminologie nichts anderes als ein fortlaufendes, aneinander anschließendes Prozeßgefüge von Selektionen, in denen Innen-Außen-Differenzen von Systemen hervorgebracht und auf Dauer gestellt werden. Entscheidend für die Anschlußfähigkeit von Lernprozessen – heißt es dazu bei Luhmann – sei der Zusammenhang von Komplexität und Selektion. Selektion wird dabei verstanden als »subjektloser Vorgang, eine Operation, die durch Etablierung einer Differenz ausgelöst wird« (N. Luhmann, 1988, S. 57). Und Komplexität bezeichnet einen »sich selbstbedingenden Sachverhalt« (a. a. O., S. 46), der allerdings »für eine begriffliche Wiedergabe zu komplex« (a. a. O., S. 45, Fußnote 26) ist. Kurz: Komplexität liegt vor, Selektion geschieht, anders kann es nicht sein. Entsprechend dekretiert Luhmann: Seine »Überlegungen gehen davon aus, daß es Systeme gibt« (a. a. O., S. 30). Da ist es sinnlos, über den Sinn des Ganzen weiter nachzudenken. Denn über den Horizont der Systemevolution führt nichts hinaus. Jede reflexive Überschreitung in Form prinzipieller Kritik wird eingezogen. Denn Kritik, die aufs Ganze geht, bringt einen Autonomieanspruch ins Spiel, der systemtheoretisch schlicht inkompatibel ist. Entsprechend brüsk weist die Systemtheorie Begriffe wie Freiheit, Subjekt oder Bildung von sich: diese umreißen ein angeblich längst abgehalftertes, »alteuropäisches« Programm.

Allerdings taucht das Subjekt genau an der Stelle wieder auf, wo die sogenannte »Technologieersatztechnologie« praktisch werden soll. Luhmann favorisiert im pädagogischen Feld eine »intensive technology«, eine Technologie also, »die am reagierenden Objekt operieren und ihre Entscheidungen treffen muß. Darauf kann man sich jedoch vorbereiten, indem man lernt, mit Hilfe von typisierender Erfahrung oder mit routinisierten Verhaltensprogrammen Situationen zu erfassen und auszunutzen« (N. Luhmann und K. E. Schorr, 1979, S. 358). Eine pädagogische Technologie müßte daher sogenannte »Konditionalprogramme« entwickeln, die einen gewissen Generalisierungsgrad haben, um auf eine größere Zahl von Situationen anwendbar zu sein. Zwar sind solche Konditionalprogramme bisher nicht mehr als ein gut klingender Einfall. Aber angenommen, sie lägen vor: Welches Konditionalprogramm in welcher Situation dann Verwendung finden sollte, wäre rein analytisch nicht entscheidbar. Denn die Anwendung auf den konkreten Fall bedarf einer spekulativen Leistung, eben der Urteilskraft reflektierender Subjekte. Diese sind zwar der Idee nach längst verschwunden, werden jedoch im konkreten Vollzug von Bildungsprozessen stets wieder in Anspruch genommen. Zu dieser Einsicht gelangt nicht erst die Kritik systemtheoretischer bzw. konstruktivistischer Entwürfe im Feld der (Erwachsenen-)Pädagogik. Sie ist bereits Teil der Diskussion um die sogenannte »Qualifizierungsoffensive«, von der unsere Überlegungen ihren Ausgang nahmen.

Aufbrüche im System: Bildung als Überschreitung

Anlaß der Kontroverse um die »Qualifizierungsoffensive« ist die scheinbar paradoxe Einsicht, daß angesichts der Komplexität neuer Produktionstechnologien bloße Funktionserfüllung allein nicht mehr ausreicht, um das Funktionieren zu gewährleisten. Funktionsbestimmtes, spezialisiertes, partikulares Wissen und Können muß, um effektiv zu sein, mehr denn je über sich hinausgreifen. Denn ohne ein funktionsübergreifendes Verständnis des Gesamtprozesses kann die flexible, eigenständige, »selbstorganisierte« Integration von Teilleistungen immer weniger gelingen. Die benötigten »extrafunktionalen Qualifikationen« aber bringen hinterrücks wieder ins Spiel, was die Qualifizierungsoffensive vorderhand vom Tisch wischte: nämlich die Frage nach dem allgemeinen (bloße Funktionalität übergreifenden) Horizont, der Qualifikationslernen erst zur Bildung werden läßt. Damit untrennbar verbunden ist die Frage nach der Aktualisierung von Subjektivität, also nach erweiterten Spielräumen der Selbstsetzung (die im wirtschaftlichen Verwertungskontext selbstverständlich einer allgemeinen Dienstbarkeit unterstellt bleiben sollen – vgl. W. Bender, 1991, S. 22).

Genau an dieser Stelle offenbaren alle Versuche zur Ökonomisierung der Bildung ihren wunden Punkt: Sie wollen den Kuchen essen und behalten. Ihr Ideal wäre ein Subjekt, das zur reinen Funktionalität wird, das gleichsam freiwillig verschwindet, ohne wirklich aus dem Spiel zu sein. Seit den 80er Jahren wurden daher insbesondere im Rahmen betriebsbezogener Weiterbildungskonzepte ausgefeilte Arrangements entwickelt, um die zugestandenen Subjektivierungsspielräume funktional abzusichern. Zurückgegriffen wurde dabei auf ältere reformpädagogische Modelle, deren untergründig-irrationales Strickmuster auch heute noch seine Wirkung zeigt: »Alle pädagogischen Elemente, die einmal zur autonomen Subjektbildung gedacht waren, Projektlernen, Situationslernen, komplexe Lernarrangements und vieles mehr tauchen als neue Mittel auf, mit denen letztlich die betriebliche Zurichtung eines umfassend benötigten Subjekts bewerkstelligt werden soll.« (R. Röder, 1989, S. 186.) Eine allgemeine Steuerung soll möglich werden, die in ihren Prämissen irrational, ihrem Instrumentarium nach aber rational und ihrer Tendenz nach umfassend ist. In ihr wird das Subjekt der Bildung zum lautlosen Dauerthema – in der Form permanenter Integration und Kontrolle.

Die neuen Integrationsmodi sollen ein widersprüchliches Selbstverhältnis absichern helfen, das den Subjekten zugemutet wird. Sie sollen – um ihres effizienten und funktionalen Einsatzes willen – über sich hinauswachsen, ohne wirklich groß zu werden. Diese tagtäglich aufgenötigte Selbstenteignung aber ist die Unruh im Bildungsprozeß Erwachsener. Weiterbildung zieht auch am Ausgang des 20. Jahrhunderts ihre Dynamik aus dem Widerspruchsgefüge von Funktionalisierung und Kritik, zugemuteter Fremd- und Selbstbestimmung, Integration und möglichem Widerstand. Ihr Sinn bemißt sich am Autonomieanspruch ihrer Adressaten: an ihrer Reflexivität, Kritikfähigkeit, Produktivität und Lebendigkeit.

Fromm hat für diese Zieldimension kritischer Bildung, die den Horizont planer Marktstrategien überschreitet, den Begriff der Biophilie – also: der Liebe zum Lebendigen – ins Spiel gebracht. Die Liebe zum Leben ist nicht einfach ein abstrakter Gegenentwurf zur dominanten psychischen Grundverfassung des Bildungssystems.

Sie wird vielmehr an den Bruchlinien dieses Systems konkret provoziert und eingefordert, um über seine offensichtlichen Selbstwidersprüche hinausgelangen zu können. Sie wird überall dort zu einem wirklichen und wirksamen Motor im Geschehen, wo wir in der Vielgestaltigkeit von Bildungsprozessen »mit der Realität unserer Gefühle und mit der Realität anderer Menschen in Berührung sind und diese nicht als Abstraktionen wie Waren auf dem Markt wahrnehmen« (E. Fromm, 1991e, GA XI, S. 249).

Gelungene Bildung stellt sich quer zu den Ökonomisierungsimperativen der Gesellschaft. Sie macht als Kritik erkennbar, daß Bildung keine Ware ist und in keiner objektivistischen Terminologie aufgeht. Bildung impliziert ein eigenes Wissen um die Kunst des Lebens, dem alle Unternehmungen zur raffinierten Selbst-Vermarktung nicht das Wasser reichen können. Denn sie setzt darauf, daß Menschen immer wieder lernen können, aus sich selbst und ihren Eigenkräften – Spontaneität und Widerstandsfähigkeit, Reflexivität und Empfindsamkeit – zu leben. Dazu bedarf es keiner Patentrezepte, keiner ausgefuchsten Trainings- oder Lernstrategien. Vielmehr ermutigt kritische Bildung zum kunstvollen Selbstentwurf inmitten der Widersprüche des sozialen Feldes. Bildung als Kunst des Lebens widerstreitet – wie alle Kunst – der warenproduzierenden Gesellschaft. Inmitten der gesellschaftlichen Widersprüche entfaltet sie stets aufs neue eine subversive Kraft, die den gesellschaftlichen Horizont aufreißt: Sie gewinnt Gestalt als Überschreitung. »Sie ist Selbstversuch. Dies ist ihr antizipatorischer Charakter, mit dem sie den Menschen über seine verhängte Grenze setzt. Sie ist Zukunft im Gegenwärtigen. (...) Sie beginnt jetzt« (H.-J. Heydorn, 1972, S. 148).

Literaturnachweise

Adorno, Th. W., 1975: *Negative Dialektik*, Frankfurt am Main: Suhrkamp.
Arnold, R., und Siebert, H., 1995: *Konstruktivistische Erwachsenenbildung*, Hohengehren: Schneider.
Bender, W., 1991: *Subjekt und Erkenntnis*, Weinheim.
Boenicke, R., 1998: »Autopoiesis im Klassenraum? Begründungsprobleme von Konzepten selbstgesteuerten Lernens«; Habilitationsvortrag, Darmstadt.
Fromm, E.: siehe die Nachweise am Ende des Bandes.

Funk, R., 1997: *Die Marketing-Orientierung*, Tübingen (Vortrags-manuskript).

Geißler, K. A., 1991: »Qualifikations-Burger und Bildungspizza – lebenslänglich?«, in: *Die Mitbestimmung.*

Geißler, K. A, 1992: »Bildung als lebenslänglicher Titelkampf«, in: Projektgruppe Jugend 2000 (Hg.): *Jugend 2000. Trends, Analysen, Perspektiven,* Bielefeld.

Geißler, K. A., und Heid, H., 1987: »Die Opfer der Qualifizie-rungsoffensive«, in: Geißler, K. A. et al. (Hg.): *Opfer der Qualifizierungsoffensive,* Evangelische Akademie Tutzing.

Gerken, G., 1994: »Symbiotic Selling und das Ego – Verkäufer befreien vom Gefängnis der alten Strategien – Warum man mehr verkauft, wenn man aufhört zu verkaufen, in: *Mensch und Büro,* Nr. 5, 1994.

Heydorn, H.-J., 1972: *Zu einer Neufassung des Bildungsbegriffs,* Frankfurt am Main.

Luhmann, N., 1988: *Soziale Systeme. Grundriß einer allgemeinen Theorie,* Frankfurt am Main.

Luhmann, N., und Schorr, K. E., 1979: »Das Technologiedefizit der Erziehung und die Pädagogik«, in: *Zeitschrift für Pädagogik* Nr. 3, 1979.

Mertens, D., 1974: »Schlüsselqualifikationen«, in: *Mitteilungen aus der Arbeitsmarkt- und Berufsforschung.*

Röder, R., 1989: »Funktionalisierung von Bildung im Bereich informations- und kommunikationstechnischen Lernens«, in: W. Gieseke, E. Meueler und E. Nuissel (Hg.): *Zentrifugale und zentripetale Kräfte in der Disziplin Erwachsenenbildung,* Mainz.

JÜRGEN KALCHER

Über die Vermessenheit des Messens Sozialer Arbeit

Anlauf nehmen

Till Eulenspiegel soll eines schönen Tages in eine kleine Universitätsstadt gekommen sein und sich unter den Leuten damit gebrüstet haben, er sei ein großer Gelehrter und wisse mehr als alle Professoren dieser Hohen Schule da auf dem Berg. Sein Auftreten muß schon einigermaßen provokant gewesen sein, zumindest für die also inkriminierten Wissenschaftler, so daß sie sich ein Verfahren ausdachten, mit dessen Hilfe sie sich den lästigen Prahlhans vom Halse zu schaffen gedachten. Sie luden ihn zu einem Kolloquium ein, in dem sie ihn durch eine gezielte Frage zu erledigen hofften. Wenn er denn, so lautete diese Frage, ein so kompetenter Gelehrter sei, so werde es ihm wohl ein leichtes sein anzugeben, wo sich der Mittelpunkt der Welt befinde. »Nichts einfacher als das«, konterte Till, »genau da, wo ich stehe, ist der Mittelpunkt der Welt!«, und er fügte hinzu: »Und wenn Ihr's nicht glaubt, gelehrte Herren, so messet nach!« – Es ist auf diese Weise vermutlich eine ziemlich peinliche Situation entstanden, denn die freche Behauptung des Narren hinsichtlich der Beschaffenheit unserer Welt war wissenschaftlich weder zu widerlegen noch zu bestätigen. Till Eulenspiegel überließ schließlich die eifrig Disputierenden sich selbst und ging seiner Wege. Aber, bis heute versuchen Wissenschaftler vergeblich, die gestellte Aufgabe zu lösen

Interessant daran ist ja im vorliegenden Zusammenhang weniger der Selbstbehauptungsaspekt, den die Anekdote auch enthält (ich als Mittelpunkt der Welt), als vielmehr der Rückgriff aufs Messen – immerhin ein gängiges, vielleicht das wichtigste wissenschaftliche Verfahren. Eulenspiegel verweist die Wissenschaftler geschickt gleichzeitig auf ihre eigene Methode wie auf deren Grenze, die gleichermaßen die Grenze ihrer Erkenntnis ist. Denn selbst wenn ihnen das Universum bekannt gewesen wäre: Muß man nicht auf Distanz zu dieser Methode gehen, wenn man sich anschickt, die Welt zu vermessen? Muß man nicht über sie verfügen, damit man ihre Parameter zuverlässig in den Griff bekommt? Zumindest braucht, wer messen will, einen Maßstab, und er braucht einen Bezugspunkt, einen festen Ort, einen »Nullpunkt«, von wo diese Messung ihren Ausgang nehmen kann.

Joachim Ringelnatz, um einen anderen Narren heranzuziehen, griff diesen Gedanken auf, indem er ein absurdes Bild benutzte: Ein Fußballfan, jemand, der »an Fußballwahn und Fußballwut« litt und der immer zutrat, »sofern er einen Gegenstand in Kugelform und ähnlich fand«, versuchte schließlich als »pompösen Fußballstößer«, die Erdkugel für sein aberwitziges Spiel zu mißbrauchen. Als unüberwindbare Schwierigkeit erwies sich dabei unter anderem, daß ihm das für den Stoß notwendige Fundament fehlte. So reimte Ringelnatz einfühlsam: »Er rang mit mancherlei Problemen; zunächst: Wie soll man Anlauf nehmen?« – Es wundert nicht, daß unser Held an diesem Vorhaben scheiterte und vermutlich dem Wahnsinn verfiel, denn Ringelnatz läßt uns wissen, wie alles endete: »Dann schiffte er von dem Balkon sich ein in einen Luftballon. Und blieb von da an in der Luft. Verschollen. Hat sich selbst verpufft.«

Die Faszination des Messens

Sprechen wir nach diesen so ganz und gar nicht seriösen Vorbemerkungen zunächst davon, daß einerseits das Messen grundsätzlich zweckmäßig und nützlich ist, daß es aber auch eine tiefe affektive Befriedigung mit sich bringen kann, weil es dem Messenden eine gewisse Verfügungsgewalt über das zahlenmäßig Erfaßte verschafft. Die Begeisterung dafür kann schließlich dazu führen, daß Meßwerte an die Stelle einer unmittelbaren Begegnung mit anderen Menschen und den Dingen und Ereignissen unserer lebendigen, aber weitgehend unberechenbaren Welt treten. Die Beschäftigung mit Meßdaten kann so zu einer faszinierenden Ersatzbefriedigung führen, ist es doch um vieles leichter und risikoloser, »Gewißheiten« zu besitzen, die sich quantitativ darstellen lassen, als etwa den eigenen Sinnen zu trauen.

Da unser Denken, so ausgefeilt es auch sein mag, stets von der

Gefahr des Irrtums bedroht ist, sind Zahlen und Meßwerte in vielen Fällen die einzige Möglichkeit, »Boden unter die Füße« zu bekommen, um auf diese Weise im Strom der Ereignisse und unter dem Eindruck eines schier endlosen Informationsflusses eine einigermaßen feste Plattform für die Beurteilung unserer Welt zu schaffen. In diesem Sinne befriedigt es den zu logischem Denken befähigten *homo sapiens*, die unüberschaubare Vielfalt des Lebens dadurch in eine gewisse Ordnung zu bringen, daß er die Dinge und Erscheinungen, die er mit seinen Sinnen wahrnimmt, zählt und an die so ermittelten Mengen Maßstäbe anlegt und Vergleiche anstellt. Freilich ist diese Methode nicht ausschließlich Tröstung für den verwirrten und von Chaos bedrohten Zeitgenossen, weist ihn doch ein exaktes Meßergebnis nicht selten auf Irrtümer hin, die bis dahin als sichere Wahrheiten gegolten hatten.

Ein eindrucksvolles Beispiel liefert die Sozialpsychologie mit der Untersuchung des »autokinetischen Phänomens«: Da werden Studenten zunächst auf eine falsche Fährte gelockt, denn sie sollen – jeder für sich – in einem verdunkelten Raum, in dem sie eine einzige Lichtquelle wahrnehmen können, dem Versuchsleiter sagen, wie weit sich dieses Licht bewegt. Es stellt sich heraus, daß sie alle eine solche Bewegung wahrnehmen, obwohl die Lichtquelle in Wirklichkeit starr fixiert ist, was sie aber nicht wissen. In einem zweiten Durchgang sitzen die Probanden alle in einer kleinen Gruppe zusammen und geben ihre Schätzungen dem Psychologen durch Zuruf bekannt. Dieser notiert die Schätzungen und stellt fest, daß sich die Schätzwerte einander nähern, und zwar um so stärker, je weiter sie voneinander abweichen. Im dritten Durchgang, bei dem wiederum alle einzeln befragt werden, setzt sich dieser Trend zur Konvergenz fort und mündet schließlich in einem Punkt, den man als geometrisches Mittel aus allen Schätzungen vorhersagen kann. Dieses kleine Experiment zeigt, wie Menschen es anstellen, sich trotz des absolut falschen Ergebnisses (denn die Scheinbewegung kommt durch die Konstruktion unseres Auges [Nystagmus] zustande) Ordnungstatsachen zu konstruieren, die ihnen zumindest subjektiv Sicherheit vermitteln. Exaktes Nachmessen bewirkt bei den Betroffenen in der Regel im wahrsten Sinne des Wortes eine Ent-täuschung, indem nämlich die (optisch bedingte) Täuschung entlarvt, aufgehoben wird. Es wundert im übrigen nicht, daß die auf diese Weise Genasführten nicht selten ärgerlich reagieren und mit solchen Experimenten auch die ganze Psychologie zum Teufel wünschen. Es wird offensichtlich, daß die errechnete Wahrheit irgendwie eine tote Wahrheit ist.

Diese ablehnende Haltung erklärt sich zum Teil dadurch, daß sich Menschen als »Versuchskaninchen« mißbraucht fühlen. Sie mißtrauen den gemessenen Testergebnissen insbesondere dann, wenn sie ihrer Selbstwahrnehmung widersprechen – vielleicht sogar auf die Gefahr hin, bezüglich der Selbsteinschätzung ihrer individuellen psychischen Kapazitäten einer Täuschung aufzusitzen. Sie überblicken auch nicht, was mit ihren Daten geschieht und was sie wirklich bedeuten. Andererseits können sich Testanwender so von ihrer Macht, über die sie mit Hilfe dieser Meßinstrumente verfügen, faszinieren lassen, daß sie Testergebnisse für wichtiger halten als die untersuchten Personen. Statt sich etwa in einen zwischenpersönlichen Dialog einzulassen, dessen Ergebnis sich nicht unbedingt mit der Sicherheit von Zahlen und Meßwerten ausdrücken läßt, setzen sie alles daran, die Meßmethoden zu verfeinern und zu schärfen – in der Erwartung, dem Unberechenbaren auf diese Weise letztlich doch beizukommen.

Grundsätzlich müssen wissenschaftliche Tests in der Psychologie drei Bedingungen genügen. Sie müssen *objektiv*, *zuverlässig* und *gültig* sein. Um diese Bedingungen zu erfüllen, bedienen sich die Testkonstrukteure einer naturwissenschaftlichen Methode, mit deren Hilfe es möglich wird, das abstrakte Ziel in die konkrete Wirklichkeit umzusetzen, oder, um einen veralteten, dennoch hier sehr anschaulichen Begriff zu benutzen, um derartige Kriterien »ins Werk zu setzen«. Mit diesem als »Operationalisieren« (*opus* = das Werk) bezeichneten naturwissenschaftlichen Kunstgriff gelingt elegant, was sonst nur mit Schwierigkeiten oder gar nicht realisierbar wäre, nämlich eine Vergegenständlichung von Qualitäten und eine kontrollierte Verkürzung eines mit einem lebenden Organismus verbundenen, ganzheitlichen und komplexen Sachverhaltes auf ein überschaubares und konkret wahrnehmbares und somit einer physikalischen Meßoperation zugängliches Maß.

Ein Beispiel verdeutlicht dies: Definieren wir Intelligenz etwa als die dem Menschen eigentümliche geistig-verstandesmäßige Begabung, so werden wir dem Lexikon schnell zustimmen können, aber wie sollte das konkret beobachtet, wie sollte es gar gemessen und berechnet werden? Wer versucht, diese Aufgabe praktisch anzugehen, merkt schnell, daß wir das Problem nur verschieben. Haben wir es doch sofort mit weiteren abstrakten Begriffen zu tun, die der gleichen Problematik unterliegen wie der Ausgangsbegriff. Eine »operationale Definition« von Intelligenz dagegen lautet kurz und knapp: Intelligenz ist, was mein Test mißt. – Und mit Till Eulenspiegel könnten wir hinzufügen: »So Ihr's nicht glaubt, messet nach!« Der Forschungsgegenstand wird also durch die Operation seiner Messung bestimmt. Er entzieht sich damit nicht mehr seiner exakten, zahlenmäßigen Feststellung, ist aber dadurch, daß die Testbedingungen nur sehr wenige Alternativen zulassen, auf die Anteile begrenzt, die einer physikalischen Messung zugänglich sind.

Nun sollte man es sich aber auch nicht allzu leicht machen und diesen Weg als Zynismus oder »Eulenspiegelei« rundweg ablehnen. Wissenschaftliche Testkonstrukteure kennen natürlich derartige Einwände und haben stets versucht, ihnen, so gut es geht, entgegenzuwirken. Und es ging und geht recht gut mit dem, was sie an effektiven, nützlichen Meßmethoden für psychologische Zwecke erarbeitet haben. Sie haben meist auf eindrucksvolle Weise wirklich »nachgemessen«. Etwas anderes ist es, Testpersonen vom Sinn und Zweck solcher Verfahren zu überzeugen, die den gerade vor ihnen liegenden Test gar nicht kennen dürfen und die mit den theoretischen Voraussetzungen des Verfahrens, dem sie sich ausgeliefert sehen, im allgemeinen nicht vertraut sind. Es leuchtet ein, daß der Anreiz dazu, sich einem Test zu stellen, eine besondere psychologische Aufgabe darstellt. Eine wichtige Rolle bei diesem Geschäft des Zählens und Messens psychischer Merkmale spielt der Vergleich. Das Instrument für die zahlenmäßige Inbeziehungsetzung unterschiedlicher Meßreihen ist die »Korrelation«. Mit einer Ziffer, die zwischen plus eins und minus eins liegt (»Korrelationskoeffizient«), kann der Grad ihrer Übereinstimmung oder Nicht-Übereinstimmung genau angegeben werden. Was damit operational gemeint ist, läßt sich am Beispiel der genannten drei Hauptkriterien zeigen.

Ein Test ist in dem Maße *objektiv*, in dem seine Ergebnisse eindeutig, das heißt unabhängig von der Person des Auswerters zustande kommen. Also werden die Ergebnisse, zu denen voneinander unabhängige Auswerter bei ein und derselben Probandengruppe gelangen, korrelationsstatistisch miteinander verglichen. Der Test ist demnach so objektiv, wie es die durchschnittliche Korrelation zwischen diesen Ergebnissen angibt.

Die *Zuverlässigkeit* eines Tests wird auf analoge Weise berechnet. Man definiert sie operational als das korrelationsstatistische Maß, in dem bei Wiederholung unter gleichen Bedingungen der Test zu dem gleichen Ergebnis führt. Die Messung soll zugleich exakt erfolgen. *Wie* exakt, das verrät eben wieder der mittlere Korrelationskoeffizient zwischen den untersuchten Testwiederholungen.

Es ist wohl zu verstehen, daß diese Kunstrichtung der Meßtechnik jene fasziniert, die sie beherrschen. Die Faszination, die von psychologischen Testverfahren ausging, nachdem sie zu Beginn der Nachkriegszeit aus den USA nach Westdeutschland importiert worden waren, bewirkte, daß auch in der Bundesrepublik Testaufbau und Testanalyse zu einem der Kerngebiete naturwissenschaftlich orientierter Psychologie wurde. Erst Mitte der sechziger Jahre begannen zumeist studentische Kritiker unter dem Eindruck einer allgemeinen Gesellschaftskritik »quer« zu denken oder, wie sie sagten, auch die erwiesenermaßen objektiven und zuverlässigen Tests zu »hinterfragen«. Diese Frage setzte bei dem am schwierigsten zu operationalisierenden und daher problematischsten der drei Gütekriterien an, nämlich der »Validität«, der Gültigkeit der Tests. *Gültig* ist ein Test in dem Maße, in dem er sich zur Berechnung des zu untersuchenden Persönlichkeitsmerkmals eignet und nicht etwa irgendein anderes mißt; also etwa statt Intelligenz vielleicht nur die Anpassungsleistung eines Menschen an schulisch vermittelte Lernbedingungen. Da es sich dabei zugleich um das entscheidende Kriterium handelt, ging die Kritik an die Wurzeln dieser Wissenschaft – und der darauf basierenden Praxis. Was messen wir eigentlich so exakt und zuverlässig? Geben wir uns mit den vielen einschränkenden Bedingungen zufrieden, unter denen Testergebnisse Gültigkeit, Zuverlässigkeit und Objektivität beanspruchen? Ist es überhaupt ethisch vertretbar, das Verhalten von Probanden für andere berechenbar zu machen? Wer möchte schon in eine mit hinreichender Wahrscheinlichkeit vorausgesagte Zukunft hineinleben, und was würde dieses Wissen für sein künftiges Verhalten bedeuten, etwa unter dem Aspekt einer sich selbst erfüllenden Prophezeiung? – Es war der archimedische Punkt gefunden, von dem aus die Testpsychologie, wenn vielleicht auch nicht gerade ausgehebelt, so doch in ihre (psychologischen) Schranken verwiesen wurde. Das Märchen von des Kaisers neuen Kleidern kommt einem in den Sinn, wenn man bedenkt, was von der seinerzeit weitverbreiteten Testgläubigkeit bei vielen, die in pädagogischen oder sozialen Berufen tätig sind, übriggeblieben ist.

Messen des Menschlichen unter dem Aspekt des Gesellschafts-Charakters

Zählen, messen, kategorisieren, quantifizieren, Regeln und Normen aus dem Gezählten und Gemessenen ableiten, vergleichen und bewerten, kontrollieren und steuern – all das befriedigt, wie bereits angedeutet, nicht nur verstandesmäßige Ansprüche und ist nicht ausschließlich intellektuelles Spiel, vielmehr vollzieht es sich grundsätzlich unter Beteiligung von Affekten und Emotionen mit viel Leidenschaft bis hin zu zwanghafter Verbissenheit.

Auf der Suche nach genaueren Erklärungen für derartige leidenschaftliche Strebungen, die in allen Epochen des Gesellschaftsprozesses – wenn auch in unterschiedlichen Formen und Intensitäten – zu verzeichnen sind, bietet sich Erich Fromms Gesellschafts-Charakterologie als geeignetes theoretisches Bezugsmodell geradezu an. Es liegt ein erheblicher Reiz darin, die leidenschaftliche Lust am Zählen, Messen und Berechnen einmal aus der Sicht der autoritären, der nekrophilen und der Marketing-Orientierung zu betrachten und schließlich auch die Möglichkeiten und Grenzen der Quantifizierung Sozialer Arbeit zum Zwecke effizienteren Managements von dieser Position her einzuschätzen. Der Gesellschafts-Charakter hilft uns ja zu verstehen, »wie sich die *allgemeine* psychische Energie in die *spezifische* Form der psychischen Energie verwandelt, die die Gesellschaft braucht, um richtig zu funktionieren« (E. Fromm und M. Maccoby, 1970b, GA III, S. 255). Er hilft aufzuzeigen, warum und auf welche Weise der einzelne danach strebt, das zu wollen, was er aus Sicht der Gesellschaft soll. Die Leidenschaftlichkeit dieses Strebens erhellt unmittelbar aus der existentiellen Bedeutung einer solchen Anpassungsleistung. Wird sie nicht erbracht, will der Mensch etwas anderes, so kommt es zu sozialen Problemen bzw. zu massiven Störungen der Identitätsentwicklung oder, wie Erikson gezeigt hat, zur »Rollendiffusion«.

Im Dienste einer *autoritären* Gesellschafts-Charakterorientierung wird das Messen dem einzelnen in erster Linie zur Erhaltung oder zur Verbesserung einer bestimmten Position im System von Herrschenden und Beherrschten von Nutzen sein. Messen und Quantifizieren hat hier die Aufgabe, die jeweiligen sozial relevanten Unterschiede zahlenmäßig genau festzuhalten, um die bestehende hierarchische Ordnung zu stabilisieren. Im Sinne einer »Radfahrermentalität« – nach oben buckeln, nach unten treten – eignen sich solche Daten hervorragend dazu, die Konkurrenz gnadenlos aus dem Feld zu schlagen. Bessere Erfolgsquoten zu haben, also entsprechend einem von außen vorgegebenen Maßstab die Nase vorn zu haben, sichert die eigene Stellung und zwingt den anderen in die Position des Unterlegenen. Der Vertreter etwa, der die vorgegebenen Verkaufsziffern nicht erreicht, hat mit Bloßstellung und schließlich mit Entlassung zu rechnen, obwohl er im übrigen vielleicht als beliebter Kollege gilt. Darüber hinaus büßt er sein Selbstbewußtsein, seinen Selbstwert, seine Identität ein, wie es Arthur Miller in *Der Tod des Handlungsreisenden* einst meisterhaft beschrieb. Die soziale Pathologie, die Entfremdung, zeigt sich darin, daß hier willkürlich ein Maßstab von außen gesetzt wird, der nicht seinen eigenen Leistungsmöglichkeiten entspricht, wobei eine gefühlsmäßige Bezogenheit zwischen dem Superioren und dem Inferioren kaum noch zu spüren ist. So empfahl kürzlich ein erfolgreicher Manager, der ein entsprechendes Buch geschrieben hatte, in einer Talkshow: »Ab und zu muß eben einer geschlachtet werden, damit klar ist, wer hier das Sagen hat.« Er machte deutlich, daß dies ganz un-emotional zu verstehen sei: »Nehmen Sie das nicht persönlich!« Erfolgreiches Management erfordere derartige Maßnahmen.

Auch im modernen Sportgeschehen hat das Messen und Zählen als Ausdruck einer autoritären Orientierung einen hohen Stellenwert. Sei es der »Medaillenspiegel« bei den Olympischen Spielen, seien es Bundesligatabellen, Ergebnisse von Leichtathletikmeisterschaften oder von Autorennen: Stets kommt es auf die gemessenen Zeiten, Weiten oder Höhen an, auf das »schneller, weiter, höher«, und viel zu wenig darauf, wie diese Ergebnisse zustande gekommen sind. Nur selten kommt es auf das *fair play* an, das ja Metaregeln, das heißt übergeordnete Grundsätze enthält, die dafür sorgen könnten, daß die Ergebnisse des Wettkampfes die grundsätzliche sportliche Partnerschaft zwischen den Konkurrenten nicht gefährden. Gerade für den Sport in autoritären politischen Systemen hatten und haben numerische Ergebnisse eine große Bedeutung, weil sie die Überlegenheit des eigenen Machtbereiches unterstreichen.

Wie wichtig die »maßgerechte« Überlegenheit über den Konkurrenten außerdem sein kann, dafür hat Loriot in seinem nun schon klassischen Zeichenfilm-Sketch ein herrliches Beispiel gegeben, in dem die Herren Dr. Klöbner und Müller-Lüdenscheid sich nackt in der Badewanne gegenüberstehen und darüber streiten, wer länger

(tauchen) kann. Beides liegt hier dicht beieinander: Sieg und Nie-
derlage, Triumph und Blamage, je nachdem, wer von den beiden
»länger kann«. Psychologisch ist hier schon eine gewisse Nähe zur
Porno-Szene gegeben. Zwar unterscheidet sich die fein geschliffene
Kunstform Loriots vom offen brutalen Show-Sex, aber inhaltlich
geht es um dasselbe, nämlich um entscheidende Unterschiede, gemessen in Zentimetern, Häufigkeiten (des Orgasmus, des Sexual-
verkehrs pro Tag oder pro Woche) oder Zeitdauer. In unserer heutigen, westlichen Welt spielen Zahlen und Ergebnisse aus dem Bereich
der Sexualität medienbedingt eine wichtige Rolle im Kampf der Geschlechter um das Unten und Oben und darum, wer die Macht hat
und wer sich unterwerfen muß.

Eine überragende Bedeutung haben zahlenmäßig erfaßte Quan-
titäten jedoch nicht nur da, wo es um die autoritäre Selbstbehaup-
tung um jeden Preis geht, sondern auch dort, wo es sich um die *Faszination für das Leblose und Dingliche* handelt. Zahlen eignen sich
in besonderer Weise für den Umgang mit toter Materie und daher
auch als Instrument zur Entseelung des Lebendigen. Beispielsweise
kommt ja in der Technik des Operationalisierens der Wunsch zum
Tragen, das Ganze, das sich als solches nicht fassen und schon gar
nicht beherrschen läßt, in kleine Teile zu zerlegen. Das so entstan-
dene, zerhackte Wissen eignet sich sehr gut dazu, identifiziert und
in Zahlenwerten eingefangen zu werden. Das Ganze wird dann – so
die Vorstellung – aus den Teilen mosaikartig rekonstruiert. Tatsächlich funktioniert dieses Verfahren auch bis zu einem erstaunlich
hohen Grad; aber immer wieder stellen gerade engagierte Wissenschaftler fest, daß trotz richtiger und auch repräsentativer Meßer-
gebnisse entscheidende Vorgaben fehlen, um den untersuchten
Sachverhalt wirklich zu verstehen. Denn das Wesen alles Lebendigen ist letztlich schon wegen seiner unglaublich hohen Komplexität
rational nicht zu fassen. Klagte einer dieser Forscher: »Alle unsere
Messungen waren richtig, aber unsere Ergebnisse waren alle falsch!«
Oder, um es Mephisto sagen zu lassen: »Fehlt leider! nur das geistige
Band.« Vielleicht wäre es richtiger, auf ein bestimmtes Wissen zu
verzichten und sich mehr darauf zu konzentrieren zu verstehen! Be-
dauerlicherweise ist diese Einsicht allerdings nicht sehr weit verbreitet. Mit Erich Fromm stellen wir im Gegenteil fest, daß das
leidenschaftliche Streben nach Verdinglichung lebendiger Prozesse
zum Zwecke ihrer Berechenbarkeit ein hervorstechendes Charak-
teristikum unserer industrialisierten Welt ist. Unser Wissen und

unsere Erkenntnisse haben objektiv zu sein, und das läßt sich eben nur verwirklichen, wenn und soweit wir das Lebendige, das Menschliche, das Dynamische als Objekt betrachten, also als etwas Totes, Materielles, kraftlos Unbewegtes. In diesem Sinne benutzt Fromm die Bezeichnung *nekrophiler Charakter*. Dabei versteht er unter *Nekrophilie* »die Leidenschaft, das, was lebendig ist, in etwas Lebloses umzuwandeln« (E. Fromm, 1973a, GA VII, S. 301). Das nekrophile gesellschaftliche Charaktermuster zeige sich im Interesse an allem, was rein mechanisch ist. »Es ist die Leidenschaft, lebendige Zusammenhänge mit Gewalt zu entzweien« (a. a. O.).

Ein jüngst erschienenes Buch des holländischen Biologen und Autors Midas Dekkers mit dem nekrophilieverdächtigen Titel *An allem nagt die Zeit. Vom Reiz der Vergänglichkeit* widmet sich der Frage, wie unsere westliche Gesellschaft dem naturgesetzlich vorprogrammierten Verfall alles Lebendigen auf die unterschiedlichste Art und Weise entgegentritt. Es zeigt, wie man auch dadurch auf Tod und Verfall nekrophil fixiert sein kann, daß man ihnen entgegenwirkt. Mit Witz, beeindruckender Sachkenntnis und »heiterem Ingrimm«, wie es im Klappentext heißt, beschreibt der Autor die Vielfalt und den unglaublichen Einfallsreichtum des modernen Menschen, dieser stets unberechenbaren Natur planend und berechnend entgegenzutreten. Wenn schon Verfall, so könnte das Motto des Nekrophilen lauten, dann allein durch mich und nicht als Bestandteil des Lebens! »Nichts bleibt, wie es war.« So charakterisiert Dekkers die nekrophile Einstellung. »Das ist Natur. Und das mögen wir nicht. Die Welt ist schon kompliziert genug, wenn sie stillsteht. Deshalb ist der Naturschutz so beliebt. Er hält die Natur instand. Die Natur will Gras wachsen lassen? Die Naturschützer setzen Weidetiere ein, die es auffressen. Leben gegen Leben, das wahre Antibiotikum. Natürlich kann man das Leben nicht anhalten, aber man kann verhindern, daß es vorwärtskommt, wie ein Fahrrad im Fitneßstudio« (M. Dekkers, 1999, S. 100).

Maschinen sind es, die dem Streben nach Berechenbarkeit am nachhaltigsten entsprechen. Sie sind zugleich Produkt und Protagonist, Knecht und Herr dieser Leidenschaft. Sie verkörpern, materialisieren den berechnenden, messenden, technischen »Geist, der (das Leben) stets verneint«. Sie prägen das heutige Menschenbild, auch und ganz besonders in der Wissenschaft. So konnte der amerikanische Forscher J. Needham schon 1928 erkennen: »Für die Wissenschaft ist der Mensch eine Maschine; sollte er es nicht sein, dann ist er überhaupt nichts« (J. Needham, 1928, S. 86; hier zitiert nach F. Capra, 1983, S. 115). Wie anders wären die so schrecklich aktuellen Techniken eines modernen Bombenkrieges zu verstehen, die eine »chirurgisch« genau kalkulierte Zerstörung des gegnerischen Lebensraums, der ja unser aller Umwelt ist, zur Wirklichkeit werden lassen. Solche Techniken sind das ultimative Resultat einer quantifizierenden, messenden Technologie in einer weitgehend nekrophil orientierten Gesellschaft. Maschinen sind Ersatz für natürliches Leben. Das »Leben« der Maschinen ist nicht selten überlegen, wenn wir die Überlegenheit in Dimensionen von schneller, länger, weiter, höher bemessen.

Allerdings ist auch einem Mißverständnis entgegenzutreten, geht es doch nicht darum, Wissenschaft und Technik in Bausch und Bogen abzuwerten und als nekrophil und destruktiv zu brandmarken. Die Technikbegeisterung darf nur nicht dahin führen, daß sie zum Ersatz für das Interesse, die Lust und den Mut zum Leben mit seinen unendlich reichen Möglichkeiten verkommt. Diese Gefahr liegt sehr nahe, wenn wir uns klarmachen, wie stark die Technik heute tatsächlich diese Funktion bereits übernommen hat. Sie ist die Krankheit, nicht die Heilung. Dekkers übrigens bekennt sich zum Reiz der Vergänglichkeit nicht aus einer nekrophilen Neigung heraus; im Gegenteil, er akzeptiert sie als Teil des Lebens, und seine Biophilie tritt deutlich hervor, wenn er schreibt: »Laßt Gebäude doch leben. Laßt Landschaften leben, Standbilder, Wälder, Wale, Eskimos, kleine Mädchen. Leben und leben lassen. Pflegt sie gut, nicht um sie zu konservieren, sondern damit sie mit der Zeit wachsen können. Erneuert heruntergewehte Dachpfannen, putzt Rotznasen, schützt Denkmäler gegen Wind und Wetter, konsultiert, falls nötig, einen Arzt, macht sauber, was schmutzig ist – und liebt alles« (M. Dekkers, 1999, S. 126). Eine schöne Vision, die aus dem entspringt, was wir mit Erich Fromm als biophile Haltung verstehen.

Bleiben wir aber zunächst bei der Normalität der pathologischen Entfremdung des Menschen von sich selbst durch Formen der Anpassung, die er mit Leidenschaftlichkeit betreibt und die er, sofern sie gelingt, als Glück empfindet. So ist das überragende Merkmal einer solchen Anpassung in unserer Zeit die Marketing-Orientierung. In einer geschichtlichen Epoche der »Globalisierung« kapitalistischer Macht hat sich alles Geschehen und Erleben daran zu orientieren, ob und inwieweit es sich vermarkten läßt, das heißt ob und inwieweit es verfügbar ist, ob es gekauft oder verkauft werden kann.

An sich ist dieser Sachverhalt zunächst einmal unverdächtig. Auch der Frommsche Begriff der *Marketing-Orientierung* leugnet ja keineswegs die grundsätzliche Nützlichkeit und Notwendigkeit, Handel zu treiben oder sich mit ökonomischen Fragen zu beschäftigen. Er zielt vielmehr auf den Umstand, daß diese Beschäftigung zum alles beherrschenden, alles bestimmenden Lebensprinzip ganzer Gesellschaften mutiert. Er schreibt: »Für diesen Marketing-Charakter verwandelt sich alles in einen Marktartikel – nicht nur die Dinge, sondern auch der Mensch selbst, seine psychische Energie, seine Fertigkeiten, sein Wissen, seine Meinungen, seine Gefühle, ja sogar sein Lächeln« (E. Fromm, GA VII, S. 317). Erich Fromm sieht diesen Gesellschafts-Charaktertyp als neueste Entwicklung, als vorläufig letztes Produkt eines vollentwickelten Kapitalismus. Und wie bei den anderen bereits erwähnten Charakter-Orientierungen geht es auch hier darum, daß die Marketing-Orientierung an die Stelle echten menschlichen Erlebens tritt und auf diese Weise der einzelne Mensch von sich selbst entfremdet wird. Der Mensch wird Ding, wird Objekt. Objekte werden andererseits vermenschlicht und auf diese Weise mit menschlichen Wesen gleichgestellt. Damit sind beide gleichermaßen geeignet für den Markt, zugeschnitten auf die Erfordernisse der Geldwirtschaft, des Kapitals. Wen wundert es noch, wenn wir generell etwa davon sprechen, daß wir uns ein »Kind anschaffen« – bis hin zum Handel mit Kindern – oder wenn der bereits erwähnte Manager erklärt, jeder Mensch habe seinen Preis? Zahlen und Meßwerte treten hier in kaufmännischen, betriebswirtschaftlichen Kategorien auf, aber es geht auch hier darum, Geld und Geldeswert als Maßstab der Verwertbarkeit an die Stelle von menschlichen, personalen Eigenschaften zu setzen. Sehr eindrucksvoll hat zum Beispiel Rainer Funk verschiedentlich auf die Unbewußtheit der Entfremdung hingewiesen. Dadurch wird es möglich, daß die Opfer dieser charakterlichen Ausrichtung nicht nur nicht merken, was mit ihnen geschieht, sondern nach bestem psychischem Vermögen danach streben, den an sie gestellten Anforderungen so gut wie nur irgend möglich nachzukommen. Fromm selbst hat zum Beispiel in *Wege aus einer kranken Gesellschaft* (1955a, GA IV, S. 88) auf die Nähe dieser Charakterhaltung zu einer Geistesstörung hingewiesen. Hier wie dort hat der Mensch den Kontakt zu seinen eigenen psychischen Ressourcen verloren. Er versteht seine Tätigkeiten als notwendige Reaktion auf bestimmte Lebensbedingungen, die mit ihm selbst aber nicht wirklich etwas zu tun haben. Etwas von dieser Erkenntnis mag in der Beurteilung ihrer Kunden durch eine Verkäuferin nach einem Tag des Ausverkaufs aufscheinen, als sie meinte: »Die Leute kauften wie verrückt!«

Lang ist die Liste der einzelnen Charakterzüge, die in der Summe den Marketing-Charakter ausmachen, wie Rainer Funk (1998) in einem Arbeitspapier ausführt, und erst vor kurzem hat Richard Sennett sehr eindrucksvoll den *flexiblen Menschen* im »neuen Kapitalismus« als den »driftenden« und »risikobeladenen« modernen Typus beschrieben (R. Sennett, 1998).

Wir befinden uns heute noch in einer Welt des Umbruchs. Viele Elemente einer autoritären, aber auch einer narzißtischen und übergreifenden nekrophilen Charakterorientierung lassen sich zur Zeit mühelos neben der zweifellos vorherrschenden Marketing-Orientierung feststellen. Die modernen Medien wie Fernsehen und Internet, PC und E-Mail tragen ihrerseits erheblich zur Durchsetzung dieser Grundhaltungen bei. Sie kommen dem beschriebenen Streben der Mehrzahl der modernen Menschen insofern entgegen, als sie den genannten neuen Charakterzügen perfekt entsprechen (wobei sich natürlich fragen läßt, wer wem entspricht!). Im Vordergrund steht dabei die Bevorzugung von konstruierten Kunstwelten (Cyberwelten), über die der einzelne jederzeit entsprechend seiner Kaufkraft verfügen kann, gegenüber einer realen menschlichen Lebenswelt, in der es sinnliche Wahrnehmungen, bisweilen sich widersprechende Gefühle und Affekte und ein großes Risiko gibt, Fehler zu machen.

Soziale Arbeit unter dem Gebot der Output-Orientierung

Ohne an dieser Stelle auf das Problem einer gültigen Definition von Sozialer Arbeit oder Sozialpädagogik näher einzugehen, sei doch festgestellt: (1) Als Sozialarbeit ist immer eine solche Tätigkeit zu verstehen, in deren Zentrum Menschen stehen. Betreuen, unterstützen, helfen, pflegen, sorgen und ähnliche Aktivitäten charakterisieren die entsprechende zwischenmenschliche oder organisatorische Aufgabe. (2) Sozialarbeit kann immer nur in einem bestimmten gesellschaftlichen Kontext stattfinden, denn die Menschen, um die es geht, stehen nie wirklich außerhalb der Gesellschaft, auch wenn sie gelegentlich so gesehen werden. Immer sind ihre Sorgen und Nöte gesellschaftlich vermittelt. (3) Sozialarbeit ist immer zeitabhängig und dementsprechend auf Entwicklung, Prozeß und Veränderung gerichtet. So gesehen trifft die Frommsche Annahme eines umfassend prägenden Einflusses gesellschaftlicher Realitäten auf den einzelnen Menschen und seinen Gesellschafts-Charakter auch, und vielleicht in besonderer Weise, auf Soziale Arbeit zu. Dies gilt für die professionellen HelferInnen und für deren KlientInnen, wenn auch in unterschiedlicher Weise. Dabei legt sicherlich der Anspruch der Professionalität des »helfenden Berufes« schon nahe, daß es hier nicht allein um Hilfe, sondern um bezahlte Hilfe und um eine über Ausbildung und Konzeptionierung rational reflektierte und gesteuerte Form der Hilfeleistung geht. Was liegt also näher, als konsequent Kosten und Nutzen sozialer Leistungen zu bilanzieren und sie, bei öffentlichen wie bei privaten Trägern, entsprechend den Gesetzen des Marktes wirtschaftlichen Kriterien zu unterwerfen? Und gilt dies nicht in Zeiten leerer Kassen in erhöhtem Maße?

Aus diesem Grunde haben in den letzten Jahren betriebswirtschaftlich begründete Managementkonzepte unter der Bezeichnung »Neue Steuerungsmodelle« auch auf die Soziale Arbeit unseres Landes übergegriffen und eine rasche Verbreitung gefunden. Wie kam es dazu? Mit dem Ziel der Schaffung effektiverer Kommunalverwaltungen hat sich seit 1991 eine länderübergreifend wirkende »Kommunale Gemeinschaftsstelle für Verwaltungsvereinfachung (KGSt)« in einer Reihe von Gutachten damit befaßt, typische Funktionsmängel der Kommunalverwaltung aufzuzeigen und Vorschläge für deren Beseitigung zu machen. Ziel waren – und sind – Einsparungen im Bereich öffentlicher Ausgaben; darüber hinaus aber geht es viel grundsätzlicher um die Durchsetzung neoliberaler Vorstellungen wie etwa der vom »schlanken Staat« und von der grundsätzlichen »Eigenverantwortung des einzelnen« für ein gelingendes Leben. Da Sozialarbeit zum überwiegenden Teil Aufgabe der öffentlichen Verwaltung ist, verwundert es nicht, daß die neuen Konzepte auch für diesen Bereich Geltung beanspruchen. Das neue Denken erreichte uns im Gefolge jener von vielen Zeitgenossen als Fortschritt begrüßten Globalisierungswelle, einer besonderen Form kapitalistischer Wirtschafts- und Gesellschaftsphilosophie, die schon den Hintergrund der Frommschen Gesellschafts-Charakterlehre bildete. Im Zentrum dieser stets als »neu« apostrophierten Philosophie steht die Machbarkeit und willkürliche Steuerung wirtschaftlicher Systeme unter stillschweigender Einbeziehung sozialer, gesellschaftlicher, politischer, also zwischenmenschlicher Konditionen. Ihre Methoden sind die des Marketing; soziale Vorstellungen wie Solidarität mit den Schwachen und Unterprivilegierten oder Achtung der Individualität auch von Lebensentwürfen, die sich nicht nahtlos und stromlinienförmig in die Marketing-Gesellschaft eingliedern, sehen sich zunehmend der Gefahr ausgesetzt, ökonomischen Zwängen untergeordnet und oft genug geopfert zu werden.

Soziale Dienste und Soziale Einrichtungen in privater Trägerschaft sind zunehmend gehalten, sich als »kundenorientierte Dienstleistungsunternehmen« zu definieren, und nur auf diesem Wege haben sie weiterhin die Chance, sich am Sozialen Dienstleistungsmarkt zu behaupten. Die Ergebnisse ihres sozialpädagogischen Wirkens werden als »Produkt« verstanden, Soziale Arbeit ist dementsprechend »ergebnis-« oder »outputorientiert« und nicht mehr »prozeßorientiert« durchzuführen. Begriffe wie »Social Management« oder »Casemanagement« haben Konjunktur. »Produktbeschreibung« und »Berichtswesen« sind verbindliche Aufgaben, durch »Controlling« wird die Soll-Ist-Abweichung, also die reale Abweichung vom Plan, gewährleistet und damit die »Ressourcenverantwortung« garantiert.

»Die gute alte Zeit ist vorbei,« so schreibt jüngst der (erfolgreiche) Manager einer sehr großen Hamburger Alteneinrichtung, »als freigemeinnützige Einrichtungen ihre Pflegeheime noch vorwiegend mit sozialem Engagement führen konnten und wirtschaftliche Belange nur sekundäre Priorität hatten« (W. Muschter, 1998, S. 17). Unter den Aspekten der Marketing-Orientierung verkehren sich freilich die Prioritäten, wie der Autor verdeutlicht, wenn er (a. a. O.) fortfährt: »Von den Heimleitungen (...) wird heute bei allem sozialen Engagement auch verlangt, daß sie das Wirtschaftsmanagement beherrschen und ihre Einrichtung leistungs- und kostenbewußt steuern« – als ob das nicht auch bisher schon unabdingbare Voraussetzung für die Existenz sozialer Einrichtungen gewesen wäre! Nein, hier geht es nicht mehr um die vernünftige und notwendige Sicherung einer wirtschaftlichen Grundlage Sozialer Arbeit, hier ist – wieder einmal – ein Paradigmenwechsel eingetreten, und zwar ganz im Sinne der von Erich Fromm festgestellten Pathologie. Primär hat fürderhin auch in der Sozialen Arbeit das Marketing zu sein. Dort mag denn auch die Ware »Soziale Wohlfahrt« gehandelt werden.

Worin liegt denn nun die »Vermessenheit« des Messens? Sie liegt in der Verdinglichung des Menschen durch die Reduzierung Sozialer Arbeit auf ihre Wirtschaftlichkeit. Sie liegt im Verständnis Sozialer Arbeit als »Produkt«, als Erzeugnis eines »Sozialen Unternehmens«, das es zu vermarkten gilt. Daraus ergeben sich nach Auffassung der Protagonisten jener betriebswirtschaftlichen Rationalität jedoch gerade die Vorteile der neuen Steuerung Sozialer Dienste. Nur auf diesem Wege, so argumentieren sie, sei es möglich, Effizienz und Effektivität Sozialer Arbeit – auch und gerade zum Wohle der Klientel – zu optimieren. – Vermessenheit? – Die Gefahr liegt in den angelegten Maßstäben und in der Einstellung gegenüber dem im Sinne des Marketing reduzierten Menschen, der auf diese professionelle Hilfe angewiesen ist. Befähigt ihn das Produkt wirklich zur Selbsthilfe oder produziert es bei den potentiellen Kunden nicht Sekundärbedürfnisse, die sie veranlassen, eine immer stärkere Nachfrage nach diesem Produkt zu entfalten? Jedes Unternehmen – auch ein soziales – hat starke Eigeninteressen, nach denen sich die Kunden zu richten haben. Es sei denn, es gelingt, was Burkhard Müller die »Koproduktion zwischen Leistungsanbietern und Leistungsnehmern« genannt hat (B. K. Müller, 1998, S. 43). Die Vermessenheit liegt in der Vorstellung, den Kunden als einen berechenbaren Menschen zum Objekt fremder Interessen hin manipulieren zu können.

Es entspricht jene Zielsetzung ebenso der menschlichen Hybris wie die Absichten bestimmter Genforscher, den Menschen nach gesellschaftlicher Nützlichkeit und Leistungsfähigkeit zu formen. In jedem Fall geht es um die Herstellung eines Menschen mit höherem »Gebrauchswert«. Soziale Arbeit ist andererseits, sofern sie diese Bezeichnung verdient, immer auf Gegenseitigkeit, auf Begegnung und Interaktion der Beteiligten angelegt. Darin ist das Ergebnis grundsätzlich offen und darum eben nicht willkürlich produzierbar.

Fast ohne Ausnahme nehmen SozialarbeiterInnen und SozialpädagogInnen in der Selbstreflexion eigene Vorstellungen und Wünsche wahr, durch ihre Arbeit, durch Behandlung oder Erziehung, durch Kontrolle und Steuerung oder Zwang Menschen im Sinne einer besseren Funktionstüchtigkeit formen oder in dieser Richtung beeinflussen zu wollen. Die Manipulation zum Guten hin entspricht vielfach einer eher im stillen gehüteten Motivation. Erst eine supervisorisch reflektierte Haltung wird darauf gerichtet sein, die Beteiligung des Ansprechpartners an seiner eigenen Angelegenheit ernstzunehmen und zu ermöglichen. Aber nicht immer gelingt der angestrebte Dialog, das Aushandeln, die Hilfe zur Selbsthilfe. Dann fallen SozialarbeiterInnen leicht auf jenes manipulative Verständnis zurück und versuchen, Machtmittel einzusetzen. Dabei empfinden sie sich immer wieder als Versager. Mit einer solchen Belastung zu leben und zu arbeiten kostet viel Kraft und trägt bei zum vielzitierten *burnout*. Es nimmt daher auch nicht wunder, daß die Neuen Steuerungsmodelle aufgrund ihrer betriebswirtschaftlichen Rationalität, aber auch wegen ihres hohen Abstraktionsgrades einerseits solchen Machtphantasien Auftrieb geben und daß sie andererseits gern genutzt werden, die Risiken eines im Grundsatz offenen Interaktionsprozesses zwischen Helfer und Klient zu vermeiden: Alles wird berechenbar, und für den Rest ist der Hilfesuchende selbst verantwortlich!

Bleibt nur zu hoffen, daß sich die neuen Sozialmanager nicht ver-messen, also entweder – im Sinne verfehlter Validität der Messung – nicht das Richtige kalkulieren oder/und einen viel zu kleinen Ausschnitt der Wirklichkeit ungerechtfertigterweise generalisieren. Dieser Fehler lenkt ab von den genuinen Aufgaben Sozialer Arbeit und trägt bei zur Zementierung sozialer Klassen. Die Vermessenheit im Sinne von Anmaßung und Selbstgefälligkeit der Protagonisten dieser neuen Steuerungsideologie zeigt sich in der Zufriedenheit der Profession, endlich einen konzeptionellen Bezugsrahmen gefunden zu haben, der es ihren Vertretern erlaubt, gleichberechtigt mit Wirtschaftskapitänen und Industriemanagern in einem Boot zu sitzen und darüber die Aufgaben der Aufhebung sozialer Ungleichheit und der Weiterentwicklung der Profession selbst zu vernachlässigen.

Zu wünschen bleibt, daß die produktive Kritik an dieser Entwicklung (auf die hier im einzelnen nicht einzugehen war, die es aber aus der Profession heraus gibt) auf Dauer bewirkt, daß die Möglichkeiten und positiven Anregungen, etwa im Sinne der Qualitätssicherung von Kriterien und Zielvorgaben Sozialer Arbeit, zu ihrer Weiterentwicklung und Belebung genutzt werden.

Literaturnachweise

Capra, F., 1983: *Wendezeit*, Bern: Scherz Verlag.

Dekkers, M., 1999: *An allem nagt die Zeit. Vom Reiz der Vergänglichkeit*, München: Karl Blessing Verlag.

Fromm, E.: siehe die Nachweise am Ende des Bandes.

Funk, R., 1998: *Wege aus der Entfremdung bei der Marketing-Orientierung.* Arbeitspapier beim 16. Treffen des AK »Wege aus der Entfremdung« vom 14. bis 16 August 1998 in Tübingen.

Müller, B. K., 1998: »Psychosoziale Hilfen zwischen Markt und Humanität« in: Presseartikel zur Veranstaltungsreihe »Der Mensch ist kein Ding« des »Förderkreises der Psychologischen Beratungsstelle Tübingen«, Januar/Februar 1998, S. 43.

Muschter, W., 1998: »Wirtschaftliche Steuerung in Sozialen Unternehmen« in: *standpunkt: sozial*, Hamburg Nr. 3, 1998, S. 17ff.

Needham, J., 1928: *Man a Machine,* New York.

Sennett, R., 1998: *Der flexible Mensch*, Berlin: Berlin Verlag.

Volker Frederking

Vom Haben zum Sein
Fromms Gesellschaftskritik und die Mystik Meister Eckharts

»Eckhart hat den Unterschied zwischen den Existenzweisen des Habens und des Seins mit einer Eindringlichkeit und Klarheit beschrieben und analysiert, wie sie von niemandem je wieder erreicht worden ist« (E. Fromm, 1976a, GA II, S. 314). Kein Satz in dem 1976 veröffentlichten Welterfolg *Haben oder Sein* veranschaulicht wohl besser die Ausnahmestellung, die Fromm Meister Eckharts Analysen zur Haben-Sein-Problematik zuerkannt hat. Was aber hat den humanistischen Psychoanalytiker an den Thesen des christlichen Mystikers, Seelsorgers und nach Thomas von Aquin wohl bedeutendsten Theologen des Mittelalters, der am Ende seines Lebens in die Fänge der Inquisition geriet, so fasziniert, und welche Schlußfolgerungen leiten sich für ihn im Horizont seines gesellschaftskritischen Grundansatzes daraus ab? Dieser doppelten Frage soll in den folgenden Ausführungen nachgegangen werden, um vor diesem Hintergrund nicht nur Fromms mystisch fundierte Philosophie des Seins, sondern auch ihr kritisch-aufklärerisches Potential im Zusammenhang mit dem New-Age-Synkretismus und der ökologischen Problematik ins Blickfeld zu bekommen.

Fromms Deutung der Eckhartschen »Armutspredigt«

Als Schlüsseldokument für Eckharts Verständnis der Haben-Sein-Problematik wertet Fromm die Predigt »*Beati pauperes spiritu*« (J. Quint, 1979, S. 303ff.; vgl. dazu J. A. Hernández, 1975, S. 118ff.; K. Ruh, 1989, S. 157ff.; O. Langer, 1987, S. 189ff.; V. Frederking,

1998, S. 56ff.), die sogenannte Armutspredigt, der aufgrund der Radikalität und Kühnheit der Aussagen tatsächlich eine Sonderstellung innerhalb des Eckhartschen Gesamtwerkes zukommt. Ausgehend von dem Perikopentext »Selig sind die Armen im Geiste, das Himmelreich ist ihrer (Mt 5,3)« (J. Quint, 1979, S. 303), erörtert der dominikanische Gelehrte in dieser Predigt die Frage, was geistige Armut ist. Dabei distanziert er sich implizit von jener Tradition, die sich ausgehend von der christlichen Urgemeinde über die Patristiker und die Mönchsorden bis hin zur Armutsbewegung und zu den dominikanischen Nonnen, vor denen Eckhart im Rahmen der cura monialium, der Frauenseelsorge, predigte, primär auf den Aspekt äußerer Armut konzentrierte.

Während die lange asketische Tradition des christlichen Abendlandes das Nicht-Haben als Voraussetzung für die Überwindung der Haben-Orientierung verstand, korrigiert Eckhart dieses traditionelle Axiom, indem er den Grundansatz spiritualisiert. Nicht die äußere, sondern die *innere Armut* bildet in seinem Verständnis den adäquaten Ansatzpunkt. Die äußere, materielle Armut, die der Gläubige im Sinne der imitatio Christi »mit Willen auf sich nimmt«, ist zwar im Urteil Eckharts »gut und sehr zu loben« (a. a. O.), aber nur die innere Armut führt zur Seligkeit, wie sie das Matthäus-Wort verheißt. Vordergründig tastet Eckhart damit zwar das asketische Modell, zu dem er selbst als Ordensmann per Gelübde verpflichtet war, nicht an. Dennoch ist seine innere Distanzierung nicht zu übersehen. Denn denkt man die von ihm diagnostizierte Superiorität innerer Armut zu Ende, wird erkennbar, daß sie in letzter Konsequenz die Notwendigkeit äußerer Askese in Frage stellt und so theoretisch den Grundstein legt für die Überwindung eines der ältesten geistesgeschichtlichen Antagonismen: der Dichotomie zwischen religiösem und weltlichem Leben.

Dieses Spezifikum der Eckhartschen Deutung rückt Fromm in das Zentrum seiner gesamten Predigtanalyse. Eckharts Definition innerer Armut bildet dabei den Ausgangspunkt: »Das ist ein armer Mensch, der nichts *will* und nichts *weiß* und nichts *hat*« (J. Quint, 1979, S. 303). An dieser Begriffsbestimmung, die das analytische Zentrum der Eckhartschen Predigt darstellt, orientiert sich Fromms gesamte Argumentation. Dabei folgt er der von Eckhart vorgegebenen gedanklichen Sukzession, ohne allerdings auf dessen spirituell-theologische Argumentationsmuster im Detail einzugehen. Im Mittelpunkt seiner applizierenden Interpretation stehen die lebenspraktischen Konsequenzen der Eckhartschen Thesen (E. Fromm, 1976a, GA II, S. 314ff.; vgl. dazu ebenfalls R. Funk, 1978, S. 338ff.; D. Mieth, 1982, S. 69ff.; B. Niles, 1985, S. 156ff.; K. Ruh, 1989, S. 15f.; O. Langer, 1987, S. 191; V. Frederking, 1994, S. 325ff.).

Ego-Transzendenz versus Askese

Fromms erster Untersuchungszyklus konzentriert sich folglich auf die Beantwortung der Frage, was Eckhart unter einem Menschen versteht, der »nichts *will*«. Dabei ist für ihn evident, daß der spirituelle Theologe weder »ein asketisches Leben« noch »Bedürfnislosigkeit« (E. Fromm, 1976a, GA II, S. 315) im Blick hat, wenn er von einem Menschen spricht, der nichts will. »Von Leuten mit dieser Überzeugung meint er, daß sie an ihrem selbstsüchtigen Ich festhalten.« (A. a. O.) Als Beleg verweist Fromm auf Eckharts provokante Wendung: »Diese Menschen heißen heilig auf Grund des äußeren Anscheins, aber von innen sind sie Esel, denn sie erfassen nicht den (genauen) eigentlichen Sinn göttlicher Wahrheit« (J. Quint, 1979, S. 304).

Wenn aber Askese und Bedürfnislosigkeit keine Konstituenten innerer Armut sind, was bedeutet dann, nichts zu wollen? Eckhart beantwortet diese Frage mit einer provokanten, direkt an seine weibliche Zuhörerschaft gerichteten These: »Solange ihr den Willen habt, den Willen Gottes zu erfüllen, und Verlangen habt nach der Ewigkeit und nach Gott, solange seid ihr nicht richtig arm.« (A. a. O.) Zur Begründung dieser auf den ersten Blick blasphemischen Aussage fügt er hinzu: »Denn nur das ist ein armer Mensch, der nichts will und nichts begehrt.« (A. a. O.)

Von dieser These nimmt Fromms psychologisch fundierte Deutung ihren Ausgang. Aus der Gleichsetzung von »nichts wollen« und »nichts begehren« folgert er zutreffend:

> »Wenn Eckhart davon spricht, daß man keinen Willen haben soll, so meint er damit nicht, daß man schwach sein sollte. Er redet von jener Art von Willen, der identisch ist mit der Begierde, von der man getrieben wird – die also recht betrachtet

kein Wille ist. (...) Der Mensch, der nichts will, ist der Mensch, der keine Begierde nach irgend etwas hat« (E. Fromm, 1976a, GA II, S. 315).

Auf der Grundlage dieses Interpretationsansatzes wird für Fromm zunächst schlüssig, weshalb Eckhart fordern kann, »daß man nicht einmal wünschen sollte, Gottes Willen zu tun« (a. a. O.), denn auch das ist eine Begierde. Damit wird erkennbar: Der Gültigkeitsbereich von Eckharts These ist sehr viel weitreichender. Nicht die Objekte der Begierde sind das Problem, sondern die Begierde selbst. Dazu Fromm: »Eckhart geht es um die Art von Haben-Wollen, die auch eine fundamentale Kategorie des buddhistischen Denkens ist: Gier, Habsucht und Egoismus.« (A. a. O.) Der Mensch, der nichts will, ist folglich derjenige, der seine Begierde überwunden und sein Ego transzendiert hat.

Wissen als Besitz

Fromms zweiter Untersuchungsteil behandelt die Frage, was Eckhart unter einem Menschen versteht, der »nichts *weiß*«. Zunächst macht er dazu deutlich, daß es dem dominikanischen Gelehrten keinesfalls darum geht, »einen dummen, unwissenden Menschen, eine ungebildete, unkultivierte Kreatur« (E. Fromm, 1976a, GA II, S. 315) zum Ideal zu erheben. Schon die wissenschaftliche Biographie des berühmten mittelalterlichen Theologen macht dies im Urteil Fromms evident. Vielmehr ist es der Unterschied »zwischen dem Wissen in der Weise des Habens und dem Akt der Erkenntnis« (a. a. O.), das heißt dem Denkprozeß selbst, auf den Eckhart in seinem Verständnis abzielt, wenn er von einem Menschen spricht, der nichts weiß. Ausgangs- und Bezugspunkt seines Deutungsansatzes ist Eckharts These, daß »der Mensch (...) ledig sein soll seines eigenen Wissens« (J. Quint, 1979, S. 305). Nach Fromm impliziert der spirituelle Theologe damit nicht, »man solle vergessen, *was* man weiß, sondern *daß* man weiß« (E. Fromm, 1976a, GA II, S. 316). Zur Erläuterung fügt er an:

»Das bedeutet, daß man sein Wissen nicht als einen Besitz ansehen soll, der einem ein Gefühl der Sicherheit und Identität verleiht; man sollte von seinem Wissen nicht ›erfüllt‹ sein, man sollte sich nicht daran festklammern, nicht danach begehren. Wissen sollte nicht die Eigenart eines Dogmas annehmen, das uns versklavt. All dies gehört der Existenzweise des Habens an.« (A. a. O.)

Eckhart geht es mit anderen Worten nach Fromm nicht um die Negation des Wissens, sondern um einen anderen Umgang mit ihm. Solange man Wissen *haben* möchte, solange solipsistische Motive den Umgang mit Wissen bestimmen, solange man stolz ist, zu wissen, solange bewegt man sich im Modus des Habens und dokumentiert damit lediglich seine Unwissenheit. Der regressiven *Statik des Wissens* in der Existenzweise des »Habens« steht für Fromm deshalb die *Dynamik des Erkennens* in der Existenzweise des »Seins« gegenüber:

»In der Weise des Seins ist Wissen nichts anderes als der eindringende Denkvorgang als solcher – Denken, das nie den Wunsch verspürt, stillzustehen, um Gewißheit zu erlangen.« (A. a. O.)

Die Korrelation von Haben- und Ego-Problematik

Der dritte Teil von Fromms Predigtanalyse beschäftigt sich mit der Frage, was Eckhart unter einem Menschen versteht, der »nichts *hat*«. Bezugspunkt ist dabei ein längerer Predigtauszug, dessen radikale Schlußsequenz lautet: »So denn sagen wir, daß der Mensch so arm dastehen müsse, daß er keine Stätte sei noch habe, darin Gott wirken könne. Wo der Mensch (noch) Stätte (in sich) behält, da behält er noch Unterschiedenheit. Darum bitte ich Gott, daß er mich Gottes quitt mache« (J. Quint, 1979, S.307).

Der bereits zuvor erkennbar gewordene psychologisch-lebenspraktische Akzent des Frommschen Interesses an dem christlichen Mystiker tritt im Zusammenhang mit der Auslegung dieser Passage in noch größerer Klarheit ins Blickfeld. Denn während sich Eckhart in besonderem Maße mit der Spiritualisierung der trinitarischen Gottesvorstellung im Begriff der Gottheit und der potentiellen, durch die Identität von Seelengrund und Gottesgrund möglichen Einheit des innerlich abgeschiedenen Menschen mit Gott in der »unio mystica« auseinandersetzt und sich dabei um die Aufdeckung sublimer religiöser Formen des Haben-Wollens bemüht, nämlich der Verfügbarmachung Gottes, spielen diese besonderen Akzente der Eckhartschen Exegese des dritten Aspektes geistiger Armut in Fromms applizierender Interpretation im Kontext von *Haben oder Sein* keine Rolle. Zwar hat sich der humanistische Psychoanalytiker auch mit diesen Aspekten der Armutspredigt sehr eingehend auseinandergesetzt und sich dabei insbesondere auf die sehr weitreichenden religionspsychologischen Implikationen von Eckharts zentraler Unterscheidung zwischen Gott und Gottheit konzentriert. Entgegen seinen ursprünglichen Absichten aber erschienen die in diesem Zusammenhang entstandenen Kapitel nicht mehr im Rahmen von *Haben oder Sein*, sondern wurden erst posthum veröffentlicht (E. Fromm, 1989a, GA XI, S. 393–483; dazu weitere Fragmente und Vorarbeiten Fromms zur Eckhart-Rezeption im Zusammenhang mit *Haben oder Sein* in: V. Frederking, 1994, S. 423–457).

In den in *Haben oder Sein* publizierten Teilen seiner Eckhart-Interpretation konzentriert sich Fromm hingegen ausschließlich auf den aus den Predigtpassagen extrapolierbaren Zusammenhang zwischen *Haben-* und *Ego-Problematik*. Fromm schreibt dazu:

> »Eckhart hätte seine Auffassung vom Nichthaben nicht radikaler formulieren können. Zunächst sollen wir frei von eigenen Dingen und Handlungen sein. Das heißt nicht, daß wir weder etwas besitzen, noch daß wir nichts tun sollen; es bedeutet, daß wir an das, was wir besitzen und tun, nicht gebunden, gefesselt, gekettet sein sollen – nicht einmal an Gott« (E. Fromm, 1976a, GA II, S. 316).

Die impliziten Begründungszusammenhänge dieser These erschließen sich, wenn man erkennt, daß Fromm von Eckharts Bestimmung des Verhältnisses zwischen Mensch und Gott auf das zum Besitz von Dingen folgert. Wenn der Mensch nämlich nach Eckhart nicht Gott aufgeben soll, sondern seinen Wunsch, ihn verfügbar zu machen, so wendet Fromm diese Argumentationsstruktur auch auf das Verhältnis zu Dingen und Handlungen an.

Fromms Schlußfolgerungen sind weitreichend und beziehen alle Aspekte des menschlichen Lebensvollzuges mit ein:

>In der Existenzweise des Habens sind nicht die verschiedenen *Objekte* des Habens das Entscheidende, sondern die ganze Einstellung. Alles und jedes kann zum Objekt der Begierde werden: Gegenstände des täglichen Lebens, Besitz, Rituale, gute Taten, Wissen und Gedanken. All diese Dinge sind nicht an sich >schlecht<, sie werden schlecht, das heißt, sie blockieren unsere Selbstverwirklichung, wenn wir uns an sie klammern, wenn sie zu Ketten werden, die unsere Freiheit einschränken.< (A. a. O., S. 317.)

Diese weitreichende psychologische Applikation des Eckhartschen Ansatzes ist von grundlegender Bedeutung. Mit ihr tritt die tiefere intentionale Dimension von Fromms Interpretation der Predigt *»Beati pauperes spiritu«* ins Blickfeld. Seinen gesamten Ausführungen ist nämlich die These inhärent, daß es sich bei der Armutspredigt um ein geistesgeschichtliches Schlüsseldokument handelt, in dem Eckhart den psychologischen Grundmechanismus einer *am Haben orientierten Existenzweise* dechiffriert, insofern er diese als Implikat bzw. als Synonym der »eigenschafts«-Fixierung, der Ego-Dominanz, ausweist. In einer breit angelegten Erörterung sucht der Psychoanalytiker diese Kernthese seiner Interpretation zu verifizieren. Eckharts spezifische Sicht des Zusammenhangs zwischen *Besitz* und *Freiheit* bietet ihm hierfür den adäquaten Ansatzpunkt:

>Die Freiheit des Menschen ist in dem Maße eingeschränkt, in dem wir an Besitz, Werken und letztlich an unserem eigenen Ich hängen. Durch die Bindung an unser eigenes Ich (...) stehen wir uns selbst im Wege und können nicht Frucht tragen, uns selbst nicht voll verwirklichen.< (A. a. O.)

In dieser Einschätzung sieht sich Fromm durch zwei namhafte Eckhart-Forscher bestätigt. Zu nennen ist hier zunächst der Herausgeber der Deutschen Werke, Josef Quint. Wenn dieser, wie Fromm darlegt, »in seiner Einleitung zum Sammelband das mittelhochdeutsche Wort >eigenschaft< mit Ichbindung oder Ichsucht« (a. a. O.; vgl. J. Quint, 1979, S. 29) übersetzt, so finden die von Fromm in bezug auf Eckharts Verständnis des »Habens« gebrauchten Topoi »Bindung an unser eigenes Ich«, »Ichbindung« und »Egozentrik« (E. Fromm, 1976a, GA II, S. 317) eine fachkundige Bestätigung. Noch stärker gilt dies für die Forschungsarbeiten des Tübinger Sozialtheologen Dietmar Mieth. »Ich bin keinem Autor begegnet«, so bekennt Fromm, »dessen Gedanken über die Natur der Habenorientierung bei Eckhart meinem eigenen Denken so nahe kommen wie die von Dietmar Mieth. Er spricht (...) von der ›Besitzstruktur des Menschen‹, soviel ich sehen kann, im gleichen Sinn, in dem ich von der ›Existenzweise des Habens‹ oder der ›Habenstruktur der Existenz‹ spreche.« (A. a. O.)

Fromm, der seit Anfang der siebziger Jahre in persönlichem Kontakt zu Mieth stand, stimmt mit diesem überein, daß es Eckhart bei seiner Akzentuierung der »eigenschafts«-Problematik um den »Durchbruch der inneren Besitzstruktur« (a. a. O.; vgl. D. Mieth, 1972, S. 138f.) als Bedingung der Möglichkeit wirklicher menschlicher Freiheit geht. Dieser verinnerlicht im Verständnis beider den Marxschen Begriff der Expropriation. In diesem Sinne heißt es bei Mieth: »Wir kommen der Bedeutung des Gemeinten nahe, wenn wir den marxistischen Begriff ›expropriieren‹ ins Auge fassen. ›Enteignung‹, aus dem klassenkämpferischen Zusammenhang gelöst, heißt nichts anderes als der Durchbruch durch die Besitzstruktur des eigenen Lebens, die Existenz des ›Haben‹, als hätte man nicht‹« (D. Mieth, 1972, S. 16). Die Überwindung der »eigenschaft«, der »Ich-Bindung«, bildet im Urteil Mieths folgerichtig den Mittelpunkt der Eckhartschen Predigt. Denn »Bindung an das eigene Ich heißt Selbstbesitz, heißt Eigentum« (a. a. O., S. 13) und wird damit als eigentlicher Kern der Haben-Problematik erkennbar. Diese Deutung erweist sich der Frommschen als weitestgehend konvergent und hat diese offenbar in nicht geringem Umfang beeinflußt, wie unveröffentlichte Vorarbeiten zeigen, in denen Fromm in bezug auf das Nicht-Haben darlegt:

»Es bedeutet nicht, nur wenige Dinge zu haben oder in Armut zu leben, wie es gemeinhin verstanden wird. Für Eckhart heißt Nicht-Haben, wie besonders Mieth mit großer Klarheit herausgearbeitet hat, nicht an das eigene Ego gebunden zu sein. Der zentrale Aspekt in Eckharts Text ist der der ›eigenschaft‹, der, wie auch Mieth betont, den tieferen Grund des Haben-Problems ausmacht« (E. Fromm, 1994, in: V. Frederking, 1994, S. 437).

Daß Mieth selbst (vgl. D. Mieth, 1979, S. 30f.; 1980, S. 11) diese Einschätzung teilt und sich wiederholt zustimmend auf Fromms Thesen bezogen hat, auch wenn er an der prinzipiellen Divergenz zwischen seinem theologisch-christlichen und Fromms psychologisch-humanistischen Ansatz keinen Zweifel läßt, sei hier nur am Rande vermerkt, ohne es an dieser Stelle vertiefend hinterfragen zu können. Wichtiger ist im vorliegenden Zusammenhang, daß Fromm in Übereinstimmung mit exponierten Repräsentanten der Eckhart-Forschung eine These formuliert, die für sein eigenes Verständnis der Haben-Sein-Problematik grundlegend ist:

»Laut Eckhart ist unser Ziel als Menschen, uns aus den Fesseln der Ichbindung und der Egozentrik, das heißt von der Existenzweise des Habens zu befreien, um zum vollen Sein zu gelangen« (E. Fromm, 1976a, GA II, S. 317).

Diese These weist über sich hinaus. Denn daß in ihr die Termini »Ichbindung« und »Egozentrik« auf der einen und »Existenzweise des Habens« auf der anderen Seite als Synonyme gebraucht werden, markiert nicht nur den Höhepunkt von Fromms Eckhart-Interpretation in *Haben oder Sein*, sondern auch den analytischen Kern seines eigenen Theorieverständnisses, wie bereits im Detail gezeigt wurde (vgl. V. Frederking, 1994, S. 350ff.). Denn setzt man die Ergebnisse von Fromms Eckhart-Interpretation in Bezug zur differenzierten Kennzeichnung seiner eigenen Deutung der antagonistischen Existenzweisen des Habens und des Seins, die sich im Textzusammenhang unmittelbar an das Eckhart-Kapitel anschließt, zeigt sich, daß alle an Eckhart herausgearbeiteten Aspekte der Haben-Sein-Problematik zu Kernelementen von Fromms eigener Theoriebildung avancieren. Meister Eckhart ist folglich nicht nur Kronzeuge und geistesgeschichtliches Paradigma der Frommschen Studie, sondern in nicht unerheblichem Maße auch ihr spiritus rector.

Individuelle und gesellschaftliche Perspektiven des Durchbruchs vom Haben zum Sein

Wenn aber tatsächlich im Urteil Eckharts wie Fromms der Durchbruch vom Haben zum Sein identisch ist mit der Überwindung der »eigenschaft«, der Elimination jedweder Form von Ego-Fixierung, und diese tatsächlich als Bedingung der Möglichkeit jenes gewandelten menschlichen Selbstverhältnisses zu verstehen ist, das man als »die Seinsweise der enteigneten Existenz« (O. Langer, 1987, S. 189; vgl. D. Mieth, 1972, S. 13ff.; 1982, S. 170) bezeichnen kann und in dem der Durchbruch vom Haben zum Sein seinen Kulminationspunkt findet, stellt sich natürlich die Frage, was dies alles praktisch bedeutet. Immerhin hat Fromm mit den maßgeblich von Eckhart abgeleiteten Existenzweisen des Habens und des Seins sowohl antagonistische individuelle wie gesellschaftliche Grundorientierungen beschrieben, die nicht nur theoretische Erfassungsversuche des Status quo darstellen, sondern auf praktische Veränderungen abzielen. Wie aber vollzieht sich der von Fromm wie Eckhart postulierte Durchbruch vom Haben zum Sein? Was kann jeder einzelne tun? In welcher Weise müßte sich eine gesellschaftliche Umorientierung vollziehen? Diesen Fragen soll im folgenden nachgegangen werden.

Ego-Transzendierung als Kunst des Seins

Das Wissen um die eigene Egozentrik bildet nach Fromm zwar eine notwendige, aber keine hinreichende Voraussetzung für eine innerseelische Existenzverlagerung. Denn jedes Wissen bleibt wirkungslos, solange es nicht praktische Konsequenzen zeitigt. Auch das Aufdecken der psychologischen Wurzeln der Ego-Fixierung – Fromm nennt Ohnmachtsgefühle, Lebensangst, Sicherheitsbedürfnisse (vgl. E. Fromm, 1989a, GA XII, S. 482) – bleibt wirkungslos, solange keine konkreten Schritte zur Veränderung eingeleitet werden. Generell lautet Fromms Empfehlung hierzu: Man muß »sich aus dem Griff der Selbstsucht zu befreien versuchen, indem man das, woran man sich festhält, loszulassen beginnt« (a. a. O.). Damit bezieht sich

Fromm verdeckt auf eine genuin Eckhartsche Axiomatik – das »Lassen«. So formuliert Eckhart in den »*Reden der Unterweisung*«:

> »Nicht das ist schuld, daß dich die Weise oder die Dinge hindern: du bist es (vielmehr) selbst in den Dingen, was dich hindert, denn du verhältst dich verkehrt zu den Dingen. Darum fang zuerst bei dir selbst an und *laß dich*!« (J. Quint, 1979, S. 55.)

Ganz ähnlich führt Fromm aus, daß »Loslassen« bedeutet, »Dinge aufzugeben, zu teilen beginnen und bereit zu sein, die Angst zu durchstehen, die diese ersten kleinen Schritte begleitet. Dann wird man die Angst spüren, sich selbst zu verlieren. Diese entwickelt sich, wenn man Dinge verliert, die als Krücken für das eigene Selbstgefühl gedient haben« (E. Fromm, 1989a, GA XII, S. 483). Was ist damit gemeint? Fromm hält auch an dieser Stelle kein Plädoyer für Nicht-Haben und Askese. Ihm geht es um die Identifikationsflächen des Ego. Solange ein Mensch im Modus des Habens lebt, identifiziert er sich durch das, was er hat, denkt, weiß, darstellt, tut. Erst wenn er beginnt, an der Überwindung seines Ego zu arbeiten und Besitzgier, Standesdenken, Haltungen, Gewohnheiten usw. aufzugeben, gelingt es ihm, »die Besitzstrukturen in der eigenen Existenz (zu) überwinden« (a. a. O., S. 481) und eine Existenzverlagerung vom Haben zum Sein einzuleiten, an deren Ende ein neues Identitätserleben steht: »Ich bin nicht (mehr länger), was ich habe«, sondern »Ich bin, was ich bewirke« (im Sinne von nicht-entfremdetem Tätigsein) oder einfach: »Ich bin, was ich bin« (a. a. O., S. 483).

Dieser innerseelische Durchbruch vom Haben zum Sein, der idealiter in einer ego-transzendenten Identität mündet, bildet den theoretischen bzw. lebenspraktischen Kern jener Kunst des Seins, deren detaillierte Beschreibung Fromm in *Haben oder Sein* zwar angekündigt, aber entgegen seinen ursprünglichen Absichten nicht mit veröffentlicht hat. Die Gründe hierfür liegen vor allem im Aufstieg jenes religiösen Synkretismus, der seit den achtziger Jahren unter dem Topos »New Age« subsumiert wird und vor dessen partiell problematischen Richtungen Fromm als einer der ersten bereits Mitte der siebziger Jahre gewarnt hat. In den postum veröffentlichten Kapiteln im Umfeld von *Haben oder Sein* heißt es in diesem Sinne:

»Ich muß gestehen, daß ich sehr gezögert habe, dieses Kapitel zu schreiben, und sogar versucht war, es nachträglich wieder herauszunehmen (was er dann ja tatsächlich doch noch getan hat – Anm. V. F.). Der Grund für dieses Zögern liegt darin, daß auf diesem Gebiet fast keine Worte mehr übriggeblieben sind, die nicht vermarktet, verdorben oder mißbraucht worden sind« (E. Fromm, 1989a, GA XII, S. 403).

Tatsächlich sind die Editionslisten der Verlage mittlerweile gefüllt mit Publikationen, die sich mit »Selbsterfahrung«, »Selbstverwirklichung«, »Spiritualität«, »Transzendenz« und »Esoterik« beschäftigen und in denen »Mystiken« unterschiedlichster Couleur zum innerseelischen Heilsweg avancieren. Man kann vom »Chic des Mystischen« sprechen, der sich im Horizont postmoderner Selbstzweifel eingenistet hat. In Teilen erscheint die New-Age-Literatur wie ein Jahrmarkt der Obskuritäten. Neben Seriösem und Echtem findet sich viel Autosuggestion und Scharlatanerie. Fast hat sich damit der »Chic« schon in sein Gegenteil verkehrt, erscheint der Begriff der Mystik diskreditiert. Vieles, was im Zuge der New-Age-Bewegung mit dem Anspruch »mystischer« Gewißheit verbreitet wird, ist Ausdruck eines unreflektierten Eskapismus, Solipsismus und Irrationalismus (vgl. dazu H. Sebald, 1989, S. 313ff.; Ch. Schorsch, 1988; 1989, S. 345ff.). Mystik und Moderne erscheinen vor diesem Hintergrund ebenso als inkompatible Größen wie Spiritualität und Rationalität, Religiosität und gesellschaftliche Verantwortung.

Auch wenn Fromm vor dem Hintergrund dieser von ihm in großer Klarheit antizipierten Entwicklungen Bedenken hatte, falsch verstanden oder fälschlicherweise in Anspruch genommen zu werden, so sind doch gerade seine psychologisch-lebenspraktischen Empfehlungen für einen innerseelischen Durchbruch vom Haben zum Sein vollkommen unverdächtig, weil sie – ähnlich wie Eckhart oder der Zen-Buddhismus – nichts anderes in den Mittelpunkt stellen als den Aufruf zu einem lebenslangen Bemühen um die *Überwindung der eigenen Ego-Fixierung.* Damit unternimmt Fromm den bemerkenswerten Versuch, eine mystisch-religiöse Kernforderung zum Zentrum seiner humanistischen Ethik zu machen und auf diese Weise ein Stück weit die verdrängte spirituelle Dimension in den Horizont der Neuzeit zu integrieren, ohne deren aufklärerische Substanz preiszugeben.

Wider die Ego-Gesellschaft – Wege aus der ökologischen Katastrophe

Die Habenorientierung des modernen Menschen ist jedoch nicht nur ein individuelles, sondern auch ein gesellschaftlich bedingtes bzw. relevantes Phänomen, wie Fromm im Gegensatz zu den meisten New-Age-Apologeten weiß und in *Haben oder Sein* mit besonderem Nachdruck verdeutlicht. So hat der Durchbruch vom Haben zum Sein im Urteil Fromms eine doppelte Befreiung zur Voraussetzung – eine innere und eine äußere, eine individuelle und eine gesellschaftliche, eine »Befreiung des Menschen im klassisch-humanistischen wie auch im modernen politischen und sozialen Sinn« (E. Fromm, 1989a, GA XII, S. 400). Denn individuelle charakterologische Dispositionen stehen nach Fromm immer auch im Wechselverhältnis zum Gesellschaftscharakter. Aus dem Tatbestand, »daß beide Tendenzen im Menschen vorhanden sind: die eine, zu *haben*, zu besitzen (...); die andere, zu *sein*, die Bereitschaft zu teilen, zu geben und zu opfern«, schlußfolgert Fromm, daß »die Gesellschaftsstruktur und deren Werte und Normen darüber entscheiden, welche von beiden Möglichkeiten dominant wird. Gesellschaften, die das Besitzstreben und damit die Existenzweise des Habens begünstigen, wurzeln in dem einen menschlichen Potential; Gesellschaften, die das Sein und Teilen fördern, wurzeln in dem anderen. Wir müssen uns entscheiden, welches dieser beiden Potentiale wir kultivieren wollen« (E. Fromm, 1976a, GA II, S. 345).

Daß es sich bei dieser Entscheidung nicht um eine abstrakte gesellschaftsphilosophische Frage handelt, machen Fromms Schlußfolgerungen deutlich. Zweifelsohne leben wir heute in einer Gesellschaft, die sich in ihrem Kern dem Haben-Wollen verschrieben hat. Die katastrophalen Folgen dieser fehlgeleiteten Grundhaltung zeigen sich nirgendwo deutlicher als im ökologischen Bereich. Ob wir unseren Kindern eine Welt hinterlassen, die lebenswert ist, hängt wesentlich davon ab, ob wir gesellschaftlich die einseitige Orientierung am Haben abzubauen imstande bzw. bereit sind. Denn unsere Gesellschaft lebt auf Kosten zukünftiger Generationen. Das *Haben-Wollen* der modernen Industriegesellschaften und ihrer unzähligen Nacheiferer in der Zweiten und Dritten Welt verhindert das *Sein-Können* aller Nachgeborenen.

Erich Fromm hat diese singuläre menschheitsgeschichtliche Situation bereits Mitte der siebziger Jahre in aller Dramatik erkannt und durchdacht. Die sich anbahnende ökologische Katastrophe macht in seinem Urteil deutlich: »Richtig leben heißt nicht länger, nur ein ethisches oder religiöses Gebot erfüllen. Zum erstenmal in der Geschichte hängt das physische Überleben der Menschheit von einer radikalen seelischen Veränderung des Menschen ab.« (A. a. O., S. 279).

In der Frommschen Diagnose ist ein fundamentaler Wandel der menschlichen Grundwerte und Einstellungen im Sinne einer neuen Ethik und einer neuen Einstellung zur Natur die alleinige »Alternative zur ökonomischen und ökologischen Katastrophe« (a. a. O., S. 278). Im Durchbruch vom Haben zum Sein findet dieser Wandel im gesellschaftlichen Paradigmensystem seinen theoretischen wie praktischen Kern. Daß dieser von Eckhart in seinen innerseelischen Bedingungen in exemplarischer Weise vorgedacht wurde, begründet im Urteil Fromms die erstaunliche Aktualität des mittelalterlichen Mystikers und spirituellen Theologen – trotz der prinzipiellen Divergenz zwischen einem psychologisch-gesellschaftstheoretischen und einem theonom-ontologischen Grundansatz.

Literaturnachweise

Frederking, V., 1994: *Durchbruch vom Haben zum Sein. Erich Fromm und die Mystik Meister Eckharts*, Paderborn: Schöningh.
– (1998) »Philosophische Meisterstücke. Meister Eckharts Predigt ›Beati pauperes spiritu‹«, in: *Zeitschrift für Didaktik der Philosophie und Ethik*, Heft 1, Februar 1998, S. 56–64.
Fromm, E.: siehe die Nachweise am Ende des Bandes.
Funk, R., 1978: *Mut zum Menschen. Erich Fromms Denken und Werk, seine humanistische Religion und Ethik*, Stuttgart: Deutsche Verlags-Anstalt.
Hernandez, J. A., 1975: *Studien zum religiös-ethischen Wortschatz der deutschen Mystik. Die Bezeichnung und der Begriff des Eigentums bei Meister Eckhart und Johannes Tauler*, Berlin 1984.
Langer, O., 1987: *Mystische Erfahrung und spirituelle Theologie. Zu Meister Eckharts Auseinandersetzung mit der Frauenfrömmigkeit seiner Zeit*, München: Artemis.

Mieth, D., 1972: *Christus, das Soziale im Menschen. Texterschlie-
ßungen zu Meister Eckhart*, Düsseldorf: Topos.
- 1979: *Meister Eckhart*. Herausgegeben, eingeleitet und zum Teil
  übersetzt von Dietmar Mieth. Olten/Freiburg im Breisgau: Walter.
- 1980: »Meister Eckhart: Authentische Erfahrung als Einheit von
  Denken, Sein und Leben«, in: A. M. Haas und H. Stirnimann
  (Hg.) 1980: *Das ›einig Ein‹. Studien zur Theorie und Sprache der
  deutschen Mystik*, Fribourg: Universitätsverlag, S. 11–61.
- 1982: *Gotteserfahrung und Weltverantwortung. Über die christliche Spiritualität des Handelns*, München: Kösel.
Niles, B., 1985: »Über die Armut im Geiste. Zu Erich Fromms Eck-
hart-Interpretation«, in: *Zeitwende* 56 (1985). S. 156–172.
Quint, J. (Hg.) 1979: *Meister Eckhart. Deutsche Predigten und
Traktate*, Zürich: Diogenes.
Ruh, K., 1989: *Meister Eckhart: Theologe, Prediger, Mystiker*,
2. überarbeitete Auflage, München: Beck.
Schorsch, Ch.. 1988: *Die New-Age-Bewegung. Utopie und Mythos
der Neuen Zeit – Eine kritische Auseinandersetzung*, Gütersloh:
Bertelsmann.
- 1989: »Versöhnung von Geist und Natur? Eine Kritik«, in: H.-P.
  Dürr und W. Zimmerli (Hg.): *Geist und Natur. Über den Wi-
  derspruch zwischen naturwissenschaftlicher Erkenntnis und
  philosophischer Welterfahrung*, Bern/München/Wien: Scherz,
  S. 342–354.
Sebald, H., 1989: »New-Age-Spiritualität. Religiöse Synthese in der
westlichen Welt von heute«, in: H.-P. Dürr und W. Zimmerli
(Hg.): *Geist und Natur. Über den Widerspruch zwischen naturwissenschaftlicher Erkenntnis und philosophischer Welterfahrung*, Bern/München/Wien: Scherz, S. 313–341.

JÜRGEN HARDECK

Humanismus und Religion
Pluralismus der Wege, nicht der Werte

Von bürgerlichen und von postmodernen Verhältnissen

> »Wir treiben auf dem Ozean der Appetite, Erlebnisbereitschaft hat die Welt entgrenzt. Zwar haben die letzten Konservativen, ob Stoiker, Katholiken oder Preußen, sich Reste eines unzeitgemäßen Glaubens an den Geist ernster Missionen und objektiver Aufgaben bewahrt; die Mehrheiten sind längst zur glaubenslosen Internationalen der Endverbraucher konvertiert.«
>
> *Hans Magnus Enzensberger*

In Mode ist er zur Zeit nicht. Auf den ersten Blick scheint er für eine andere Zeit geschrieben zu haben, eine Zeit, die schon nicht mehr die unsere ist. Oberflächlich betrachtet könnte man meinen, der Psychoanalytiker und Sozialphilosoph Erich Fromm sei mit seiner, einem humanen Sozialismus entgegen steuernden sozialphilosophischen Theorie nach dem Scheitern des »real existierenden Sozialismus« historisch überholt. Aber er hat nie mit entsprechenden Staaten sympathisiert und hegte nie die Illusion, seine Ideale einer gerechteren und menschlicheren Welt würden dort vielleicht besser verwirklicht als anderswo. Spätestens seit den stalinistischen Prozessen der dreißiger Jahre machte er sich (wie viele Briefstellen und Aussagen aus seinen Schriften belegen) diesbezüglich keinerlei Illusionen. Es wäre also kurzsichtig und falsch, Fromms Ideale in Zusammenhang mit irgendeinem sich auf Marx berufenden Totalitarismus zu bringen und sie dadurch als nicht zukunftsfähig diskreditieren zu wollen. Die Frage, wie eine humane Gesellschaft aussehen könnte, ist nicht erledigt. Aber Utopien haben zur Zeit keine Konjunktur. Das läßt Fromm ein wenig veraltet aussehen.

In der Rückschau erscheint Fromm gar nicht mehr so sehr als ein revolutionäres Kind der bürgerlichen Gesellschaft, die es heute (fast) nicht mehr gibt, sondern eher wie ein geradezu typischer Vertreter der besten geistigen Ideale des Bürgertums. War aber Fromms Glaube, es ließe sich »blinde Selbstsucht in aufgeklärte Selbstliebe verwandeln, (...) auf ethischer Ebene die Relativierung der Werte und auf kognitiver Ebene die Schranken subjektiver Perspektiven überwinden« (P. Kondylis, 1991, S. 147), deshalb ein Glaube, der spezifisch an die bürgerliche Epoche gebunden war, wie Kondylis, ohne sich konkret auf Fromm zu beziehen, vermutet? Kondylis scheint mir insoweit Recht zu haben, als in unserer nachbürgerlichen, konsumorientierten Massendemokratie die Orientierung am Ideal der sittlichen Autonomie des Individuums einem weitverbreiteten postmodernen Relativismus gewichen ist. Nicht wenige »postmoderne« Theoretiker machen darüber hinaus eine Menge Fragezeichen hinter Versöhnungen und Begriffe, die für Fromm als typisch gelten können: Versöhnung von Natur und Vernunft, Geist und Materie, Norm und Trieb und Begriffe wie Person, Freiheit, Geist, Charakter und Bewußtsein.

Sie bekämpfen den angeblichen »Totalitarismus der Vernunft« ebenso heftig, wie Fromm (und andere) einst die »autoritäre Religion des autoritären Charakters«. »Die bürgerliche Weltanschauung bekannte sich zum Anthropozentrismus im Kampfe gegen den Theozentrismus der Theologie, und die analytisch-kombinatorische Denkfigur der Massendemokratie mußte ihrerseits den bürgerlichen Anthropozentrismus bekämpfen, dem weiterhin ein gutes Stück metaphysisches Substanzdenken anhaftete. Nicht der Mensch stirbt, sondern der Anthropozentrismus, genauso wie vorher der Theozentrismus abstarb« (P. Kondylis 1991, S. 290 f.). Mit dieser Feststellung trifft Kondylis einen zentralen Nerv Frommscher Aufklärung. Fromms unbefragte Prämissen kommen aus der Gedankenwelt des 19. und frühen 20. Jahrhunderts. Er strickte unbeirrt weiter an einer humanistischen Version einer der »großen Erzählungen«, welche die postmodernen Theoretiker allesamt für obsolet halten: einem links-hegelianischen, von Marx und Freud geprägten Existenzialismus, in dem das »wahre Selbst« des Menschen auf dem besten – wenn auch dialektischen und gefahrvollen – Weg zu sich selbst ist.

Diesem »wahren Selbst«, als letztem metaphysischen Rest von Substanz, gilt der postmoderne Angriff. Es gibt demnach den Menschen »an sich« überhaupt nicht, sondern nur ein zufälliges Produkt biologischer und gesellschaftlicher Kräfte namens Mensch. Eine für Fromm absolut inakzeptable Einstellung, die für ihn den Wert des Lebens und die Würde des Menschen grundsätzlich in Frage stellt. Die Hoffnung, das »unglückliche Bewußtsein« (Hegel) wäre jemals oder irgendwie zu erlösen, wäre dann dahin.

Fromm rettet die Substanz des Humanen durch einen konsequenten Naturalismus. In *Vom Haben zum Sein* (E. Fromm, 1989a, GA XII, S. 281) findet sich ein schönes Beispiel dafür: Er vergleicht den Menschen mit einem Rosenstock, der durch kulturelle Normen eine Chance zur optimalen Entfaltung der in ihm wohnenden Möglichkeiten erhält – allerdings nur in dem Maße, wie diese Normen den wahren Bedürfnissen des Menschen entsprechen. Fromm geht, wie Abraham A. Maslow und viele andere Vertreter der humanistischen Psychologie bzw. humanistischen Psychoanalyse, davon aus, daß es eine dem Menschen innewohnende Tendenz zum Wachsen gibt, ein inneres Bedürfnis, sich weiterzuentwickeln und den jeweils erreichten Entwicklungsstand zu tranzendieren. (Daher wird er auch gern als Kronzeuge in der Erwachsenenbildung zitiert.)

Neben den elementaren biologischen Bedürfnissen nach Nahrung, Schlaf und Sexualität hat der Mensch ebenso wichtige psychische Bedürfnisse, von denen seine Gesundheit, das heißt sein körperliches, geistiges und seelisches Wohl-Sein abhängt. Dazu zählen: das Bedürfnis nach einem Orientierungsrahmen (Sicherheit, Orientierung, Ordnung, Geborgenheit und Schutz), nach Bezogenheit auf andere (Liebe, Freundschaft, Zuneigung, Kontakt, Beziehungen, Zugehörigkeit zu einer Gruppe), die Bedürfnisse nach Selbstachtung und Identität, nach der Anerkennung durch andere, nach sozialem Prestige, nach Selbstverwirklichung und Weltverständnis und – nicht zuletzt – nach einem Objekt der Hingabe.

Fromm beschrieb die Ausgangssituation des Naturwesens Mensch, das die Natur übersteigt, indem es reflektierend seine eigene Leiblichkeit und die Umwelt als von ihm geschiedene Größe erlebt, als höchst problematisch und gefährdet. Der Mensch befindet sich in einer psychischen Situation der Heimatlosigkeit, Isolation und Zerrissenheit, die er nicht ertragen kann. Der brennende Wunsch, die Subjekt-Objekt-Spaltung zu überwinden, treibt ihn vorwärts, hin auf das Ziel: wieder mit sich und der Umwelt eins sein zu können. Die Notsituation zwingt ihn, schöpferisch tätig zu werden, sie ist der Motor der Menschheitsentwicklung. Der Leidensdruck, die Ängste und die Unreife des Individuums verleiten dieses zu vorschnellen (Schein-) Lösungen, die es in Abhängigkeiten bringen, welche wiederum dafür sorgen, daß es seine Entwicklungsmöglichkeiten nicht ausnutzt, sich oder anderen zur Gefahr wird, kurz: seelisch nicht vollständig zur Welt kommt. Die Menschheitsgeschichte ist die Geschichte dieser Wege und Irrwege, und die höchsten Werte der Religionen und Kulturen bezeichnen die Strategien, die man verfolgt, um erfolgreich mit sich selbst und der Welt eins sein zu können. Friedrich Nietzsche – der hellsichtigste aller Religionskritiker – brachte es auf den Punkt: »Die Praxis des Christentums ist keine Phantasie, so wenig wie die Praxis des Buddhismus: sie ist ein Mittel, glücklich zu sein« (F. Nietzsche, 1980, S.162).

Für Fromm steht fest: Der Mensch hat nur die eine Chance, mit der Entwicklung seiner Vernunftbegabung und Liebesfähigkeit seine inneren Widersprüche wirklich zu lösen. Dies geschieht niemals theoretisch oder durch die Annahme bestimmter Glaubenslehren oder Vorstellungen über die Welt; diese sind sekundär – es kann nur in der Lebenspraxis geschehen!

Fromms Humanismus geht von einer allen Menschen zu allen Zeiten gemeinsamen Natur aus. Das *Wesen des Menschen* läßt sich in dem oben beschriebenen Sinne ansatzweise als die Summe seiner existentiellen Widersprüche und seiner physischen und psychischen Bedürfnisse beschreiben. Diese sind – bei aller Zeitgebundenheit und unterschiedlichem kulturellen Kontext in ihrer Ausformulierung und in der Realisierung durch den Menschen – eben nicht an eine historische Epoche gebunden, sondern (relativ) zeitlos und universal. Ein Blick auf die Lehren der Philosophen und Religionsstifter genügt, um die großen Gemeinsamkeiten und die Kontinuität des Humanismus seit der Achsenzeit vor 2500 Jahren deutlich zu machen. Diese Kontinuität wird auch das bürgerliche Zeitalter überstehen, auch wenn wir noch manche überraschende Entdeckungen über uns selbst machen werden. Eine grenzenlose Anpassungsfähigkeit des Menschen gibt es nicht.

Fromms Aussage, je mehr der Mensch sich selbst als Autor seines Lebens erfahre, desto geringer die Ängste, die Abhängigkeiten, die Entfremdung, ist zu ergänzen durch seine eigene Frage, wie gesund der einzelne sein kann, wenn die Gesellschaft krank ist? Denn niemand entkommt dem ihn prägenden *Gesellschafts-Charakter*, das heißt den Prägungen durch die grundlegenden Erfahrungen jener

Gemeinschaft, in der er aufwächst, die ihm durch deren Mitglieder (Eltern, Freunde, Priester, Lehrer, Medien etc.) vermittelt werden. Um wirklich frei zu werden, muß er sich nach und nach von allen primären und symbiotischen Bindungen innerlich lösen. Ein anspruchsvolles Programm! Nicht gerade etwas für Mehrheiten.

Fromms immer wiederkehrende Formulierung, »die Gesellschaft« verhindere, bewirke, unterdrücke etc., hat den angenehmen Effekt, den einzelnen von einer übergroßen Verantwortung für seine eigene Unvollkommenheit zu entlasten. Ich halte seinen viel kritisierten Optimismus, der ihn veranlaßt, trotz aller gegenläufigen Tendenzen seinen Millionen Lesern Hoffnung auf ihre Selbstwerdung zu machen, für eine »Oberflächlichkeit aus Tiefe« (Nietzsche), für eine lebenskluge Pädagogik. Selbstverständlich ist das Ziel nur ein Stück weit zu realisieren – und man kann auch scheitern. Gleichzeitig nährt Fromm bei seinen Lesern die Bereitschaft, an einer humanen Veränderung der Gesellschaft aktiv mitzuwirken, da der »wahre Mensch« erst bei geänderten gesellschaftlichen Verhältnissen eine echte Chance zur Entfaltung erhält. Aber dieser Teil seiner Botschaft stößt gegenwärtig eher auf Skepsis, nicht nur wegen des gescheiterten Sozialismusexperiments, sondern auch wegen des grundlegend veränderten Gesellschafts-Charakters der Gegenwart.

Fromm erkannte frühzeitig, was sich als neue Gefahr entwickelt: Daß sich die offene repressive Autorität in eine unsichtbare Autorität verwandelt, die sich »als gesunder Menschenverstand, als Wissenschaft, als psychische Gesundheit, als Normalität oder als öffentliche Meinung« tarnt und »keinerlei Druck auszuüben, sondern nur sanft überreden zu wollen scheint« (vgl. E. Fromm, 1941a, GA I, S. 315). So zeigte er sich bei wachsendem und immer weiter verbreiteten Wohlstand der westlichen Industriegesellschaften nicht froh und erleichtert über die Fortschritte im Kampf gegen den »autoritären Charakter«, sondern zunehmend besorgt über eine Entwicklung, die er gerne auf die Formel brachte, daß die Frage heute nicht mehr die des 19. Jahrhunderts sei, ob Gott tot sei, sondern die, ob der Mensch tot sei. Kritiker wie Kondylis bemerken dazu, daß »die Rede vom Ende ›des‹ Menschen nur bedeuten (kann), daß ein bestimmtes Menschenbild, das in einem bestimmten Zeitalter bei bestimmten Kulturträgern vorherrschte, seine Kraft und Wirkung verloren hat oder daß die Problematik des Menschen überhaupt nicht mehr im Mittelpunkt des geistigen Interesses steht. Das bürgerliche Menschenbild und der bürgerliche Anthropozentrismus können in der Tat tot sein, das besagt aber bloß, daß sich die Feinde dieser Auffassungen ideologisch durchgesetzt haben« (P. Kondylis, 1991, S. 290). Sollten sich die Feinde dieser Auffassung tatsächlich durchgesetzt haben?

Unsere heutige Überflußgesellschaft, eine Gesellschaftsform, die erstmals in der menschlichen Geschichte die Überwindung der Knappheit der Güter für (fast) alle ihre Mitglieder erreicht hat, zeigt tiefgreifende Wirkungen auf die menschliche Psyche und die Gestaltung des sozialen Lebens. Aus dem Bürger wurde der Konsument, dem Konsumgüter in immer größerem Umfang zur Verfügung gestellt werden; der vernünftige Umgang damit ist sein alltägliches Problem. Indem sich der einzelne mit allen möglichen Geräten ausstatten und sich allein versorgen, informieren, amüsieren und bewegen kann, wird er selbständiger und benötigt den Kontakt mit anderen immer weniger, oder zumindest kann er ihn leichter entbehren. Die Auswirkungen auf Ehe und Familie, die veränderte Einstellung zu Arbeit, Freizeit usw. dürfen als bekannt vorausgesetzt werden. Auch die Frage nach gesellschaftlicher Rolle und Identität stellt sich heute für die Mehrheit der Menschen häufiger und dringlicher. Viele Entscheidungen werden dem einzelnen abgefordert, wenige Biographien verlaufen noch in tradierten und weitgehend selbstverständlichen Bahnen. Und doch wird alles immer gleicher, immer angepaßter, denn der Konformismus hat sich perfekt als Individualismus getarnt. Es gibt heute viele Möglichkeiten – aber (scheinbar) keine Alternativen mehr.

Fromm hatte recht: Man kann in einer Marketing-Gesellschaft eigentlich keinen Charakter mehr gebrauchen. Man muß flexibel sein, man muß mobil sein, man muß für alles offen sein, sich allem anpassen können, man muß sich nämlich verkaufen können, man muß nämlich erfolgreich sein, man muß nämlich mitmachen! Eine Ohnmacht und Ratlosigkeit hat sich breitgemacht, die in keinem rationalen Verhältnis zu unseren realen Möglichkeiten steht.

Dazu kommt, daß sich nicht-materielle Werte bei weitem nicht in dem Maße ausgebreitet haben, wie es in den siebziger Jahren, Fromms letzter Schaffensperiode, noch zu erhoffen war. »Haben oder Sein« – das ist für viele gar nicht mehr die Alternative. Sie wollen entweder beides und zwar sofort – oder im Zweifel erst einmal »Haben«. Statt Selbstdisziplinierung bzw. Selbstüberwindung (als Durchsetzung des »wahren oder eigentlichen Selbst«) dominieren hedonistische Einstellungen, verbunden mit einem Wertepluralismus oder ethischer Gleichgültigkeit und starken Selbstentfaltungstendenzen, die als Selbstverwirklichung mißverstanden werden. Wiewohl dies durchaus positive Seiten hat, weil dadurch das Autoritäre im alten Sinne weitgehend verschwunden ist, erkannte Fromm in dieser Entwicklung frühzeitig die Gefahr einer erneuten »Flucht vor der Freiheit«, diesmal nicht ins Autoritäre, sondern in die narzißtische Selbstsucht.

Narzißmus und Regression – das waren für Fromm die Feinde schlechthin. Obwohl kein solcher Rationalist wie Freud, teilte er doch sehr stark das aufklärerische »Ich-Ideal« des Begründers der Psychoanalyse. Kritiker warfen Fromm vor, er habe allzuoft Erbauung statt Wissenschaft geliefert, weil er eine starke Tendenz hatte, Gegensätze als aufeinander bezogene Polaritäten aufzufassen und so zu harmonisieren und zu entschärfen. Wahr ist: Er trat zwar entschieden für einen Pluralismus der Wege, nicht aber der Werte ein! Das trennt ihn abgrundtief vom Zeitgeist des »anything goes« der Gegenwart.

Über Religion und Religiosität

> »Der Fromme von morgen wird ein Mystiker sein,
> einer der etwas erfahren hat, oder er wird nicht mehr
> sein.«
>
> *Karl Rahner*

Das Thema Religion nimmt im Werk Fromms einen umfangreichen und bedeutenden Raum ein. Es füllt nicht nur einen Band in der zwölfbändigen Gesamtausgabe, mit Schriften, die von *Die Entwicklung des Christusdogmas* (1930a) über *Psychoanalyse und Religion* (1950a) und *Psychoanalyse und Zen-Buddhismus* (1960a) bis zu *Ihr werdet sein wie Gott* (1966a) reichen. Es gibt auch sonst kaum eine Veröffentlichung Fromms, in der er nicht auf Religion und Vorbilder aus den religiösen Traditionen der Menschheit Bezug nimmt, ganz besonders intensiv natürlich in seinen populärsten Schriften *Die Kunst des Liebens* (E. Fromm, 1956a, GA IX) und *Haben oder Sein* (E. Fromm, 1976a, GA II). Obgleich er sich in allen Lebensphasen mit religiösen Fragen beschäftigte, hat er sich niemals systematisch mit dem Thema befaßt, selbst die unter dem Titel *Psychoanalyse und Religion* (E. Fromm, 1950a, GA VI) veröffentlichten Vorlesungen umkreisen nur das Thema, zu dem Fromm einiges zu bieten hat.

Zum Beispiel seine Definition von Religion als »jedes von einer Gruppe geteilte System des Denkens und Handelns, das dem einzelnen einen Rahmen der Orientierung und ein Objekt der Hingabe bietet« (E. Fromm, 1976a, GA II, S. 365). Damit entwirft er eine neue psychologische Perspektive für das schillernde Phänomen, das noch durch keine einzige Definition allein auf den Begriff gebracht werden konnte. Er verzichtet bewußt auf eine Trennung von heiliger und profaner Wirklichkeit, von religiöser und nicht-religiöser Sphäre, denn für Fromm gibt es nur *eine* Welt und nur *eine* menschliche Psyche, über die er sinnvollerweise Aussagen machen kann. Und er spricht mit dieser sozialpsychologischen Definition die Grundwahrheit aus, daß die wahre Religion eines Menschen nicht identisch sein muß mit seinem Bekenntnis (»Oft ist ihm der wahre Gegenstand seiner Hingabe gar nicht bewußt und er verwechselt seine ›offizielle‹ Religion mit seiner wahren, wenn auch geheimen Religion«, a. a. O., S. 366); sie ist vielmehr identisch mit dem, woran er sich orientiert und woran sein Herz hängt.

Aus dem Gesagten folgt, daß jeder Mensch notwendigerweise eine Religion hat – und daß auch keine Gesellschaft der Zukunft, Gegenwart oder der Vergangenheit ohne Religion vorstellbar ist, denn Religion gehört zu den seelischen Grundbedürfnissen des Menschen. Manche Kritiker unterstellten Fromm eine unzulässige Ausdehnung des Religionsbegriffs; mir scheint diese Definition aber außerordentlich plausibel. Eher müßte man anderen eine reduktionistische Einengung des Religionsbegriffs attestieren. Wie oberflächlich ist es, die nominelle Zugehörigkeit oder ein Lippenbekenntnis als Maßstab gelten zu lassen! Nicht nur für die Religionswissenschaft ist Fromms Definition außerordentlich hilfreich, auch wenn sie bislang viel zu wenig berücksichtigt wurde.

Da für Fromm die Frage nun nicht mehr lautet, *ob* Religion oder ob nicht, kann sie nur noch lauten: *welche Art* von Religion habe ich vor mir? Dabei unterscheidet er die Haltungen, die innerhalb einer konkreten Religion anzutreffen sind: Ist es (idealtypisch gesprochen) eine autoritäre oder humanistische, eine matriarchalische oder patriarchalische, eine theistische oder eine nicht-theistische Religion? Fromms langjähriges Hauptthema war der Kampf gegen den *autoritären Charakter* und dessen Religion, die in der Unterwerfung unter eine Macht außerhalb seiner selbst, die er als höhere Macht interpretiert, ihr wesentliches Kennzeichen hat. Das Numinose (das heißt das Heilige abzüglich seines rationalen und sittlichen Moments), nach dem Religionswissenschaftler Rudolf Otto der Kern aller Religion, ist für Fromm »nur« der Kern der »autoritären Religion«, eine Unterdrückung bzw. Selbstentfremdung des Menschen, bei der es in Wahrheit um Macht statt um Liebe, um irrationale Leidenschaften statt um Vernunft, um Unterwerfung statt um Freiheit geht. Leider handelt es sich dabei um die vorherrschende Form von Religion zu allen Zeiten, weil nur wenige Menschen so frei und so stark waren, sich aus dem Joch der psychischen Unterdrückung und aus ihrer eigenen Irrationalität zu befreien.

Hier wich Fromm insofern von Freud ab, als er ihm vorwarf, ausschließlich das wahrgenommen zu haben, was er »autoritäre Religion« nannte – und die humanen und konstruktiven Elemente in der Religion ganz übersehen zu haben. Er nahm aber von der Freudschen Religionskritik deshalb kein Wort zurück. Fromm bekämpfte nur jene Projektionen, die er für schädlich hielt. Humanistische Projektionen, die dazu verhelfen könnten zu wachsen und besser, freier, glücklicher zu werden, begrüßte und unterstützte er.

Er untersuchte die Geschichte der Religionen unter dem Aspekt, wieweit in ihnen *autoritäre* bzw. *humanistische* Tendenzen vorherrschen. Seine Prämissen sind klar: Humanistische Religion wird den Menschen nicht geringschätzen, seine Entwicklungsmöglichkeiten nicht zu hemmen suchen. Sie wird niemanden ausgrenzen wollen. Sie wird keine Tabus aufstellen, die die Vernunft beschränken, sondern die Selbst- und Welterkenntnis nach Kräften fördern. Sie wird die Natur und das Natürliche – sofern an eine jenseitige Welt geglaubt wird – nicht abwerten; »Ehrfurcht vor dem Leben« (Albert Schweitzer) ist der höchste Wert der humanistischen Religion. Zahlreiche positive Beispiele konnte er finden: zum Beispiel im frühen Buddhismus, im Zen, im Taoismus, bei den jüdischen Propheten und einigen Talmudrabbinern, im Urchristentum und bei großen Persönlichkeiten wie Buddha, bei Sokrates, Jesus, Meister Eckhart, Spinoza, Goethe und Albert Schweitzer.

An solchen Beispielen sollten wir uns orientieren, solchen Vorbildern folgen. Vorbilder spielten übrigens für ihn selbst eine sehr große Rolle, wobei man die zunächst überraschende Entdeckung machen wird, daß es fast ausschließlich *jüdische Vorbilder* sind.

Fromm selbst stammt aus einer orthodox jüdischen Familie, die mehrere bedeutende Rabbiner zu ihren Vorfahren zählte. Von Jugend an faszinierten ihn die biblischen Propheten, besonders Jesaja, Deuterojesaja und Amos mit ihrer furchtlosen Herrschaftskritik, ihrer messianischen Zukunftshoffnung und ihrem unermüdlichen Kampf gegen den Götzendienst. Die Praxisorientiertheit und Toleranz sowie die grenzenlose Hochachtung des menschlichen Lebens bewunderte er bei den sogenannten »linken« Talmud-Rabbinern. Intensiv hat er sich mit der »negativen Theologie« und dem aristotelischen Rationalismus des großen mittelalterlichen Denkers Moses Maimonides beschäftigt, der nicht nur die jüdische Religionsphilosophie, sondern auch den von Fromm verehrten Meister Eckhart stark beeinflußt hat. Den zu Lebzeiten verketzerten Philosophen Baruch de Spinoza schätzte er als Vordenker einer wissenschaftlichen Ethik, als Psychologen und Mystiker. Karl Marx war für ihn der adäquate Vertreter eines messianischen Denkens in der Neuzeit. Daß Vernunft und Sittlichkeit untrennbar zusammengehören und in der jüdischen Tradition die Entwicklung hin zu einer universalen Humanitätsidee zu sehen ist, lernte er aus den Büchern des deutschjüdischen Philosophen Hermann Cohen, die ihm durch seinen geliebten Talmudlehrer Nehemia Nobel vermittelt wurden. Nobel wirkte – wie sein späterer verehrter Lehrer Salman B. Rabinkow – als großer Gelehrter und überzeugender Mensch stark auf ihn ein. Alfred Weber, seinen Doktorvater in Soziologie, bei dem er über *Das jüdische Gesetz* (1922) promovierte, bezeichnete er als den einzigen Universitätslehrer, bei dem er etwas gelernt habe.

Die Zuwendung zur *Psychoanalyse* Sigmund Freuds wurde das entscheidende Erlebnis seines Lebens. Fromm vertrat das psychoanalytische Weltbild in Bezug auf das Verhältnis von Unbewußtem und Bewußtem und teilte die psychoanalytische Skepsis gegenüber allen Rationalisierungen lebendiger Erfahrung. Daher legte er, bei aller Kritik an Freuds mechanistischem Menschenbild, seinem Rationalismus und seiner Libidotheorie, doch stets großen Wert darauf, in der Tradition der Psychoanalyse zu stehen. Er kann meines Erachtens sogar als einer von Freuds wahren Erben gelten, vor allem was die sozial- und kulturphilosophischen Schriften *Die Zukunft einer Illusion* und *Das Unbehagen in der Kultur* angeht, denn er hat Freud konstruktiv weitergedacht, während den meisten orthodoxen Freudianern leider nichts weiter einfiel, als die Worte ihres Meisters nachzubeten.

Als praktizierender Psychoanalytiker gehörte Fromm mit vielen jüdischen Kollegen 1930 zum »Berliner Institut«, arbeitete dann als Dozent am Frankfurter »Institut für Sozialforschung« Max Horkheimers, mit dem zusammen er in die Emigration ging, und der (wie der Briefwechsel zeigt) für ihn bis zum Bruch im Jahre 1939 in vielen Fragen eine Autorität darstellte. Bis fast zu seinem vierzigsten Lebensjahr befand er sich in einem durch und durch jüdisch geprägten intellektuellen Umfeld. Fast alle seine Vorbilder, Lehrer und Freunde waren Juden. Kein Wunder also, daß er – von seinem ethischen Personalismus über seine Betonung der Orthopraxie bis zu seinem unmetaphysischen, zukunftorientierten Messianismus – lebenslang ganz stark von jüdischen Denk-, Ethos- und Lebensformen durchdrungen blieb, die er jedoch, wie Rainer Funk treffend formulierte, »universalisierte und damit kommunikabel machte« (R. Funk, 1988, S. 13).

In Fromms Persönlichkeit findet sich eine eigenwillige Mischung von Mystik und Prophetie, was dazu führt, daß er mystische Religionsformen nicht sauber von prophetischen unterscheidet. Seine immer wieder geäußerte Formulierung, Ziel des Menschen sei das erneute »Eins-Sein mit der Welt«, macht deutlich, daß seine Weltablehnung (in dem Zustand, in dem sie ist) in Wahrheit eine Weltzuwendung ist (nämlich zu einer Welt, wie sie idealerweise sein sollte), und in gar keiner Weise eine Weltabwendung. Nicht Rückzug von der Welt, wie bei den Mystikern der Religionen, sondern eine *bessere Gestaltung* der Welt durch Liebe, Vernunft und schöpferisches Tätigsein war sein Programm. Fromms eigene Mystik ist eine Form von Welteinheitsmystik oder Weltfrömmigkeit. Aber die Sehnsucht nach einer erfüllten Endlichkeit ist viel bescheidener als die Hoffnung auf ewige Glückseligkeit, die nur durch eine andere Wirklichkeit, ein Jenseits möglich ist, an das Fromm nicht glaubte.

Fromms Unterscheidung von *theistisch* und *nicht-theistisch* ist irreführend und bezüglich der konkreten Religionen, zum Beispiel des Buddhismus, falsch. Denn der Buddhismus – auch der frühe – kennt sehr wohl »einen spirituellen, den Menschen transzendierenden jenseitigen Bereich« (E. Fromm, 1956a, GA IX, S. 482), ist also nach Fromms Begriffsgebrauch theistisch. Er interpretiert den Buddhismus jedoch als nicht-theistisch. Der Begriff ist nicht glücklich gewählt. Es geht Fromm eigentlich darum, ob eine *metaphysische Wirklichkeit* angenommen wird oder nicht. Menschen, die ein ethisch verantwortliches und erfülltes Leben geführt haben, ohne eine Gottesvorstellung und ohne an ihre persönliche Unsterblichkeit geglaubt zu haben, gab es wohl schon immer, aber erst die Religion nach der Aufklärung kennt eine weitverbreitete »Religiösität ohne Gott«.

Geht es gegenwärtig um Fragen der Religion, ist Fromm ein heimlicher, aber häufig nur am Rande oder gar nicht genannter »spiritus rector«, wie zum Beispiel in Eugen Drewermanns Unterscheidung von autoritärer und humanitärer (statt humanistischer) Religion oder in Pater Rupert Lays Ethikkursen für Manager. Ich möchte die fruchtbare Wirksamkeit und Aktualität Frommscher Gedanken abschließend an einem einzigen Beispiel, und zwar an Eugen Drewermanns Werk, verdeutlichen, das auf brillante Weise zeigt, wie die Tiefenpsychologie helfen kann, religiöse Bilder und Symbole besser zu verstehen.

Fromm spielt in Drewermanns ersten Veröffentlichungen – im Gegensatz zu Freud und Jung – noch eine sehr geringe Rolle, obgleich Fromms *Furcht vor der Freiheit* (1941a, GA I) Drewermann wertvolle Ergänzungen zur Analyse der elementaren Daseins-Angst des Menschen, der sich in seiner Kontingenz und Nichtigkeit erkennt, hätte liefern können.

Nur langsam beginnt Drewermann Fromm zu rezipieren, zuerst die frühe freudianische Schrift über das Christusdogma. Er verarbeitet die Ergebnisse von Fromms Studie intensiv in mehreren Büchern, stimmt Fromm sehr weitgehend zu, vor allem in der Feststellung, daß der Katholizismus die verhüllte Rückkehr zur Religion der großen Mutter vollzogen habe, die Jahwe besiegt hatte – und daß der strenge Vatergott erst durch den Protestantismus wieder die Oberhand gewonnen habe. Wie Fromm erkennt Drewermann die Ambivalenz dieses Phänomens für die seelische Entwicklung des abendländischen Menschen.

Märchen Mythen Träume (1951a, GA IX) wurde die nächste von Drewermann häufig benutzte Schrift Erich Fromms. Allerdings blieb bei ihm lange Zeit eine deutliche Reserviertheit gegenüber Fromm spürbar, vermutlich weil er in der sozialpsychologischen Wendung der Psychoanalyse eine Auflösung der Religion als ein Phänomen sozialer Pathologie befürchtete (vgl. E. Drewermann, 1984, S. 156). Erst ab der zweiten Hälfte der achtziger Jahre findet in seinen Büchern eine gründliche Auseinandersetzung mit Fromm statt.

Drewermann greift gemeinsam mit Fromm das alte Anliegen der

mittelalterlichen Mystik und der jüdischen Tradition wieder auf, daß der Mensch frei werden müsse, ledig von allem, selbst noch von Gott – um Gottes Willen. Denn beim Götzendienst oder bei der Idolatrie überträgt der Mensch einen Teilaspekt seines eigenen Wesens, seiner Leidenschaften und Eigenschaften, auf sein Idol. Er selbst verarmt dabei und fesselt seine Entwicklungsmöglichkeiten durch seine Unterwerfung. Mit Hilfe einer Idolatrie eine Identität zu finden und dauerhaft zu sichern, ist jedoch die größte – stets und immer vorhandene – Versuchung für einen Menschen. Daher geht der Kampf gegen den Götzendienst auch niemals zu Ende.

Fromm und Drewermann möchten helfen, heilen, trösten und ermutigen. Sie sind wahre »Seel-sorger«, weil sie die Ängste und Nöte der Menschen besser verstehen als ihre priesterlichen und wissenschaftlichen Kollegen, sie ernst nehmen, anstatt über sie hinweg zu dozieren und zu moralisieren. Beide wissen: Die Worte des religiösen Heils sind Worte der seelischen Heilung – aber nicht dadurch, daß sie richtig geglaubt, sondern nur wenn sie lebendig erfahren werden.

Drewermann bestätigt, ja er betont sogar noch stärker als Fromm selbst den Zusammenhang zwischen Patriarchat und Haben-Orientierung. Fromm sah in der Befreiung der Frauen von patriarchalischer Herrschaft »eine fundamentale Voraussetzung der Humanisierung der Gesellschaft« (E. Fromm, 1976a, GA II, S. 406). Er wurde andererseits nicht müde darauf hinzuweisen, daß es um eine Befreiung *beider* Geschlechter gehen müsse; was richtig und gut zwischen Menschen überhaupt sei, müsse auch für die Beziehung von Mann und Frau gelten. Dadurch widmete er geschlechtsspezifischen Perspektiven zu wenig Aufmerksamkeit.

Ebenso wie in der Ablehnung jeder Form von autoritärer Religion ist Drewermann einig mit Fromm in der Diagnose, daß *religiöser Fanatismus* einem »Gruppennarzißmus«, gespeist aus Mangel an wirklicher Befriedigung im Leben und tiefen Minderwertigkeits- und Schuldgefühlen des einzelnen, entspringt. Den scharfen Gegensatz zwischen Prophet und Priester, den Fromm schildert, hat Drewermann nicht nur am eigenen Leibe schmerzlich erfahren müssen, er hat in seinen *Klerikern* die Deformationen der Persönlichkeit, all die neurotischen und psychotischen Gefahren des Klerikers so meisterhaft beschrieben, daß es Fromm gewiß beeindruckt hätte.

Beiden ist gemeinsam, daß sie in den Bildern, Symbolen und Gleichnissen der Religion in erster Linie *innerpsychische, nicht ob-*

jektive Wirklichkeit ausgedrückt sehen, im Sinne einer »humanistischen Projektion«, als notwendiger und legitimer Selbstentwurf des Menschen. Das Reich Gottes ist für Fromm wie für Drewermann – was immer es sonst noch ist – zunächst einmal das, was Nietzsche bereits festgestellt hat: ein Zustand des Herzens.

Ein fundamentaler Unterschied bleibt jedoch bestehen: Im Unterschied zu Fromm sieht Drewermann weiterhin Gott als die auschließliche Hoffnung zur Überwindung der elementaren Lebens-Angst und als den einzigen »Garanten menschlicher Freiheit« (Fromm). Deshalb spricht Drewermann, obgleich bei seiner Begriffswahl anscheinend unmittelbar von Fromm angeregt, auch lieber von »humanitärer Religion« als von »humanistischer Religion«, wie Fromm.

Für Fromm war das herausragende historische Verdienst der Gottesidee, daß sie dem Menschen die Kraft geben kann, sich von allen Unterwerfungen und Abhängigkeiten von weltlichen Mächten zu lösen. Er sah in ihr aber, ganz und gar in der Feuerbachschen Tradition der Religionskritik stehend, eine menschliche Projektion, die man dann, wenn man sie durchschaut hat, nicht länger aufrechterhalten kann. Eugen Drewermann schreibt dazu klar und deutlich:

»Fromm erkennt zwar den sittlichen Wert der religiösen Visionen an, aber er glaubt nicht an die konkreten Ausdrucksformen einer bestimmten gelebten Religion, und so bleibt er bei einer Vernunftreligion Kantischer Prägung stehen, die ungleich weiser und toleranter, aber nicht weniger ohnmächtig ist als die des Begründers des deutschen Idealismus« (Drewermann 1992, S. 346).

Selbstverständlich ist Fromms Interpretation religiöser Quellen selektiv und nur aus der Perspektive eines radikalen Humanismus vollständig nachvollziehbar. Fromms Ideal, ein Mensch, der innerlich unabhängig ist von allen symbiotischen Bindungen (an Mutter und Vater, Blut und Boden, Rasse, Klasse, Kirche oder Partei, allem Konsum und jeder Sucht), ist in letzter Konsequenz eine Utopie. Dessen war sich Fromm bewußt. Diese Freiheit aus eigener Kraft erreichen zu wollen, erscheint allen Theologen dieser Welt als hybride Selbsterlösung, ja Selbstvergöttlichung des Menschen. Die Frage, ob das moderne aufgeklärte Bewußtsein die Welt besser versteht als das metaphysisch-religiöse, bleibt – im Sinne eines schlüssigen Beweises – unentscheidbar. Wir haben jedoch keine Wahl: Haben wir erst einmal vom Baum der Erkenntnis gegessen, gibt es kein Zurück. Das immer wieder vorgebrachte Argument, man müsse von Gott her denken, nicht vom Menschen und seinen Bedürfnissen, ist und bleibt dann eine unrealistische Option, weil wir das dann gar nicht (mehr) können. Das Humane und die Fähigkeit zur Vernunft teilen alle Menschen, Glauben oder eine eigene religiöse Erfahrung kann man nicht zwingend voraussetzen. Verständigung ist daher nur über die Vernunft erreichbar.

Hans Küng, auch einer, der bei aller kritischen Distanz zu Fromm von ihm (und anderen) zu lernen bereit war, bemüht sich in den letzten Jahren mit seinen unterstützenswerten Weltethos-Initiativen nicht nur um den Dialog der Religionen, sondern auch um den ebenso wichtigen, ernsthaften Dialog der Gläubigen und der Ungläubigen miteinander – um des Weltfriedens willen.

Ob allerdings Vernunft und Liebe eine realistische Chance haben, ob die Menschenrechte zukünftig besser respektiert werden als bislang, bleibt eine offene Frage. Leider gibt es gute Gründe, diesbezüglich skeptisch zu sein. Huntingtons Szenario eines möglichen »Kampfes der Kulturen« ist eine realistische Gefahr für die Zukunft, wie Bosnien und Kosovo unlängst wieder gezeigt haben. Ich hoffe, das 21. Jahrhundert wird mehr auf die Stimme des großen Humanisten Erich Fromm hören als auf die derjenigen, die das Wohlsein des Menschen auf dem Altar irgendeines ideologischen Götzen zu opfern bereit sind.

Literaturnachweise

Drewermann, E., 1978: *Strukturen des Bösen.* 3 Bde. Paderborn: Schöningh.
– 1984–85: *Tiefenpsychologie und Exegese.* 2 Bde. Olten: Walter.
– 1991: *Kleriker. Psychogramm eines Ideals.* München: Deutscher Taschenbuch Verlag.
– 1992: *Die Spirale der Angst.* Freiburg: Herder.
Enzensberger, H. M., 1998: *Mittelmaß und Wahn. Gesammelte Zerstreuungen*, Frankfurt: Suhrkamp.
Fromm, E.: siehe die Nachweise am Ende des Bandes.
Funk, R., 1988: »Die jüdischen Wurzeln des humanistischen Denkens von Erich Fromm«, Manuskript.

Kondylis, P., 1991: *Der Niedergang der bürgerlichen Denk- und Lebensform.* Weinheim.

Nietzsche, F., 1980: *Nachgelassene Fragmente 1887–1888,* in: *Sämtliche Werke* Bd. 13, München.

Rahner, K., 1966: »Frömmigkeit früher und heute«, in: *Schriften zur Theologie,* Band VII. Einsiedeln: Benziger.

JAN DIETRICH

Religion und Gesellschafts-Charakter

»Was Paul über Peter sagt, verrät uns mehr von Paul als von Peter.« Warum zitiert Fromm diesen Satz von Spinoza? Warum zitieren wir ihn? Vor allem: Was hat Paul mit Religion zu tun? – Die Psychoanalyse interessiert sich für die verschiedenen Äußerungen der Menschen als Äußerungen über sich selbst. Was Paul über Peter sagt, sagt erst einmal nichts über Peter aus, sondern etwas darüber, wie Paul Peter sieht, welche Einstellung und Haltung er ihm gegenüber hat, kurz: Es ist eine Aussage, die Ausdruck einer zwischenmenschlichen Beziehung von Paul zu Peter ist. Was aber, wenn Paul sich über Religion äußert? Nach psychoanalytischem Verständnis sagt auch diesmal Paul etwas über sich selbst aus, nun aber nicht allein als Ausdruck einer zwischenmenschlichen Beziehung, sondern sehr viel umfassender als Ausdruck seiner Beziehung zur Welt, zu seinen Mitmenschen, zu sich selbst und zu einer Transzendenz. Aber wer eigentlich ist dieser Paul? »Paul« ist ein Allerweltsname – meint er nun ein ganz bestimmtes Individuum oder einen Menschen, der vieles mit anderen gemein hat? Mit dieser Frage wollen wir uns den sozialpsychologischen Erkenntnissen Fromms zuwenden und sie auf ihre Aktualität hin befragen. Hierfür sind zunächst einige hermeneutische Vorüberlegungen nötig.

Hermeneutische Vorüberlegungen

Religion ist ein historisches und soziales Phänomen. Beide Aspekte sind in der religionspsychoanalytischen Forschung oft vernachlässigt worden. Für Freud gilt: »Die Religion wäre die allgemeine menschliche Zwangsneurose, wie die des Kindes stammte sie aus dem Ödipuskomplex, der Vaterbeziehung« (S. Freud, 1927, S. 177). Für Jung ist der Einfluß des kollektiven Unbewußten »ein grundlegendes religiöses Phänomen« (C. G. Jung, 1940, S. 41). Im ersten

Fall findet ein problematischer Analogieschluß von individuellen auf soziale Phänomene statt, im zweiten wird unter Ausklammerung historischer Aspekte eine psychologische Kategorie zu einer religiösen erhoben. Analytische und ethische Kriterien greifen ineinander: Religion als Zwangsneurose ist generell »schlecht«, als Ausdruck des kollektiven Unbewußten »gut«.

Religion ist jedoch ein historisches und soziales Phänomen: Es geht nicht um ein einzelnes religiöses Individuum, sondern um ein religiöses Symbolsystem einer Gruppe oder Gesellschaft, das unter historisch bedingten sozialen und ökonomischen Verhältnissen existiert. Die Bedeutung Fromms liegt darin, daß er eine psychoanalytische Theorie entwickelt hat, die diese Aspekte integriert. Damit konnte er das Phänomen Religion sowohl auf analytischer wie auf wertender Ebene sehr viel differenzierter betrachten und dem Untersuchungsgegenstand aus psychoanalytischer Sicht am ehesten gerecht werden:

- Das philosophisch-anthropologische Menschenbild Fromms ist nicht biologisch determiniert, sondern unterscheidet zwischen existentiellen Bedürfnissen und ihren historischen Aktualisierungen. Religion ist ebenfalls ein historisches Phänomen (und Religionspsychoanalyse hat diesen Aspekt manchmal vernachlässigt).

- Fromm versteht den Menschen als ein gesellschaftliches Wesen, dessen seelische Haltungen durch eine bestimmte Methode der Verbindung von Soziologie und Psychoanalyse zu untersuchen sind. Religion ist ebenfalls ein soziales Phänomen (und Religionspsychoanalyse hat meist das religiöse Individuum analysiert).

- Für Fromm ist der Mensch – psychologisch gesehen – primär kein Triebwesen, sondern ein Beziehungswesen: »Das Schlüsselproblem der Psychologie ist die besondere Art der Bezogenheit des einzelnen auf die Welt« (E. Fromm, 1941a, GA I, S. 387). Religion ist ein symbolhafter Ausdruck der Bezogenheit des Menschen zu sich selbst, zu den Mitmenschen, der Welt und – möglicherweise – einer Transzendenz.

- Fromm bewertet Religion nach ihrer Auswirkung auf den Menschen, das heißt er faßt das Verhältnis von Religion und psychischer Gesundheit ins Auge und kann so produktive und nichtproduktive Elemente in Religionen unterscheiden.

Fromm selbst hat des öfteren das Gesellschafts-Charakterkonzept als die entscheidende Entdeckung seiner Forschungen bezeichnet. Da dieses Konzept historische, soziale, ökonomische und geographisch-klimatische Aspekte integriert, lautet unsere These: Das Frommsche Gesellschafts-Charakterkonzept ist für die religionswissenschaftliche und historisch-kritische exegetische Forschung als Verstehensmodell fruchtbar zu machen. Religionen sind nach ihren sich in den religiösen Symbolsystemen ausdrückenden Gesellschafts-Charakterorientierungen hin zu befragen, die ihrerseits durch Bedingungen der Gesellschaftsstruktur geprägt sind.

Gemäß diesem Ansatz können historische und gegenwärtige intra- und interreligiöse Auseinandersetzungen als Konflikte zwischen verschiedenen Gesellschafts-Charakterorientierungen begriffen werden. Entwicklungen des religiösen Symbolsystems lassen sich in ihrer Abhängigkeit von Entwicklungen des Gesellschafts-Charakters und der Gesellschaftsstruktur verstehen. Das Frommsche Gesellschafts-Charakterkonzept soll daher als hermeneutisches Verstehensmodell von religiösen Symbolsystemen fruchtbar gemacht werden, indem das Phänomen Religion sozialpsychoanalytisch untersucht wird, das heißt unter jenen historischen, sozio-ökonomischen, geographischen und psychologischen Aspekten, die ein religiöses Symbolsystem betreffen, das von einer religiösen Gruppe – und eben nicht von einem Individuum allein – getragen wird.

Was rechtfertigt es, das Frommsche Gesellschafts-Charakterkonzept in die religionswissenschaftliche und exegetische Forschung einzubeziehen? Man erklärt religionsgeschichtliche, traditionsgeschichtliche oder überlieferungsgeschichtliche Fragestellungen meist unter Berücksichtigung allgemeiner historischer, politischer, sozialer, ökonomischer oder klimatischer Bedingungen und Ereignisse. Im Prinzip zeigt sich darin die Anwendung des Basis-Überbau-Schemas des historischen Materialismus. Die Religionsgeschichte (»Überbau«) wird unter Einbeziehung sozio-ökonomischer und anderer Faktoren (»Basis«) erklärt, ohne daß man damit einem Vulgärmarxismus verfallen sein muß. Damit jedoch stellt sich für die Religionswissenschaft und historisch-kritische Exegese das gleiche Problem, das schon Marx und Engels nicht klären konnten, wie Engels in einem Brief an Mehring zugibt (F. Engels, 1893, S. 96), und das Fromm mit seinem Gesellschafts-Charakterkonzept lösen wollte: *Wie* gelangen gesellschaftliche Verhältnisse in die Köpfe der Menschen und beeinflussen dadurch das religiöse Symbolsystem?

Jeder Wissenschaftler bringt ein anthropologisches Vorverständnis mit in seine Forschungsarbeit ein. Hinter jeder psychoanalytischen Theorie steht eine »latente Anthropologie« (H. Kunz, 1956), und es gehört zur wissenschaftlichen Redlichkeit, dieses Vorverständnis offenzulegen. Das schließt die Einbeziehung empirischer Beobachtung keineswegs aus. Vielmehr erweist sich die Plausibilität eines Religionsverständnisses erst dort, wo einerseits das anthropologische Vorverständnis offengelegt und andererseits dieses ständig durch die Analyse korrigiert wird. In der Psychologie ist es aber um die Frage nach einem umfassenden Menschenbild still geworden, weil die Spezialisierung ein Gesamtbild erschwert. Da jedoch Religion ein umfassendes Phänomen ist, das auf verschiedenen Ebenen den Menschen in seinem Denken, Fühlen und Handeln ansprechen kann, kann ihr auch nur ein ganzheitliches Menschenbild gerecht werden. Fromm entspricht dieser Anforderung, wenn er schreibt, »daß sich die Psychologie auf eine philosophisch-anthropologische Anschauung der menschlichen Existenz gründen muß« (E. Fromm, 1947a, GA II, S. 34), und ein Menschenbild entwickelt, das er mit Religion in Beziehung bringt. Wir wollen daher kurz die Anwendbarkeit der Frommschen Anthropologie auf Religion in den Blick nehmen, bevor wir uns eingehender dem Verhältnis von Religion und Gesellschafts-Charakter widmen.

Religion und philosophische Anthropologie

Fromm möchte mit der Revision der Freudschen Trieblehre der Gefahr einer biologistischen Auffassung vom Menschen begegnen. (Vgl. oben den Beitrag von R. Funk sowie die von B. Görlich, 1980, S. 53ff. referierte Kulturismus-Debatte.) Er geht von existentiellen Dichotomien aus, die bestimmte Bedürfnisse hervorrufen, auf die Religion eine Antwort zu geben versucht. Das Leben wird als Problem erfahren, da der Mensch ein Bewußtsein seiner selbst entwickelt hat. Die daraus resultierende Dichotomie von Verbundenheit mit der Welt und gleichzeitigem Selbsterleben läßt die Bedürfnisse nach Bezogenheit (Einheitserleben), Verwurzelung, Identitätserleben, Wirkmächtigkeit und nach einem Rahmen der Orientierung mit Objekten der Hingabe entstehen, um zu einem neuen Einssein zu gelangen.

Der Mensch ist demnach ein offenes Wesen: Er hat zwar neben physiologischen Bedürfnissen (Hunger, Durst, Schlaf, Sexualität) auch die eben genannten psychischen, aber die Frage, *wie* diese befriedigt werden, ist völlig offen und eine Frage der unterschiedlichen historischen Aktualisierungen. Fromm differenziert damit das Marxsche Problem der Untrennbarkeit der allgemeinen Menschennatur von ihrer historischen Modifizierung (vgl. zu Marx A. Schmidt, 1962). Auf diese Weise vermag Fromm zwischen existentiellen und historischen – das heißt von der Gesellschaft geschaffenen – Bedürfnissen zu unterscheiden. Gleichzeitig begegnet er damit der Gefahr, ein feststehendes modernes Menschenbild auf verschiedene historische Epochen zu übertragen (so der Vorwurf an die Religionspsychologie bei K. Berger, 1991, S. 19f.).

Nun ist immer wieder kritisch angefragt worden, ob Fromm mit seiner existentialen Interpretation die leiblich-sinnliche Basis des Menschen nicht übersehe (vgl. beispielsweise A. Lorenzer, 1980, S. 314f.). Hier gilt es zu differenzieren: Abgelehnt wird die Genese des Charakters aus biologisch vorgegeben Trieben, keineswegs aber ein leiblich-sinnlicher Erfahrungshorizont der existentiellen Dichotomien und Bedürfnisse. Meines Erachtens wird die Erfahrung des leiblichen Einsseins in der pränatalen Phase mit der Geburt abgelöst durch die Erfahrung der existentiellen Dichotomie von Verbundenheit und Isolation. Das Kind erfährt im Laufe seiner Überwindung des »primären Narzißmus« sich selbst – und damit auch seinen Körper – als nicht-identisch mit der Welt. Ähnlich können sich die Bedürfnisse nach Bezogenheit, Wirkmächtigkeit oder Verwurzelung nicht nur geistig, sondern auch körperlich (motorisch) ausdrücken (etwa durch Sex, Sport oder rituellen Tanz). Das Bedürfnis nach einem umfassenden Orientierungsrahmen scheint meines Erachtens den Bezugsrahmen für alle anderen Bedürfnisse zu geben und baut damit ebenfalls auf sinnlichen Erfahrungen auf.

Religion ist nun nach Fromm jedes System einer Gemeinschaft, das dem einzelnen innerhalb dieser einen Rahmen der Orientierung und ein Objekt der Hingabe bietet. Aufgrund unserer Überlegungen scheint ein religiöses Symbolsystem jedoch nicht nur das Bedürfnis nach einem Orientierungsrahmen und einem Objekt der Hingabe zu beantworten, sondern ebenso Antwort auf die oben genannten anderen existentiellen Bedürfnisse zu geben: Als sinngebendes Deutungsmuster beantwortet das religiöse Symbolsystem die Erfahrung des Lebens als Problem und gibt dem Menschen einen Platz in der Welt, bezieht ihn also auf die Welt, seine Mitmenschen, eine Transzendenz und sich selbst. Dadurch vermittelt es einen Orientierungsrahmen mit Einheits- und Identitätserleben, Verwurzelung, Wirkmächtigkeit und Objekten der Hingabe.

Das funktionale Religionsverständnis Fromms hat aufgrund seiner Weite häufig Kritik erfahren (etwa A. Vergote, 1992, S. 2). Diese Kritik ist zum Teil berechtigt, zum Teil übersieht sie die Möglichkeit, mit dieser Definition eine Arbeitsbasis zu haben, Religionen und andere umfassende Orientierungssysteme auf ihre psychologischen Wurzeln hin vergleichen zu können. Um die Aktualität der Definition zu wahren und gleichzeitig der Kritik gerecht zu werden, sollte Fromms funktionales Verständnis daher um ein substantielles erweitert werden, damit es »so weit ist, daß nichts aus seinem Definitionsbereich herausfällt, und auf der anderen Seite so eng, daß (es) nichts Wesensfremdes in seinen Gegenstandsbereich aufnimmt« (D. Pollack, 1995, S. 171).

Wir gehen davon aus, daß es verschiedene Formen von Orientierungssystemen gibt, die in bezug auf ihre psychologischen Wurzeln zwar gleich sind, sich in bezug auf ihren Inhalt jedoch unterscheiden. Wie aber ist dieser Inhalt zu bestimmen? Diese komplexe und in der Wissenschaft bisher nicht gelöste Frage kann hier nur angesprochen, aber nicht behandelt werden. Hier gilt: Religion ist *ein* mögliches Orientierungssystem neben anderen. Damit bleibt die Einordnung der Religion als Orientierungsrahmen gewahrt und gleichzeitig eine Vergleichbarkeit mit anderen umfassenden Orientierungssystemen möglich; zum anderen haben wir eine Umgrenzung, mit der sich arbeiten läßt. Der Faschismus oder die »kybernetische Religion« wären m. E. keine Religionen, sondern quasi-religiöse Weltanschauungen oder Ideologien, die auf ihre Weise dieselben psychischen Bedürfnisse ansprechen wie traditionelle Religionen.

Religion und Gesellschafts-Charakter

Definition

Die gemeinsamen seelischen Haltungen einer Gruppe bezeichnet Fromm als Gesellschafts-Charakter. Im Gegensatz zum Individual-Charakter, der alle Charakterzüge eines Individuums auch im Unterschied zu anderen Individuen umfaßt, ist der Gesellschafts-Charakter weniger spezifisch. Er umfaßt »den wesentlichen Kern der Charakterstruktur der meisten Mitglieder einer Gruppe, wie er sich als Ergebnis der grundlegenden Erfahrungen und der Lebensweise dieser Gruppe entwickelt hat« (E. Fromm, 1941a, GA I, S. 379).

Im Blick auf Religion läßt sich sagen: Die durch gesellschaftliche Bedingungen bestimmte Lebenspraxis der Menschen prägt die Charakterstruktur einer religiösen Gruppe; von dieser wiederum ist das religiöse Symbolsystem abhängig. Analytische Sozialpsychologie versucht deshalb, die den Mitgliedern einer religiösen Gruppe gemeinsamen seelischen Haltungen zum einen aus ihrer gemeinsamen Lebenspraxis und dem Lebensschicksal der Gruppe, zum anderen aus ihrem religiösen Symbolsystem zu erschließen. Materialistische und idealistische Analysen greifen also ineinander. Religionssoziologie, Religionspsychoanalyse und Religionswissenschaft werden verbunden.

Die Sozialpsychoanalyse erhebt allerdings nicht den Anspruch, alle Aspekte eines religiösen Symbolsystems erklären zu können. In fast wörtlicher Anlehnung an Fromm sollte vielmehr folgende Selbstbeschränkung selbstverständlich sein (vgl. E. Fromm, 1929a, GA I, S. 3): Die Anwendung einer analytischen Sozialpsychologie muß sich vor dem Fehler hüten, da psychoanalytische Antworten geben zu wollen, wo historische, soziale, politische, geographische und andere Faktoren (wie etwa Überlieferung und Tradition oder Individualität von Religionsstiftern, Reformatoren oder Propheten) eine ausreichende Erklärung religionswissenschaftlicher oder exegetischer Fragen geben. Andererseits muß der Psychoanalytiker darauf hinweisen, daß der Gegenstand der Religionswissenschaft ein religiöses Symbolsystem ist, das seine Basis in den Menschen hat, die Mitglieder einer Religionsgemeinschaft sind. Diese Menschen sind es und nicht eine abstrakte, von allen Bedingungen abgehobene Religion, deren Denken, Handeln und Fühlen in der

Ausprägung eines religiösen Symbolsystems Gegenstand religionswissenschaftlicher Forschung sind. Und »was die Menschen denken und fühlen, hat seine Wurzeln in ihrer Charakterstruktur, und dieser Charakter wird geprägt durch die gesamte Struktur ihrer Lebenspraxis – genauer gesagt, durch die sozio-ökonomische und politische Struktur ihrer Gesellschaft« (E. Fromm, 1950a, GA VI, S. 257). Das bedeutet: »Eine bestimmte Religion ist (...) mehr als die Summe ihrer Doktrinen und Überzeugungen; sie ist in einer spezifischen Charakterstruktur des Individuums und, falls sie von einer Gruppe geteilt wird, in deren Gesellschafts-Charakter verwurzelt« (E. Fromm, 1976a, GA II, S. 366).

Eine bestimmte dominierende Gesellschafts-Charakterorientierung kann sich allerdings auf verschiedene symbolische Weise äußern: Ein autoritär-masochistischer Gesellschafts-Charakter kann seinen Ausdruck in einem religiösen Symbolsystem finden, das mit oder ohne Gottesbild arbeitet; er kann sich aber auch in quasi-religiösen Symbolsystemen wie in der Verehrung der eigenen Rasse oder einer politischen Führergestalt zeigen usw. Ein bestimmter Gesellschafts-Charakter ist keineswegs auf ein bestimmtes religiöses Symbolsystem festgelegt – dieses ist zwar in dem jeweiligen Gesellschafts-Charakter einer Gruppe verwurzelt und damit ein adäquater Ausdruck desselben, aber eben nur ein möglicher.

Sozialisation

»Die Familie ist das Medium, durch das die Gesellschaft bzw. die Klasse die ihr entsprechende, für sie spezifische Struktur dem Kind und damit dem Erwachsenen aufprägt; *die Familie ist die psychologische Agentur der Gesellschaft*« (E. Fromm, 1932a, GA I, S. 42).

Mit der Identifikation übernimmt das Kind nicht nur die religiösen Orientierungsmuster derjenigen, mit denen es emotional verbunden ist, sondern eignet sich auch diejenigen gesellschaftlich relevanten seelischen Haltungen an, die die Familienmitglieder als kleinste Zelle der Gesellschaft dem Kind vermitteln. Neben die Analyse der gesellschaftlichen Bedingungen im allgemeinen hat also eine Analyse der Familienstruktur (»objektive Strukturanalyse«) und ihrer emotionalen und religiösen Beziehungsmuster (»subjektive Strukturanalyse«) zu treten.

Die Familie ist die entscheidende, aber nicht die einzige Sozialisationsinstanz der Gesellschaft. Auch der in der sozialpsychoanalytischen Forschung bisher vernachlässigte Bereich der sekundären Sozialisation ist einzubeziehen. Allgemein gilt: In der Familie wie in nachfamilialen Sozialisationsinstanzen fördert eine Gesellschaft bestimmte Charakterstrukturen durch eine »*soziale Prämie*« (E. Fromm, 1932b, GA I, S. 70): So wird etwa in der urchristlichen Bibellesung der Charakterzug »Freigebigkeit« mit sozialer Anerkennung und der Vergabe des Heiligen Geistes gefördert, während auf Habgier mit Ausschluß aus der Gemeinschaft gedroht wird.

Dabei scheint es verschiedene Kräfte zu geben, die die sozialpsychische Einbindung eines Mitglieds in eine Religionsgemeinschaft bedingen: Der quantitative Umfang einer religiösen Gemeinschaft (je kleiner die Religionsgemeinschaft, desto größer wird im allgemeinen der Prägungsdruck sein); die Anerkennung des Normensystems einer Religion; der Organisationsgrad einer religiösen Gemeinschaft; Umfang, Dichte und Intensität der Beziehungen; das Verhältnis der Familien zur Religionsgemeinschaft; der Kontakt der religiösen Gruppe mit Andersgläubigen; die Ausstrahlung von religiösen Führergestalten u. a. (vgl. O. Schreuder, 1992, S. 217).

Funktion

Der soziale Aufbau einer Gesellschaft wird durch den Gesellschafts-Charakter gestützt und gestärkt: Die Menschen entscheiden sich im allgemeinen nicht bewußt für oder gegen ein bestehendes Sozialgefüge; sie handeln vielmehr so, wie sie handeln müssen: »Der Gesellschafts-Charakter formt die menschliche Energie so, daß sie das reibungslose Funktionieren einer gegebenen Gesellschaft garantiert« (E. Fromm, 1949c, GA I, S. 210).

Wie drückt sich dies in einem Religionssystem aus? In der altägyptischen Religion beispielsweise ist die »Gerechtigkeitsliebe« entsprechend der Ma'at ein wesentlicher Charakterzug des Gesellschafts-Charakters, die ein Verhalten entsprechend der Sozialordnung der altägyptischen Gesellschaft fordert. Hier drückt sich ein für das Funktionieren einer Gesellschaft relevanter sozialpsychischer Sachverhalt im religiösen Symbolsystem aus, was gleichzeitig als Stütze und Verstärkung des Gesellschafts-Charakters wirkt.

Das Beispiel zeigt: Einerseits formt der Gesellschafts-Charakter unter spezifischen gesellschaftlichen Bedingungen das religiöse Symbolsystem. Andererseits wirkt das religiöse Symbolsystem auf diesen zurück. Dabei werden gesellschaftlich relevante Charakterzüge verstärkt und zu einem Charaktersyndrom integriert. Es werden sogar solche Charakterzüge erzeugt, die zwar dem Gesamtcharakter entsprechen, sich aber nicht allein aus der Gesellschaftsstruktur ergeben (vgl. E. Fromm, 1992e [1937], GA XI, S. 166f.). Auch hier schließen sich also materialistische und idealistische Sichtweise keineswegs aus: Der »Überbau« kann auf das Medium Gesellschafts-Charakter und damit indirekt auf die »Basis« zurückwirken.

Allerdings kann ein religiöses Symbolsystem nur dann seine Wirkung entfalten, wenn es in der Charakterstruktur einer religiösen Gruppe verwurzelt ist. Ist dies nicht der Fall – sind die religiösen Ideen nur von oben aufgesetzt und nur nach außen hin vertrete Überzeugungen ohne emotionale Matrix –, muß jede Wirkung versagen. Am Scheitern der Josia-Reform zeigt sich beispielhaft der Widerspruch von Gesellschaftsstruktur und Gesellschafts-Charakter auf der einen und von religiösem Symbolsystem auf der anderen Seite. Ebenso dürfte auch die Ablehnung prophetischer Kritik in vorexilischer Zeit verständlich sein: Sie widersprach der Lebenspraxis und der darauf aufbauenden Charakterstruktur der meisten Israeliten. Erst das gemeinsame Lebensschicksal des babylonischen Exils und eine dementsprechende Wandlung des Gesellschafts-Charakters ermöglichte den Durchbruch zum Monotheismus.

Das Beispiel zeigt: Ein religiöses Symbolsystem befindet sich nicht in *völliger* Abhängigkeit von den gemeinsamen seelischen Haltungen einer Gesellschaft. Vielmehr sind alle drei Bereiche (Gesellschaftsstruktur – Gesellschafts-Charakter – Religion) voneinander *relativ* unabhängig: Ein religiöses Symbolsystem kann eine gewisse Unabhängigkeit vom Gesellschafts-Charakter – etwa durch Tradition – wahren, ohne auf einer entsprechenden Charakterstruktur zu beruhen, die sich längst in Anpassung an neue gesellschaftliche Verhältnisse gewandelt hat. Die christliche Religion zum Beispiel ist in unserer Zeit zu einer »offiziellen« Religion geworden, der viele Menschen nur noch scheinbar anhängen: Es herrschen andere gesellschaftliche Notwendigkeiten und dementsprechend andere emotionale Bezogenheitsmuster vor, denen neue religiöse und quasi-religiöse Orientierungssysteme entsprechen.

Der Mensch wird in seiner Charakterstruktur nicht ausschließlich durch sozio-ökonomische und andere Bedingungen geprägt, sondern bringt die schon genannten existentiellen Bedürfnisse mit. Diese sind zwar durch die jeweilige Gesellschaftsstruktur modifizierbar, aber nicht unverzichtbar: Ein gewisses psychisches Existenzminimum, das der Befriedigung bedarf, bleibt bestehen. Fromm kann daher den Menschen mit seinen Bedürfnissen in Erweiterung des Marxschen Basis-Überbau-Schemas zu der »Basis« einer Gesellschaft rechnen. Im religiösen Symbolsystem kommt beides zum Ausdruck: Einerseits prägt die Gesellschaftsstruktur den Menschen, andererseits beeinflußt der Mensch mit seinen spezifischen Bedürfnissen seine Umwelt. In der Auseinandersetzung um die dynamische und keineswegs passive Anpassung von menschlicher Natur an die Gesellschaft bleibt immer ein nicht vollständig angepaßtes menschliches Potential bestehen, das nicht-konformes Verhalten ermöglicht. Die alttestamentlichen Propheten beispielsweise waren keine Behavioristen, die nur ein äußerlich wahrnehmbares Verhalten kritisierten, sondern sie verurteilten vor allem die diesem Verhalten zugrundeliegenden Einstellungen zu Jahwe und den Mitmenschen. Anders gesagt: Die Propheten kritisierten eine in der Gesellschaft vorherrschende Gesellschafts-Charakterorientierung in den Worten ihres religiösen Symbolsystems.

Zusammenfassung

Das sozialpsychoanalytische Erkenntnisziel ist die Erfassung eines religiösen Symbolsystems durch Kenntnis der diesem Symbolsystem zugrundeliegenden Charakterstruktur seiner Mitglieder. Dafür müssen die Lebenspraxis und das gemeinsame Lebensschicksal der religiösen Gruppe berücksichtigt werden. Lebenspraxis und Lebensschicksal sind ihrerseits von geographisch-klimatischen, politischen und sozio-ökonomischen Bedingungen abhängig. Wie in der Psychoanalyse das Lebensschicksal des Individuums als Ausgangspunkt des Verständnisses seiner Charakterstruktur und, darauf aufbauend, seines Denkens gilt, sollte in der Sozialpsychoanalyse das gemeinsame Lebensschicksal einer religiöse Gruppe (etwa das babylonische Exil des entstehenden monotheistischen Judentums oder

die Erhebung des Christentums zur Staatsreligion unter Theodo-
sius) als Ausgangspunkt des Verständnisses der gemeinsamen Charakterzüge der Mitglieder dieser Gruppe und ihres religiösen Symbolsystems gewählt werden. Nur so kann die Sozialpsychoanalyse
ihrer eigentlichen Methode als Psychoanalyse (»Verständnis des
Charakters aus dem Lebensschicksal«, vgl. E. Fromm, 1931b, GA I,
S. 31) gerecht werden. Nur so kann man der Gefahr einer Religionspsychologie begegnen, die unter Absehung vom Lebensschicksal
einer Religionsgemeinschaft – das heißt unter Ausklammerung jeglicher historischer Aspekte – die Religion nur in Analogie zur Psyche von Individuen behandelt. Der Erfassung des Lebensschicksals
einer religiösen Gruppe muß ein möglichst breiter Raum gewidmet
werden.

Die analytische Sozialpsychologie kann demnach zeigen, wie die
Lebenspraxis einer religiösen Gruppe unter bestimmten gesellschaftlichen Bedingungen auf die »Seele« einer Religionsgemeinschaft einwirken und das religiöse Symbolsystem beeinflussen
kann, das seinerseits auf den Gesellschafts-Charakter der religiösen Gruppe und auf ihre Lebensbedingungen zurückwirkt. Der
Gesellschafts-Charakter ist hierbei Mittler zwischen der Gesellschaftsstruktur einerseits und dem religiösen Symbolsystem andererseits. Die Wirkung eines religiösen Symbolsystems beruht auf
ihrem an den Gesellschafts-Charakter appellierenden Gehalt. Dies
bedeutet, daß die emotionale Intensität der Bezogenheitsmuster
des Gesellschafts-Charakters die Wirkung einer Religion in der
Gesellschaft bestimmt.

Religion und gesellschaftliches Unbewußtes

Der Gesellschafts-Charakter ist nur das eine Bindeglied zwischen
Gesellschaft und Religion: »Das andere Verbindungsglied ist die
Tatsache, daß eine jede Gesellschaft bestimmt, welche Gedanken
und Gefühle ins Bewußtsein gelangen dürfen und welche unbewußt
bleiben müssen. Genauso wie es einen Gesellschafts-Charakter
gibt, gibt es auch ein »*gesellschaftliches Unbewußtes*« (E. Fromm,
1962a, GA IX, S. 96). Ein religiöses Symbolsystem kann nicht nur
Ausdruck eines spezifischen Gesellschafts-Charakters einer Gruppe

sein, sondern ebenso Ausdruck der »dunklen Seite« des Gesellschafts-Charakters – nämlich Ausdruck all der unbewußten seelischen Haltungen, die die meisten Mitglieder einer Gesellschaft gemeinsam (verdrängt) haben. Ein religiöses Symbolsystem kann meines Erachtens nämlich den »gesellschaftlich bedingten Filter« (E. Fromm, 1960a, GA VI, S. 323ff. sowie E. Fromm, 1962a, GA IX, S. 113ff.) umgehen:

- Religiöse Symbole können den Sprachfilter einer Sprachgemeinschaft umgehen, da sie auf symbolische Weise Erfahrungen bezeichnen können, für die es in der Alltagssprache keine Worte gibt.
- Religiöse Symbole können den Filter der Logik umgehen, da sie wie Traumsymbole »unlogische« Kategorien wie emotionale Intensität oder Assoziation einbeziehen und räumliche und zeitliche Kategorien in den Hintergrund treten lassen können.
- Religiöse Symbole können den Filter der gesellschaftlichen Tabus umgehen, indem sie die »vom gesellschaftlichen Konsens ausgeschlossenen Lebensentwürfe« (A. Lorenzer, 1986, S. 27) auf verschleierte oder entschleierte (!) Weise symbolhaft darstellen. Auf entschleierte Weise wird gesellschaftlich tabuisierten Haltungen etwa in Kultfesten Ausdruck verliehen, die eine Gegenwelt zur bestehenden Gesellschaft dramatisieren: So sind die Demütigungs- und Erniedrigungsriten, denen sich der altorientalische König am Neujahrsfest unterziehen muß oder gar die Auflösung der gesamten hierarchischen Ordnung einer Gesellschaft am sumerischen Jahresfest außerhalb dieser Festzeiten tabu.

Meines Erachtens wird hier die Aktualität Fromms für das psychoanalytische Verständnis religiöser Symbole deutlich: Während für die orthodoxe Psychoanalyse lange Zeit galt: »Nur was verdrängt ist, wird symbolisch dargestellt; nur was verdrängt ist, bedarf der symbolischen Darstellung« (E. Jones, 1916, S. 82), kann Fromm mit seinem Symbolverständnis die unterschiedlichen Ausdrucksdimensionen eines Symbols erfassen: Ein Symbol ist erst einmal nur Ausdruck einer Erfahrung, die in Analogie zu den sinnlichen Erscheinungen der Außenwelt symbolisch dargestellt und verarbeitet wird (vgl. E. Fromm, 1951a, GA IX, S. 178). Im Symbol liegt der Schlüssel, mit dem die dem Symbol zugrundeliegende Erfahrung und

Charakterhaltung erschlossen werden kann: Es ist »der Finger, der auf den Mond weist« – es ist nicht der Mond (E. Fromm, 1966a, GA VI, S. 220). Damit kann ein Symbol Ausdruck bewußter, noch-nicht-bewußter oder verdrängter Erfahrungen sein. Verdrängte Erfahrungen können verschleiert nach den Prinzipien Rationalisierung, Reaktionsbildung, Projektion usw. oder aber entschleiert ausgedrückt werden. Eine undifferenzierte Abwertung religiöser Symbole als eo ipso verschleierter Ausdruck neurotischer Symptome wird nicht vorgenommen: Sie können durchaus »vernünftig« sein – etwa wenn ein altorientalischer Flußgott verehrt wird und sich darin die Erfahrung der Einsicht in das Wasser als Quelle des Lebens bzw. der Fruchtbarkeit ausdrückt und man nun beginnt, Kanäle und Bewässerungsanlagen an den Fluß(gott) anzuschließen. Die These vom religiösen Symbol als irrationalem Ausdruck eigener Hilflosigkeit und Ohnmacht ist in ihrer Ausschließlichkeit so nicht zu halten. Um der Gefahr einer willkürlichen psychoanalytischen Allegorese reli-

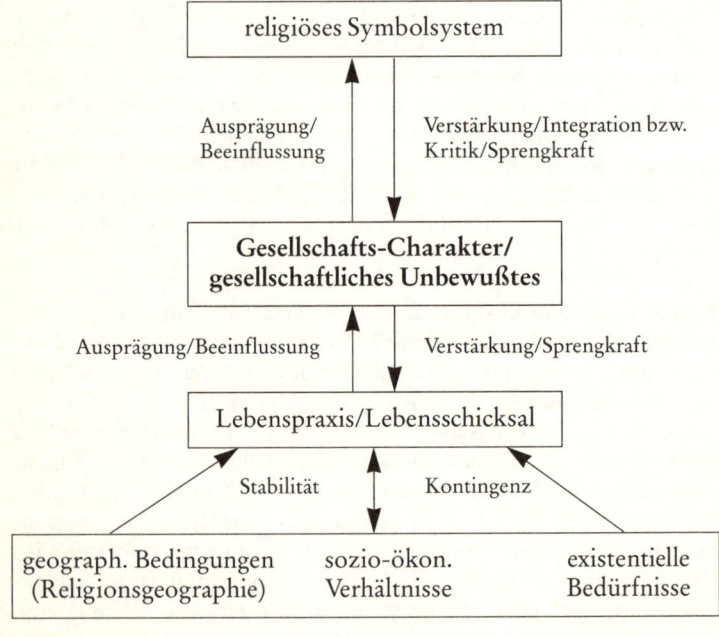

giöser Symbole zu entgehen, sollte daher immer der Zusammenhang eines religiösen Symbols mit dem gesamten Symbolsystem und der sozio-ökonomischen Basis im Auge behalten werden. Das dargelegte Wechselverhältnis von Religion, Charakter und Gesellschaft läßt sich folgendermaßen veranschaulichen (siehe Seite 200).

»Was Paul über Peter sagt, verrät uns mehr von Paul als von Peter.« – Ist Paul nun ein einmaliges Individuum oder jemand, der vieles mit anderen gemein hat? Er ist natürlich beides: Als Individuum ist auch seine Religiosität einmalig, und Religionspsychologie kann mit gutem Recht Paul als religiöses Individuum in den Blick nehmen. Als jemand, der vieles mit anderen gemein hat, ist Paul ein gesellschaftliches Wesen:

- Er lebt unter bestimmten gesellschaftlichen Bedingungen.
- Er teilt gewisse seelische Haltungen mit anderen Mitgliedern seiner Religionsgemeinschaft.
- Er partizipiert am religiösen Symbolsystem seiner Religionsgemeinschaft.

Erich Fromms Bedeutung liegt darin, daß er den Menschen Paul als gesellschaftliches Wesen sozialpsychoanalytisch in den Blick genommen hat. Ist Paul Mitglied einer Religionsgemeinschaft, verhilft Fromms Theorie zum Verständnis der Religion, der Paul angehört.

Literaturnachweise

Berger, K., 1991: *Historische Psychologie des Neuen Testaments,* Stuttgart: Katholisches Bibelwerk.

Engels, F., 1893: *Engels an Franz Mehring,* in: Werke, Band 39, Berlin 1968, S. 96–100.

Freud, S., 1927: *Die Zukunft einer Illusion,* in: Studienausgabe Band IX, Frankfurt am Main: Fischer, S. 135–189.

Fromm, E.: siehe die Nachweise am Ende des Bandes

Görlich, B., 1980: »Die Kulturismus-Revisionismus-Debatte. Anmerkungen zur Problemgeschichte der Kontroverse um Freud«, in: B. Görlich et al. (Hg.): *Der Stachel Freud,* Frankfurt am Main: Suhrkamp, S. 13–89.

Jones, E., 1916: »Die Theorie der Symbolik«, in: *Die Theorie der Symbolik und andere Aufsätze*. Mit einem Vorwort von Peter Krumme, Frankfurt am Main.

Jung, C. G., 1940: *Psychologie und Religion,* in: Gesammelte Werke Bd. 11, Freiburg: Walter, S. XVII–117.

Kunz, H., 1956: »Die latente Anthropologie der Psychoanalyse«, in: *Grundfragen der psychoanalytischen Anthropologie*, Göttingen, S. 101–119.

Lorenzer, A., 1986: »Tiefenhermeneutische Kulturanalyse«, in: ders. (Hg.): *Kultur-Analysen,* Frankfurt am Main: Fischer, S. 11–98.

Lorenzer, A., und Görlich, B., 1980: »Die Sozialität der Natur und die Natürlichkeit des Sozialen. Zur Interpretation der psychoanalytischen Erfahrung jenseits von Biologismus und Soziologismus. Ein Gespräch zwischen Alfred Lorenzer und Bernard Görlich, in: B. Görlich et al. (Hg.): *Der Stachel Freud,* Frankfurt am Main: Suhrkamp, S. 297–349.

Pollack, D., 1995: »Was ist Religion? Probleme der Definition«, in: *Zeitschrift für Religionswissenschaft* 3/1995, S. 163–190.

Schmidt, A., 1962: *Der Begriff der Natur in der Lehre von Marx,* Frankfurt am Main: Europäische Verlags Anstalt.

Schreuder, O., 1992: »Religiösität und Gruppenkultur«, in: E. Schmitz (Hg.): *Religionspsychologie,* Göttingen, S. 209–222.

Vergote, A., 1992: »Religion und Psychologie«, in: E. Schmitz (Hg.): *Religionspsychologie,* Göttingen, S. 2–24.

CARSTEN SCHMIDT

Der Umgang mit der NS-Vergangenheit im Spannungsfeld zwischen individuellem und gesellschaftlichem Unbewußtem

An der Schwelle zum 21. Jahrhundert scheint sich eine neue Umgangsform mit der nationalsozialistischen Vergangenheit anzudeuten. Auf der sprachlichen Ebene findet sie einen sinnbildlichen Ausdruck in der »Normalitätsrhetorik« von Gerhard Schröder. So diffus dieser Begriff in den gesellschaftlichen Diskursen auch blieb, so waren hier doch Worte zu hören, die aufhorchen ließen. Wenn etwa von dem geplanten Holocaust-Denkmal als einem Ort die Rede war, »an den man gerne hingeht«, und von Deutschland als einem Land, »das sich (...) nicht mehr mit dem schlechten Gewissen traktieren läßt« (zitiert nach R. Mohr, 1998, S. 40). Diese Aussagen hätten, wären sie nicht dem Mund eines ehemaligen 68ers entschlüpft, für beträchtliches Aufsehen und berechtigte Empörung sorgen müssen. Sie sind aber vor allem aufschlußreich: Die in den gesellschaftlichen Diskursen vorherrschenden Begrifflichkeiten über den Nationalsozialismus waren stets ein Indiz dafür, wie es um den Umgang mit der nationalsozialistischen Vergangenheit stand.

Der früher kursierende Terminus der »Bewältigung der NS-Vergangenheit« verriet, wenn man sich den Ursprüngen des Wortes »bewältigen« (»bewaltigen«, »überwältigen«, »bezwingen«) zuwendet, viel über den damaligen Bewußtseinsstand und die dieser Umgangsform zugrundeliegenden, in der Regel unbewußt bleibenden psychischen Strebungen (H. E. Richter, 1995, S. 53). Nach Richter blieb dem Begriff der »Aufarbeitung« etwas höchst Ambivalentes eigen. So stellt er doch wörtlich genommen in Aussicht, daß das Aufzuarbeitende zu einem späteren Zeitpunkt wie ein Stapel bearbeiteter, also erledigter Akten »vom Tisch« sei und man sich dann anderen Dingen zuwenden könne (vgl. G. Brockhaus, 1997, S. 118).

Stets scheint der Beherrschbarkeit der nationalsozialistischen Vergangenheit, der Kontrolle über sie und einem Schluß-Machen etwas Verlockendes innezuwohnen. Aber immer wieder auch versperrt sich die nationalsozialistische Vergangenheit diesen Impulsen und Strebungen. Vor allem in den Debatten um den Nationalsozialismus zeigte sich eine Brisanz und Dynamik, die aller »Normalitätsrhetorik« auf das Schärfste widersprach.

Ob in der Goldhagen-Debatte, in der Diskussion um das Holocaust-Denkmal oder auch in der Auseinandersetzung mit der Wehrmachtsausstellung – überall trat ein Diskursstil zutage, der in seiner »Erregung«, in »Vereinfachungen« und moralischer Polarisierung andere gesellschaftliche Diskurse bei weitem übertraf. Und er endete in trauriger Regelmäßigkeit in der völligen gegenseitigen Abwertung der Diskutanten (vgl. G. Hofmann, 1996, S. 10). Vor diesem Hintergrund wird einerseits verständlich, daß sich die Wünsche nach einem Abschluß der belastenden Beschäftigung mit der nationalsozialistischen Vergangenheit an die mythisch aufgeladenen Metaphern der »Berliner Republik« und des »Millenniums« heften. Andererseits werden sie aber zwangsläufig ein weiteres Mal enttäuscht, solange jene Angstelemente unbegriffen und verdrängt bleiben, die den Begriffen der »Bewältigung« und »Aufarbeitung« als auch den jüngeren Debatten ihre ambivalente und verzerrte Gestalt verleihen.

Unbewußte Angstelemente, Schuldgefühle und Konfliktabwehr: Das Beispiel Martin Walsers

Unter Verwendung von Erich Fromms Theorie des »gesellschaftlichen Unbewußten« soll versucht werden, diese Angstelemente aufzuspüren, die – so die *Ausgangsthese* dieses Beitrags – im komplexen und spezifisch aufgeladenen Wechselspiel individuell und gesellschaftlich verdrängter Inhalte zu verorten sind. Dies soll geschehen am Beispiel der am 11. Oktober 1998 in der Paulskirche in Frankfurt am Main gehaltenen Rede Martin Walsers, die er anläßlich der Verleihung des Friedenspreises des Deutschen Buchhandels gehalten hat, sowie der durch sie ausgelösten Debatte. Dabei soll gezeigt werden, daß der Text und die Struktur der Rede des Schriftstellers der Abwehr eines undurchschauten und mit Schuldgefühlen verbundenen Konfliktes dienen, der über die individuelle

Problematik Walsers hinaus zugleich generationsspezifische Züge erkennen läßt.

Martin Walsers Rede blieb über weite Strecken im Unbestimmten und bot sich so gut als Assoziationshintergrund für weitverbreitete Abwehr- und Rechtfertigungsbedürfnisse an. Die Deutung einzelner Passagen der Rede wie auch ihres Gesamtzusammenhanges erfolgt in Anlehnung an eine Methode, die Erich Fromm in den 30er Jahren im Zuge der Auswertung seiner Studie über »Arbeiter und Angestellte« entwickelt hatte (vgl. E. Fromm, 1980a, GA III). Sie hat zudem das Ziel, die dem Sprecher unbewußte Bedeutungsebene seiner Äußerungen zu erschließen, um so zu den eigentlichen Motiven der Rede vorzudringen.

Die Rede war in der Sprache der »Selbsterkundung« gedacht und verfaßt (M. Walser und I. Bubis, 1998, S. 35). Sie handelte vom Unwohlsein des Autors, von dem man eine »kritische Rede erwartet(e)« – eine Festlegung, gegen die sich seine »freiheitsdurstige Seele« wehre. Nein, so leicht wolle er es sich und den Zuhörern nicht machen. Er wolle sich nicht einreihen in die Reihe derer, die sich turmhoch über die Schändlichkeiten ihrer »›moralisch und politisch‹ verwahrloste(n)« Mitmenschen erheben und die diese Verfehlungen wieder und wieder beklagen (M. Walser, 1998a, S. 9–15).

Es wehre sich etwas in ihm, die »Schmerz erzeugenden (und anklagenden) Sätze« seiner intellektuellen Kollegen zu glauben. Statt dessen hieß es beinah trotzig: Sie »wollen uns wehtun« und vermutlich »auch sich selber verletzen«. Walser glaubte auch den Grund für diesen »moralischen Masochismus« zu kennen. Es ist »unsere geschichtliche Last« und »die unvergängliche Schande«, die »die Intellektuellen (...) uns (pausenlos) vorhalten«.

Walser fragte: Erinnerungsarbeit als Frondienst? Glauben die Intellektuellen, auf diese Weise, und sei es nur für einen kurzen Moment, »der unerbittlichen Entgegengesetztheit von Tätern und Opfern« entkommen zu können? Martin Walser selbst mochte sich dieser Illusion nicht hingeben: »Ich habe es nie für möglich gehalten, die Seite der Beschuldigten zu verlassen.« Ein Satz, der effektvoll zu dem Geständnis überleitete:

»Manchmal, wenn ich nirgends mehr hinschauen kann, ohne von einer Beschuldigung attackiert zu werden, muß ich mir zu meiner Entlastung einreden, in den Medien sei auch eine Routine des Beschuldigens entstanden. Von den schlimmsten Filmsequenzen aus Konzentrationslagern habe ich bestimmt schon zwanzigmal weggeschaut. Kein ernstzunehmender Mensch leugnet Auschwitz; kein noch zurechnungsfähiger deutelt an der Grauenhaftigkeit von Auschwitz herum; wenn mir aber jeden Tag in den Medien diese Vergangenheit vorgehalten wird, merke ich, daß sich in mir etwas gegen diese Dauerpräsentation unserer Schande wehrt. Anstatt dankbar zu sein für die unaufhörliche Präsentation unserer Schande, fange ich an wegzuschauen« (M. Walser, 1998a, S. 16–18).

Hier stieß die Selbsterkundung Martin Walsers offensichtlich an eine für ihn – zumindest in dieser Rede – nicht zu überschreitende Grenze. Sie brach jäh ab. Nicht der eigenen Unzulänglichkeit, dem Anblick der Grauenhaftigkeit standzuhalten, wurde nachgegangen. Dieser sicherlich schmerzhafte Prozeß erübrigte sich offenbar in dem Maße, wie die Motive derer deutlich wurden, die »uns« pausenlos beschuldigen. Und sind diese Beweggründe erst einmal erkannt, dann, so kann man schließen, ist auch am Wegschauen nichts mehr Verwerfliches.

Diese im Dienst der Angstabwehr erfolgende Reaktion ist deswegen so erfolgreich, weil sie dem Individuum eine scheinbare, jedoch längst verlorengegangene Souveränität verleiht: Es sind die anderen, die mit dieser Vergangenheit nicht fertig werden und uns deshalb permanent beschuldigen. Aber auch die Monstrosität des Nationalsozialismus scheint auf diese Weise beherrschbar.

Es ist demnach nicht der fast unvorstellbare Charakter dieser Verbrechen selbst, und es ist auch nicht das unvorstellbare Leiden der Opfer, die den Nationalsozialismus nicht aus den öffentlichen Diskursen verschwindet lassen. Es ist erst recht nicht unsere ambivalente Form des Umgangs damit, sondern es sind vielmehr die Machenschaften einer unheilvollen Allianz aus Medien und Intellektuellen (vgl. S. Friedländer, 1998. S. 50). Wer damit gemeint war, bleibt wie so vieles in dieser Rede im Unbestimmten. An denen, die namenlos blieben, entlud sich jedoch der Zorn des Schriftstellers. Da war von »Hütern oder Treuhändern des Gewissens« (M. Walser, 1998a, S. 13) die Rede und auch von Meinungssoldaten, die »den Schriftsteller« »mit vorgehaltener ›Moralpistole‹« zum »Meinungsdienst nötigten« (a. a. O., S. 25). Der Hörer bzw. der spätere Leser konnte sich nur schwer dem Gefühl entziehen, daß hier eine Verschwörung im Gang war, deren Opfer sich ihm so laut und vor »Kühnheit« erzitternd mitteilt (a. a. O., S. 20). Da blieben Solidaritätseffekte nicht aus, wie der Applaus auch an den problematischsten Stellen der Rede bewies.

Unsere schändliche Vergangenheit wird auch von Walser zu bestimmten »Zwecken« instrumentalisiert, und in ihnen, so meine Deutung, ist auch das eigentliche Motiv für diese Rede zu finden. In seiner Rede wandte sich Walser gegen Hellmuth Karasek, der seinen jüngsten Roman *Ein springender Brunnen* kritisch rezensiert hatte, mit den Worten:

> »Ein smarter Intellektueller hißt im Fernsehen in seinem Gesicht einen Ernst, der in diesem Gesicht wirkt wie eine Fremdsprache, wenn er der Welt als schweres Versagen der Welt mitteilt, daß in des Autors Buch Auschwitz nicht vorkomme: Nie etwas gehört vom Urgesetz des Erzählens: der Perspektivität. Aber selbst wenn, Zeitgeist geht vor Ästhetik« (a. a. O., S. 19).

Hierbei ging es um mehr als Karaseks Weigerung, Martin Walser die als selbstverständlich zu erachtenden stilistischen Freiheiten zuzugestehen. Dies ließ schon die ironische, aber nichtsdestotrotz massive Entwertung des vermeintlichen Widersachers erkennen. Diese Kritik an seinem von autobiographischen Bezügen bestimmten jüngsten Roman war für Martin Walser vermutlich so verletzend, weil es darin um seine eigene Vita und um die Kritik an der Aussparung von Auschwitz in diesem Werk ging. Zugleich verwies diese Kritik auf einen *intrapsychischen Konflikt*, den Martin Walser in einem Gespräch mit Rudolf Augstein wie folgt charakterisierte:

> »Tätermäßig habe ich nie damit etwas zu tun gehabt. Aber dennoch bin ich, warum, weiß ich auch nicht, hineinverwirkt in diesen Dreck. Und ich merke nachträglich, nachdem alles zu spät ist, daß ich nicht herauskomme. Ich kann nur sagen: Ich fühle mich hineinverwirkt. Ein wirkliches Gewissenswort« (M. Walser und R. Augstein, 1998, S. 72).

Für Walser ist es eine traumatische Erfahrung, daß es sich hier um eine Vergangenheit handelt, die nie vergeht und die sich auch literarisch nicht verarbeiten läßt:

»Als ich mich in den sechziger Jahren als Schriftsteller damit beschäftigt hatte, dachte ich – das war naiv damals, das weiß ich wohl –, ich hätte das hinter mir: ›Das habe ich verarbeitet. Ich habe damit nichts mehr zu tun‹« (a. a. O., S. 72).

Bei dieser subjektiven Fehlannahme scheint es sich um ein Schuldempfinden zu handeln, das sich der eigentlich schuldlos gebliebene Schriftsteller nicht erklären kann. Dieser unverstandene, scheinbar nicht zu verarbeitende intrapsychische Konflikt dürfte ihn dazu veranlaßt haben, die Art des öffentlichen Umgangs mit der NS-Vergangenheit in der beschriebenen Weise wahrzunehmen. Statt sich diesem Konflikt zu stellen, war es für ihn wohl viel leichter, die unheilvolle Allianz aus moralisierenden Intellektuellen und den auf die Einschaltquote schielenden Medien zu kritisieren. Die befreiende Wirkung der Rede, von der Walser andernorts sprach (*Frankfurter Allgemeine Zeitung*, Nr. 290, S. 39f.), mag in diesem Abwehrmechanismus eine ihrer Ursachen haben. Zwar hat Walser recht, wenn er hinwies auf den inflationären und bisweilen instrumentalistischen Gebrauch des Begriffs Auschwitz und des Geschehens an diesem Ort, stellvertretend für den Holocaust insgesamt. Aber die Massivität der Sprache und der dualistische Argumentationsstil seiner Rede lassen diese an sich berechtigte Kritik als *Rationalisierung* erkennen, *die den eigentlichen intrapsychischen Konflikt des Schriftstellers verschleiert.* Dieser Gewissenskonflikt deutet sich auch in einer weiteren Reaktionsform des Schriftstellers an.

Es ist ihm schlechthin nicht möglich, eine andere als die von ihm gewählte und in der Einsamkeit des Gewissens (vgl. M. Walser, *Rede*, 1998, S. 21f.) verbleibende Umgangsform mit der NS-Vergangenheit anzuerkennen. Überall wittert Walser das Unaufrichtige, das Formelhafte und aufgenötigte, aber folgenlose Lippenbekenntnisse. Auch die Vorstellung, daß ein Zeitzeuge oder dessen Eltern früher den verbrecherischen Charakter des NS-Regimes wahrgenommen haben sollten, ist für Walser schwer akzeptabel und nur als Ergebnis einer Geschichtsglättung im Nachhinein denkbar. Für seinen Freund Augstein findet Walser die folgende ironische, aber letztlich doch abwertende Charakterisierung:

»(...) du erzählst das so, daß man glaubt, so muß es gewesen sein. Deswegen muß es ein Roman sein. Es ist ja versuchungslos. Du warst nie in Versuchung. Du bist im Grunde genommen die Krönung der Wehrmachtswanderausstellung aller Zeiten« (M. Walser und R. Augstein, 1998. S. 60).

Martin Walsers Mutter trat sehr früh der NSDAP bei, und er selbst hatte sich freiwillig für den Krieg gemeldet – eine Entscheidung, die er auf den in seinem Heimatort lastenden Gruppendruck zurückführt und zugleich entpolitisiert: Nicht jeder »Kriegsfreiwillige« war automatisch »Nazi« (a. a. O., S. 58).

In diesem sehr aufschlußreichen Gespräch der beiden Zeitgenossen wird ein weiteres, für das Verständnis der Rede sehr zentrales Moment deutlich. Es ist für Walser anscheinend unvorstellbar, daß dieser Abschnitt seiner Vita öffentlich so akzeptiert wird. Überall lauert die schon in der Rede so erbittert angegriffene generalisierende Anklage. Auf Walsers familiären Hintergrund und seinen freiwilligen Kriegseintritt gerichtet, lautet sie dementsprechend: Wer auf den Nationalsozialismus hereinfiel, war bestenfalls ein bißchen »unterbemittelt«, und jeder, der sich für den Krieg freiwillig gemeldet hat, ein Nazi (a. a. O., S. 58).

An der Unangemessenheit und der fehlenden Empathie dieser Anklage kann kein Zweifel bestehen, doch kommt sie dem von Gewissenskonflikten Bedrängten auch nicht völlig ungelegen. So sicher sie über das Ziel hinausschießt und das individuelle Schicksal verfehlt, so gut läßt sie sich abwehren. Jemand, der so angegriffen wird oder sich auch nur so angegriffen fühlt, kann sich folglich als Beschuldigter empfinden. Aus dem unverstandenen Schuldkonflikt wird ein Beschuldigtsein. Es versteht sich beinahe von selbst, daß die, die so mit einem umgehen, sich *auch* schuldig machen. Daß die Rede von der Mehrzahl der Hörer als befreiend empfunden wurde, lag neben den sich überlagernden Deutungsbedürfnissen auch in ihrer argumentativen Struktur begründet.

Der Redner suchte den Schulterschluß mit seinem Publikum. Er spielte auf ein Unbehagen an, für dessen Ursache er eine einfache Erklärung bereithielt. Ja, man muß angesichts des dualistischen Argumentationsstils fast von einem Feindbild reden. In dieser Zuordnung steckte ein gleichsam verlockendes wie ein entlastendes Angebot. Jedem, dem die Berichterstattung und diskursive Erörterung der NS-Vergangenheit aus welchen Motiven auch immer unerträglich ist, fühlt sich nicht länger auf seine Unzulänglichkeit zurückgeworfen. Es ist ein Komplott aus Medien und Intellektuellen, die ihn aus ureigenen Motiven behelligen.

Die NS-Vergangenheit, das gesellschaftliche Unbewußte und institutionalisierte Abwehrhaltungen

Vor einer Annäherung an den Begriff des »gesellschaftlichen Unbewußten« bezüglich der nationalsozialistischen Vergangenheit gilt es, sich zwei meines Erachtens sehr gewichtigen Einwänden zu stellen: Ist es überhaupt vertretbar, angesichts der Präsenz dieses Themas in den Medien und dem Stand der Forschung von einer Verdrängung der NS-Vergangenheit zu reden? Und selbst wenn man von Verdrängungsvorgängen ausgeht, deuten die Schwierigkeiten in gesellschaftlichen, familiären oder auch fachwissenschaftlichen Diskursen nicht darauf hin, daß es *das* »gesellschaftliche Unbewußte« nicht gibt, sondern daß die verdrängten Inhalte gruppen- oder generationsspezifisch variieren?

Nach Erich Fromm umfaßt das »gesellschaftliche Unbewußte« jene »verdrängten Inhalte«, welche für die Mehrzahl der Gesellschaftsmitglieder kennzeichnend sind (E. Fromm, 1962a, GA IX, S. 96). Es handelt sich dabei um gesellschaftsspezifische »Inhalte« und »Widersprüche«, die verdrängt werden müssen, da ihre Bewußtwerdung das »reibungslos(e)« Funktionieren und somit den Bestand der gesellschaftlichen Ordnung gefährden würde (vgl. a. a. O., S. 96). Den Individuen werden in der Regel nur solche »Erfahrung(en)« bewußt, die sich mit jenen »Kategorien« in Verbindung bringen lassen, innerhalb derer »sich das bewußte Denken« vollzieht:

>»Jede Gesellschaft bildet durch ihre Lebenspraxis und die Art ihres Bezogenseins, Fühlens und Wahrnehmens ein System von Kategorien, das die Formen des Bewußtseins bestimmt. Dieses System arbeitet sozusagen wie ein *gesellschaftlich bedingter Filter*. Eine Empfindung kann nur dann ins Bewußtsein vordringen, wenn sie diesen Filter passiert.« (A. a. O., S. 112f.)

Zu den Elementen dieses Filters zählte Erich Fromm neben der »Logik« und den »gesellschaftlichen Tabus« (a. a. O., S. 113–116) vor allem die »Sprache«. Ihr maß er in seinen sozialpsychologischen Analysen eine herausragende Bedeutung bei: »Die Sprache bestimmt durch ihre Vokabeln, ihre Grammatik, ihre Syntax und durch den ganzen Geist, der in ihr erstarrt ist, wie und was wir bewußt empfinden« (a. a. O., S. 115).

Sprachlich fixierte Abwehr- und Rechtfertigungsstrategien zirkulieren in den Alltagsdiskursen und tauchen in Walsers Friedenspreisrede wie auch in der durch sie ausgelösten Debatte auf. Infolge ihres häufigen Gebrauchs, aber auch weil sie individuellen Deutungsbedürfnissen in diesem Maße entsprechen, können sie die von Fromm beschriebene bewußtseinsbildende Funktion ausüben.

In ihrem Aufsatz »Kollektives Schweigen zu den Nazi-Verbrechen« spricht Gabriele Rosenthal von der »Institutionalisierung einer Abwehrhaltung«:

> »Unter Institutionalisierung verstehe ich in diesem Zusammenhang (...) die Etablierung von Strategien im Umgang mit sozialer Wirklichkeit, die den Subjekten als vorgegebene, soziale und kollektiv geteilte Realitäten auferlegt werden und dann von ihnen, meist ohne bewußten Zugriff, an die nächste Generation tradiert werden. Die Institutionalisierung der Abwehrhaltung bedingt, daß Zeitzeugen mit sehr unterschiedlichen Vergangenheiten, zum Teil sogar mit antifaschistischer Vergangenheit, sie auch gegen ihre eigenen Interessen routinisiert und unreflektiert befolgen und nur durchbrechen können, wenn sie soziale Sanktionen in Kauf nehmen« (G. Rosenthal, 1992, S. 22).

Eine im Rahmen dieser »institutionalisierten Abwehrhaltung« sehr bedeutende Strategie stellt die »*Externalisierung der Schuld*« dar. Diese Abwehrstrategie nahm im Laufe der deutschen Nachkriegsgeschichte vielerlei Facetten an. Sie fand eine Projektionsfläche in der Person Hitlers und dem Kreis der Überzeugungstäter, die man für die Katastrophe allein verantwortlich machte (vgl. A. und M. Mitscherlich, 1988, S. 25ff.). Sie äußert sich auch in einer Aufrechnung der Schuld: Mit der sinnlosen Zerstörung Dresdens oder dem Atombombenabwurf auf Hiroshima und Nagasaki hätten sich auch die Alliierten schuldig gemacht (vgl. a. a. O., S. 43). Oder: Wer den vom Tode bedrohten jüdischen Menschen die Einreise verweigerte, trug ebenso eine Schuld wie der Großteil der Bevölkerung, der, so die perfide Argumentation, auch »nur zugeschaut« hatte. Diese Aufzählung ließe sich beliebig erweitern.

Gemeinsam ist diesen Abwehr- und Rechtfertigungsstrategien, daß es sich bei ihnen nicht allein um politische Meinungen handelt, die im Alltagsdiskurs zirkulieren und derer sich der einzelne bedient.

Vielmehr wäre aus der Perspektive der Frommschen analytischen Sozialpsychologie darauf hinzuweisen, daß diese Strategien eine »emotionale Matrix« besitzen, die ihrerseits im »Gesellschafts-Charakter« verankert ist. Weil sie weitverbreiteten individuellen »Ängsten« und Deutungsbedürfnissen stark entsprechen, können sie in der Gesellschaft eine beträchtliche »Anziehungskraft« ausüben. (Vgl. E. Fromm, 1941a, GA I, S. 380f.)

Diese Strategien immunisieren sich aber auch auf eine andere Weise gegen Widerspruch. Wer gesamtgesellschaftlich argumentiert und auf die einschüchternde Wirkung des staatlichen Terrors verweist, dabei aber das weitverbreitete Phänomen des vorauseilenden Gehorsams unterschlägt, der wird seine abwehrende Haltung in Berichten über den staatlichen Gewaltapparat bestätigt finden. Es findet so eine durch das Abwehrverhalten bedingte *selektive Informationsaufnahme* statt, die den Verdrängungsprozeß zusätzlich stabilisiert. Der folgende Leserbrief aus *Der Spiegel* mag verdeutlichen, wie eine Leserin die Friedenspreisrede Walsers in ihr vorhandenes, durch kollektiv tradierte Entlastungsargumentationen bestimmtes Abwehrverhalten einbaute:

»Jahrgang 1927 – eine Täterin? Trotzige Frage der Angeklagten: Wo steht in den USA ein Mahnmal für die Millionen ermordeter Indianer? Für Hiroshima? Vietnam-Opfer (...) Warum gilt das russische Volk, trotz Stalin-Massaker und mangelndem Widerstand, nicht auch als Verbrecher-Volk? Waren die 13 Millionen von jenseits der Oder-Neiße – 9 Millionen kamen lebendig an, von denen seit 53 Jahren in den Medien und Schulbüchern verächtlich geschwiegen wird, lauter Täter? Letzte Frage: Warum weigern sich die Juden, in das vorgesehene Mahnmal auch das Gedenken an Sinti und Roma einzuschließen? – Dr. Dagmar Brocksin« (Der Spiegel, Nr. 51, 1998, S. 8).

Wie bei Walser wurden die Berichterstattung und der gesellschaftliche Diskurs als generalisierende Anklage empfunden, die die Leserin jedoch auf den Kreis ihrer Zeitgenossen bezog. Sodann wird versucht, der Verminderung des Schuldempfindens durch eine Relativierung des Holocausts Rechnung zu tragen. Nichts lag Martin Walser ferner, als einem derart verzerrten Rechtfertigungsstil Vorschub zu leisten. Aber seine Rede bot sich als Assoziationsgrund für diese Reaktion der Leserin an.

Offensichtlich begünstigte die Nähe zu den Sprachfiguren des kollektiv tradierten Abwehrverhaltens eine solche Art der Reaktion. In dieser Hinsicht besonders aufschlußreich war auch die Stellungnahme Klaus von Dohnanyis:

>»Ich selbst formuliere deswegen trotz meiner Familie: Wir Deutschen haben das gemacht. Ignatz Bubis muß als Jude ein anderes Bewußtsein haben. Für ihn haben die Deutschen das getan. Allerdings müßten sich natürlich auch die jüdischen Bürger in Deutschland fragen, ob sie sich so sehr viel tapferer als die meisten anderen Deutschen verhalten hätten, wenn nach 1933 ›nur‹ die Behinderten, die Homosexuellen oder die Roma in die Vernichtungslager geschleppt worden wären. Ein jeder sollte versuchen, diese Frage für sich selbst zu beantworten« (K. von Dohnanyi, 1998, S. 40).

Klaus von Dohnanyi stellte in seinem Beitrag den Holocaust als Teil der deutschen Identität dar; dabei läßt sich bereits die Verwendung des Wortes »das« (in dem Satz: »Wir Deutschen haben das gemacht«) als Versuch einer sprachlichen Distanzierung begreifen (vgl. R. Wodak u. a., 1990, S. 221). Dieser Wunsch nach Distanzierung, der seiner Auffassung der deutschen Identität diametral entgegengesetzt war, kennzeichnete seinen gesamten Beitrag. Er mündete schließlich in der Aufforderung, die jüdischen Bürger mögen vor sich selbst darüber Rechenschaft ablegen, ob sie sich unter den genannten Umständen weniger schuldig als die Deutschen gemacht hätten. Jemand, der wie Dohnanyi das Schicksal von Ignatz Bubis kennt und ihn als Opfer zu dieser Selbstrechtfertigung auffordert, scheint die Fähigkeit zur Empathie auch als Folge eines intrapsychischen Konfliktes temporär verloren zu haben.

Ein ähnlicher Empathieverlust läßt eine Bemerkung Walsers in dem als Versöhnungsgespräch gedachten Meinungsaustausch mit Ignatz Bubis erkennen:

Walser: »(...) Und, Herr Bubis, da muß ich ihnen sagen, ich war in diesem Feld beschäftigt, da waren Sie noch mit ganz anderen Dingen beschäftigt. Sie haben sich diesen Problemen später zugewendet; Sie haben sich diesen Problemen später zugewendet als ich.«

Bubis: »Ich hätte nicht leben können. Ich hätte nicht weiterleben können, wenn ich mich damit früher beschäftigt hätte.« Walser: »Und ich mußte, um weiterleben zu können, mich damit beschäftigen. Jetzt kommt die Instrumentalisierung« (M. Walser und I. Bubis, 1998, S. 39).

Obwohl Walser wie auch Dohnanyi schuldlos geblieben sind, deutet sich hier an, welchen belastenden intrapsychischen Konflikten beide ausgesetzt sind, die sie ihrerseits dazu veranlassen, sich der Strategie einer institutionalisierten Abwehrhaltung zu bedienen.

»Biographische Abwehrstrategien« (G. Rosenthal) und der Dialog der Generationen

Die Externalisierung der Schuld scheint so weit zu reichen, daß man sich schließlich selbst als Opfer betrachtet, sei es als Beschuldigter oder als einer, der in der öffentlichen Debatte angegriffen wird. Die erwähnten Abwehr- und Rechfertigungsstrategien strebten eine Schuldverminderung über den Weg der angeblich zu Unrecht angeklagten Gesellschaft oder Generation an. Es lassen sich aber auch Abwehrmanöver ausmachen, die als »biographische Strategien« (G. Rosenthal, 1990, S. 231) auf die Bewahrung einer von der nationalsozialistischen Vergangenheit »gereinigten« Vita zielen. Sie stellen eine Reaktion auf ein nach Kriegsende weitverbreitetes »Dilemma« dar. Die Fortdauer des »Identitätsthemas« (J. Müller-Hohagen, 1988, S. 200) machte es unmöglich, sich »als vergangenheitsloses Wesen« zu begreifen, zugleich stellte aber »diese Vergangenheit« etwas ungemein Belastendes dar (G. Rosenthal, 1992, S. 26).

Nach Rosenthal ist es das Ziel dieser generationsspezifisch variierenden »biographischen« Strategien, lebensgeschichtlich relevante Bereiche der NS-Vergangenheit zu entpolitisieren:

»Man löste seine Vergangenheit, seine Verstrickung in das politische System des Nationalsozialismus aus dem politischen und gesamtgesellschaftlichen Zusammenhang. Dazu gehörten die lebensgeschichtlichen Erlebnisse, bei denen man direkt oder mittelbar mit den verbrecherischen Aktionen dieses Staates konfrontiert war. Damit gelang es, sich eine Vergangenheit zu bewahren, die vom Nationalsozialismus und seinen Verbrechen gereinigt war.« (A. a. O., S. 26f.)

In dem Maße, wie diese Entpolitisierungsstrategien massenhaft angewandt wurden, entwickelte sich ein Abwehrprozeß, der in der Familie an die zweite und dritte Generation weitergegeben wurde und sich so selbst stabilisierte. Es existieren heute zahlreiche Arbeiten, die belegen, in welch starkem Maße die familiäre Interaktion unter dem Zwang der Einübung und Tradierung des Abwehrprozesses stand bzw. auch heute noch steht. Großeltern und Eltern vermitteln der zweiten bzw. dritten Generation oft durch »nonverbale Botschaften«, daß sie sich außerstande fühlen, belastenden Nachfragen standzuhalten (M. Hecker, 1992. S. 226). Paradoxerweise hatte die formelhafte Nachfrage »Wieso habt ihr nichts dagegen getan?« ebenso phrasenhafte Rechtfertigungen zur Folge, die sich die zweite Generation auch noch zu eigen machte (vgl. G. Rosenthal, 1992, S. 29). Oftmals also begegneten die Kinder und die Enkel diesen institutionalisierten Abwehr- und Rechtfertigungsstrategien, die den Alltagsdiskurs bestimmten und eine kaum zu durchbrechende Mauer des Schweigens bildeten. Und es war diese »Mauer des Schweigens«, die ihrerseits ein Frageverhalten provozierte, das jenes Maß an Empathie vermissen ließ, dessen der Dialog der Generationen bedurft hätte (vgl. J. Müller-Hohagen 1988, S. 122).

Die Gefahr des Scheiterns des Dialogs der Generationen war und ist also außerordentlich groß. Sie manifestiert sich in einem Schuldgefühl, das auch die jüngere Generation bedrängt und nach Birgit Rommelspacher im Schweigen der Familien ihre Ursache hat:

»Das Schuldgefühl resultiert nicht aus den Taten der Vorfahren, sondern aus der Beziehung der Nachkommen zu ihren Eltern und Großeltern. Diese haben sich selbst ihrer Schuld nicht gestellt und sie an ihre Nachkommen weitergegeben. ›Ich fühle mich schuldig, weil mein Vater die Schuld nicht übernommen hat‹, so deutlich formuliert eine der in unserer Untersuchung Befragten den Zusammenhang« (B. Rommelspacher, 1998, S. 7).

Das »private Schweigen« kann, wie es sich in zahlreichen Familientherapien zeigte, *neben* den beträchtlichen Forschungsanstrengungen und der Präsenz des Themas in den Medien fortbestehen. Hier deutet sich folgende Tendenz an: Zwar hat die Familie als Sozialisationsinstanz an Gewicht verloren, im Hinblick auf die nationalsozialistische Vergangenheit aber bleibt sie im Sinne einer »psychologischen Agentur der Gesellschaft« (E. Fromm) weiter von maßgeblicher Bedeutung.

In dieser kurzen Abhandlung wollte ich zunächst aufzeigen, daß es verdrängte Inhalte sind, die den Umgang mit der nationalsozialistischen Vergangenheit zu einem stets vom Scheitern bedrohten Unterfangen machen. Die Abwehrstrategien halten das Verdrängte vom individuellen und öffentlichen Bewußtsein fern. Erich Fromms Theorie des »gesellschaftlichen Unbewußten« stellt meines Erachtens einen Ansatz dar, der den Weg zu einem umfassenderen Verständnis dieser Prozesse ebnen könnte: »Die erste Bedingung für eine humanistische Alternative ist, daß die Menschen sich der Situation *bewußt werden*. Dies ist etwas anderes, als den nur zur Kenntnis genommenen Ideen zuzustimmen. Bewußtwerden bedeutet, für etwas wach zu werden, das man gefühlt oder gespürt hat, ohne es zu denken, aber immer schon geahnt hat« (E. Fromm, 1992l, GA XI, S. 572).

Literaturnachweise

Brockhaus, G., 1997: *Schauder und Idylle. Faschismus als Erlebnisangebot*, München: Antje Kunstmann.

Dohnanyi, K. v., 1998: »Eine Friedenspreisrede. Martin Walsers notwendige Klage«, in: *Frankfurter Allgemeine Zeitung*, 14. 11. 1998. S. 40.

Friedländer, S., 1998: »Die Metapher des Bösen. Über Martin Walsers Friedenspreisrede und die Aufgabe der Erinnerung«, in: *Die Zeit*, Nr. 49 (26. 11. 1998), S. 50.

Fromm, E.: siehe die Nachweise am Ende des Bandes

Hecker, M., 1992: »Familienrekonstruktion in Deutschland. Ein Versuch, sich der Vergangenheit zu stellen«, in: *Das kollektive Schweigen. Nationalsozialistische Vergangenheit und gebrochene Identität in der Psychotherapie*, hg. von B. Heimannsberg und Ch. J. Schmidt, Köln: Edition Humanistische Psychologie.

Hofmann, G., 1996: »Die Welt ist, wie sie ist«, in: *Die Zeit*, Nr. 40 (27. 9. 1996), S. 10.

Mitscherlich, A., und Mitscherlich M., 1988: *Die Unfähigkeit zu trauern*, München: Piper.

Mohr, R., 1998: »Total normal? Der Streit zwischen Martin Walser und Ignatz Bubis wühlt die Nation auf. Ist die Debatte über die ›Dauerpräsentation‹ der Nazi-Verbrechen Auftakt für eine neue deutsche ›Normalität‹ der Berliner Republik?«, in: *Der Spiegel*, Nr. 49, 1998, S. 40–48.

Müller-Hohagen, J., 1988: *Verleugnet, verdrängt, verschwiegen: die seelischen Auswirkungen der Nazizeit*, München: Kösel.

Richter, H.-E., 1995: *Wer nicht leiden will, muß hassen. Zur Epidemie der Gewalt*, München: Droemersche Verlagsanstalt.

Rommelspacher, B., 1998: »Öffentliches Reden, privates Schweigen«, in: *Die tageszeitung*, 19. / 20. 12. 1998. S. 7.

Rosenthal, G., 1990: *Als der Krieg kam, hatte ich mit Hitler nichts mehr zu tun. Zur Gegenwärtigkeit des ›Dritten Reiches‹ in Biographien*, Opladen: Leske und Budrich.

– 1992: »Kollektives Schweigen zu den Nazi-Verbrechen. Bedingungen der Institutionalisierung einer Abwehrhaltung«, in: *Psychosozial*, Band 15 (Heft 3, 1992: Nr. 51), S. 22–33.

Walser, M., 1998: »Wovon zeugt Schande, wenn nicht von Verbrechen. Das Gewissen ist die Einsamkeit mit sich«, in: *Frankfurter Allgemeine Zeitung*, Nr. 277 (28. 11. 1998), S. 35.

– 1998a: *Erfahrungen beim Verfassen einer Sonntagsrede*, Frankfurt am Main: Suhrkamp.

– 1998b: *Ein springender Brunnen*, Frankfurt am Main: Suhrkamp.

Walser, M., und Augstein, R., 1998: »Erinnerung kann man nicht befehlen. Martin Walser und Rudolf Augstein über ihre deutsche Vergangenheit«, in: *Der Spiegel*, Nr. 45, 1998. S. 48–72.

Walser, M., und Bubis, I., 1998: »Wir brauchen eine neue Sprache der Erinnerung. Das Treffen von Ignatz Bubis und Martin Walser: Vom Wegschauen als lebensrettende Maßnahme, von der Befreiung des Gewissens und den Rechten der Literatur«, in: *Frankfurter Allgemeine Zeitung*, Nr. 290 (14. 12. 1998), S. 39–41.

Wodak, R., u. a., 1990: *Wir alle sind unschuldige Täter*, Frankfurt am Main: Suhrkamp.

K. PETER FRITZSCHE

Die neue Furcht vor neuen Freiheiten

Wir haben in den letzten Jahren in vielen Gesellschaften einen ungeahnt radikalen und rapiden Wandel erlebt. Schübe der Pluralisierung, Individualisierung und Mobilität haben ihre Spuren hinterlassen. Angesichts der Vielfältigkeit, Tiefe und Schnelligkeit dieses Wandels und des Anspruchs an die Individuen, die Kontrolle über ihr Leben zu behalten, fühlen sich viele Menschen überfordert. Die neuen Freiheiten und die neue Grenzenlosigkeit werden vielfach nicht als Bereicherung wahrgenommen, sondern als Verunsicherung erlebt und abgewehrt. Auf die neuen Freiheiten wird vielfach mit einer Furcht vor der Freiheit und nicht selten auch mit den Abwehrmechanismen des Nationalismus und Rechtsextremismus reagiert. Erich Fromm hat mit seiner Schrift *Die Furcht vor der Freiheit* (*Escape from Freedom, 1941*), ein Erklärungsmodell vorgelegt, das uns auch heute noch helfen kann, Probleme mit der »Doppelgesichtigkeit der Freiheit« im Kontext von Modernisierungs- und Systemwechselfolgen zu verstehen.

Wenn die Freiheit zur Bürde wird

Ausgangspunkt für Erich Fromms Schrift war die *Flucht vor der Freiheit* vieler Deutscher am Ende der Weimarer Republik. »Wir mußten erkennen, daß Millionen von Deutschen ebenso bereitwillig ihre Freiheit aufgaben, wie ihre Väter für sie gekämpft hatten; anstatt sich nach Freiheit zu sehnen, sich nach Möglichkeiten umsahen, ihr zu entfliehen« (E. Fromm, 1941a, GA I, S. 220). Zur Kernfrage, die seine gesamte Argumentation leitet, wird deshalb: »Kann Freiheit zu einer Last werden, die den Menschen so schwer bedrückt, daß er ihr zu entfliehen sucht? Woher kommt es dann, daß Freiheit für viele ein hochgeschätztes Ziel und für andere eine Bedrohung bedeutet?« (A. a. O., S. 221.) In einer immer noch unübertroffenen Klarheit analysiert er die »Doppelgesichtigkeit der Freiheit« in biographischer wie in historischer Sicht. Deutlich erkennt man in seinen Zeilen die Vorlage für heutige Individualisierungsdiagnosen: »Wir sehen: daß der Prozeß wachsender menschlicher Freiheit den gleichen dialektischen Charakter besitzt, den wir beim Prozeß des individuellen Wachstums beobachten konnten. Auf der einen Seite handelt es sich um einen Prozeß der zunehmenden Stärke und Integration, der Meisterung der Natur und der zunehmenden Beherrschung der menschlichen Vernunft, der wachsenden Solidarität mit anderen Menschen. Zum anderen aber bedeutet diese wachsende Individuation auch zunehmende Isolierung, Unsicherheit und, hierdurch bedingt, zunehmenden Zweifel an der eigenen Rolle im Universum, am Sinn des eigenen Lebens und, durch das alles bedingt, ein wachsendes Gefühl der eigenen Ohnmacht und Bedeutungslosigkeit als Individuum« (E. Fromm, 1941a, GA I, S. 238).

Wie erklärt Fromm diesen Widerspruch? Kennzeichnend für den theoretischen Ansatz von Fromm ist eine psychologische Perspektive, die sich um die Wechselwirkung subjektiver und objektiver Faktoren bemüht: »Die Analyse des menschlichen Aspekts der Freiheit und des Autoritarismus zwingt uns, uns mit einem allgemeinen Problem zu beschäftigen – mit der Rolle nämlich, welche psychologische Faktoren als aktive Kräfte im gesellschaftlichen Prozeß spielen; und dies führt uns schließlich zum Problem der Wechselwirkung von psychologischen, ökonomischen und ideologischen Faktoren im gesellschaftlichen Prozeß« (a. a. O., S. 221). Fromm erklärt dann, warum sich viele deutsche Bürger nach dem Systemwechsel vom Kaiserreich zur Weimarer Republik durch die Freiheiten der neuen Demokratie verunsichert fühlen: Sie sehen nicht die Chancen der Freiheit zu etwas, sondern erleben nur die Freiheit von ehemaligen Autoritäten als Freisetzung in eine Welt ohne Schutz und Sicherheit. Diese verunsicherten Bürger erleben die historischen Zuwächse an individueller Freiheit als »Bürde«. Für diese Bürger bedeutet Freiheit Verlust ehemaliger Sicherheiten und das Risiko, zwischen sozialen und politischen Extremen zerrieben zu werden. »Die Autorität der Monarchie war noch unangefochten, und dadurch, daß das Kleinbürgertum sich an sie anlehnte und sich mit ihr identifizierte, fühlte es sich sicher und war von einem narzißtischen Stolz erfüllt. Auch die Autorität der Religion und der herkömmlichen Moral war noch fest verwurzelt. Die Familie war noch unerschüttert und ein sicherer Zufluchtsort in einer feindlichen Welt. (...) Für das, was ihm an Sicherheit und Aggressivität als Individuum abging, fand er eine Entschädigung in der Macht der verehrten Autoritäten. Kurz, seine wirtschaftliche Lage war noch so solide, daß sie ihm ein Gefühl des Stolzes auf sich selbst und einer relativen Sicherheit gab, und die Autoritäten, an die er sich anlehnte, waren ihrerseits so stark, daß sie ihm zusätzlich die Sicherheit gaben, die ihm seine persönliche Situation nicht gewähren konnte. Nach dem Krieg änderte sich diese Situation beträchtlich. (...) Neben (den) wirtschaftlichen Faktoren gab es auch psychologische Probleme, die die Situation noch verschlimmerten. Dazu gehörte der verlorene Krieg und der Zusammenbruch der Monarchien. Monarchie und Staat waren psychologisch gesehen der Fels gewesen, auf den das Kleinbürgertum seine Existenz aufgebaut hatte; daher erschütterte deren Mißerfolg und ihr Zusammenbruch die eigene Existenzlage« (E. Fromm, 1941a, GA I, S. 243f).

Den Hauptgrund, warum sich viele Bürger – damals vor allem die Mittelschichten, aber auch Teile der Arbeiterschaft – dermaßen verunsichert fühlen, daß sie freiwillig auf ihre Freiheit verzichten und die Flucht in den vermeintlichen Schutz durch eine große Masse und einen starken Führer suchen, sieht Fromm in ihrer autoritären Charakterstruktur. »Der erste Fluchtmechanismus (...) ist die Tendenz, die Unabhängigkeit des eigenen Selbst aufzugeben und es mit irgend jemand oder irgend etwas außerhalb seiner selbst zu verschmelzen, um sich auf diese Weise die Kraft zu erwerben, die dem eigenen Selbst fehlt. Es handelt sich also darum, neue ›sekundäre Bindungen‹ als Ersatz für die verlorenen primären Bindungen zu suchen. Deutlich erkennbare Formen dieses Mechanismus sind das Streben nach Unterwerfung und nach Beherrschung« (a. a. O., S. 300). Bereits Jahre vor der Erstellung der Studien der Berkeley-Gruppe mit Theodor Adorno entwickelt Erich Fromm theoretisch das Konzept des »autoritären Charakters«: Das Bedürfnis sich zu unterwerfen ist beim autoritären Charakter gepaart mit dem Bedürfnis nach Macht und Aggressivität. Diese Aggressivität richtet sich vornehmlich gegen Minderheiten. »Wir haben das gleichzeitige Vorhandensein von sadistischen und masochistischen Strebungen als das Wesentliche beim autoritären Charakter bezeichnet. Unter Sadismus verstanden wir das Streben nach uneingeschränkter Macht über einen anderen Menschen, das mehr oder weniger mit Destruktivität vermischt ist. Der Masochismus dagegen zielt darauf ab, daß der Betreffende sich in einer überwältigend starken Macht auflöst und so an deren Kraft und Ruhm Anteil hat. Ursache sowohl für die

sadistischen als auch für die masochistischen Tendenzen ist die Unfähigkeit des isolierten einzelnen, auf eigenen Füßen zu stehen, und
sein Bedürfnis nach einer symbiotischen Beziehung, welche diese
Vereinsamung überwindet« (a. a. O., S. 346).

Der entscheidende Grund dafür, daß Bürger die Flucht vor der
Freiheit antreten, ist mit Fromm einerseits in einer spezifischen Persönlichkeitsstruktur mit einem schwachen Ich zu sehen. Andererseits ist jedoch schon bei ihm angedacht, daß erst die krisenhafte
Dynamik der freiheitlichen Gesellschaften selbst – und nicht schon
das Überdauern der autoritätsorientierten Charakterstrukturen aus
der Sicherheitsgesellschaft des Kaiserreichs – solche Verunsicherungen für die Bürger bereithält, daß »Freiheit zur Bürde« wird und
viele den Weg in eine vermeintlich sichere Unfreiheit wählen. Fromm
verbindet ansatzweise eine Kontinuitäts- und eine Situationsthese.
Einerseits deutet er die Charakterstruktur des Mittelstandes als
konstant und systemübergreifend: »Es gibt gewisse Charakterzüge,
die für diesen Teil des Mittelstandes von jeher kennzeichnend waren« (a. a. O., S. 240). Andererseits sieht Fromm, daß man für die
Zeit »der Monarchie« erst im Keim von einem autoritären Charakter sprechen kann: »Der einzelne hatte das Gefühl, einem stabilen
gesellschaftlichen und kulturellen System anzugehören, in dem jeder seinen bestimmten Platz hatte. Seine Unterwürfigkeit und seine
Loyalität gegenüber der Autorität waren eine befriedigende Lösung
für seine masochistischen Strebungen. Allerdings gab er sich noch
nicht völlig selber auf und bewahrte sich noch ein Gefühl der Wich-
tigkeit seiner eigenen Persönlichkeit« (a. a. O., S. 341f.). Das für
den autoritären Charakter kennzeichnende Bedürfnis nach Selbst-
preisgabe der Persönlichkeit erhält erst durch die Verunsicherungen
in der Weimarer Republik den entscheidenden Schub.

Autoritärer Charakter und sozialer Stress

In einer selbstkritischen Rückschau auf die Stärken und Schwächen
der Autoritarismus-Studien der Berkeley-Gruppe brachte ihr ehe-
maliges Mitglied Nevitt Sanford bereits vor Jahren ein wichtiges Argument ins Spiel. Er verwies darauf, daß die »autoritäre Persönlichkeit« nur angemessen verstanden werden könne, wenn man sie als

eine »psycho-historische Konzeption« auffasse. Dies meint zweierlei. Erstens: Ein Mensch mit einer autoritären Persönlichkeit lebte 1945 in anderen politischen und gesellschaftlichen Verhältnissen und hatte andere Ängste als heute. Zweitens: Der sozialwissenschaftliche Ansatz, ein solches Modell des Autoritarismus zu entwickeln, unterliegt selbst dem historischen Wandel.

Ein starkes Argument für die Erweiterung der Erklärung autoritären Verhaltens kam von Vertretern der sogenannten Situationsthese. Sie besagt, daß autoritäres Verhalten nicht nur eine Folge eines »autoritären Charakters«, also relativ konstanter Strukturen der Persönlichkeit, sondern auch Folge aktueller Belastungen oder situativer Verunsicherungen sein kann. Menschen können »sich auch ohne entsprechende Persönlichkeitsstruktur ›autoritär‹ verhalten« (D. Oesterreich, 1993, S. 24). Eine theoretisch weiterführende Integration von situativen Belastungen und subjektiven Weisen der Verarbeitung finden wir heute bei der Stresstheorie. Im folgenden werde ich zeigen, wie uns dieser Ansatz helfen kann zu verstehen, warum »Freiheit zur Bürde« wird und inwieweit sozialer Stress anfällig für autoritäre Reaktionen macht.

Unter *Stress* verstehen wir das Gefühl, etwas nicht zu schaffen, ein Problem nicht lösen zu können, einer Anforderung nicht gewachsen zu sein. Damit dieses beängstigende Gefühl entstehen kann, müssen immer zwei Momente zusammenkommen: zum einen Herausforderungen, die die Gesellschaft an die Menschen heranträgt, zum anderen das je unterschiedliche Vermögen der betroffenen Menschen, damit umzugehen. Wenn Belastungen der Gesellschaftsstruktur und/oder des sozialen Wandels bei Bürgern auf begrenzte oder fehlende Fähigkeiten zu ihrer Verarbeitung treffen, wenn objektiver Problemdruck auf mangelnde Ressourcen und Kompetenzen bei den Menschen stößt, dann wird diese Problemkonstellation von den betroffenen Bürgern als Stress wahrgenommen: Das Gefühl der Herausforderung wird durch das Gefühl der Überforderung verdrängt. Abwehr- und Fluchtreaktionen sind wahrscheinlich. Eine Pointe des Begriffs besagt, daß auch Verhältnisse eintreten können, in denen sogar potentielle Entlastungen zu Belastungen werden. Es vollzieht sich eine Verkehrung. Freiheitszuwächse werden nicht als Befreiung, sondern als Bedrohung erlebt.

Im *Umgang* mit potentiellen Stressoren und bei der möglichen Bewältigung von Stress ist ein breites Set von Ressourcen wirksam, von denen die jeweilige Charakterstruktur nur eine darstellt.

1. Selbstwert-Ressourcen: Situative Belastungen können von einem Ich-starken, selbstbewußten Menschen nur als Druck und nicht als Stress wahrgenommen werden; eine ängstliche und unsichere Person dagegen wird bereits sehr früh befürchten, überfordert zu werden.

2. Kognitive Ressourcen: Wissen und Lernkompetenzen sind wichtige Quellen in der Auseinandersetzung mit Stress, aber vor allem die Fähigkeit, mit Noch-Nicht-Wissen umzugehen.

3. Moralische Ressourcen: Die Akzeptanz sozialer Werte, die Kompetenz zum moralischen Urteil und vor allem die Entwicklung eines Bewußtseins von Menschenrechten ermöglichen Orientierung und helfen, Barrieren gegen gewaltförmige Reaktionsweisen aufzubauen.

4. Soziale Ressourcen: Stressbewältigung erfolgt nicht zuletzt durch »stress sharing«, durch die Verfügbarkeit und Nutzung von sozialer Unterstützung. Geteilter Stress ist halber Stress. Das Vertrauen auf oder das Wissen um die mögliche Hilfe anderer verringert das Risiko, sich überfordert zu fühlen. Zu den Ressourcen möglicher sozialer Unterstützung gehören u. a.: soziale Organisationen und soziale Netze, Familien- und Freundschaftsbeziehungen, Gruppen und Cliquen, Sekten und Seilschaften, Bewegungen und Vereine, auch Parteien und Verbände.

5. Materielle Ressourcen: Voraussetzung für die Fähigkeit und Bereitschaft, sich unterschiedlichsten Anforderungen zu stellen, ist ein bestimmtes Maß materieller Absicherung. Freiheit kann man nicht ohne Sicherheit leben.

6. Kulturelle Ressourcen: Zur Ressource der Bürger gehört auch der Bereich der politischen Kultur, der den Erfahrungsschatz einer Gesellschaft im Umgang mit Herausforderungen, Unsicherheiten und Stress im kollektiven Gedächtnis gespeichert hat. Es gibt somit ein kulturell überliefertes Verhältnis zu unklaren, riskanten Verhältnissen wie auch zum Wandel überhaupt. Diese kulturellen Ressourcen kann man nicht selber herstellen, aber man kann sie unterschiedlich erinnern, aktivieren und nutzen, um sich im Strudel aktueller Verunsicherungen gelassener zurechtzufinden. Ob und inwieweit Gefühle der Verunsicherung oder Überforderung aufkommen, ist also kulturell verschieden.

Je weniger den Betroffenen diese Ressourcen zur Verfügung stehen, desto eher werden Belastungen als Überlastung erlebt. Der Verlust oder die Entwertung der skizzierten Ressourcen – die Entwertung von Wissensbeständen, die Kränkung des Selbstwertgefühls, die Veränderung moralischer Standards, die Zerstörung sozialer Netze und/oder der Zerfall kultureller Traditionen –, wie wir sie in Zeiten rapiden und tiefen Wandels erfahren, wird selbst als eine besonders bedrohliche Form von Stress wahrgenommen.

Stress löst Such(t)bewegungen aus. Bei gelingendem Umgang mit Stress oder »coping« erfolgt Stressreduktion durch eine neue Art der Situationskontrolle, durch Anpassungs- und Lernprozesse. Bei mißlingendem »coping« kommt es zum Gefühl der Überforderung; dann sind Flucht- oder Verdrängungsmechanismen, Lernblockaden und Aggressionen wahrscheinlich. Falls es keine angemessenen Lösungen gibt, wird zu Ersatzlösungen gegriffen. Subjektiv »erfolgreiche« Entlastungsstrategien gestreßter Sicherheitssucher stellen so auch Nationalismus, Xenophobie und Fundamentalismus dar.

Vorurteile und Feindbilder sind oft gebrauchte Ressourcen bei der Verarbeitung von sozialem Stress. Entweder führt sozialer Stress zur Entwicklung neuer Vorurteile – wie beispielsweise zwischen Deutschen und Nicht-Deutschen, Ost- und Westdeutschen, Christen und Muslimen. Oder der Stress zerrt Vorurteile sozusagen aus der Versenkung der Latenz und läßt sie manifest werden – wie zum Beispiel gegenüber Juden oder Polen. Stress kann in Eskalationsprozessen auch Feindbilder aus dem Bereich sozial kontrollierter Latenz in den Raum manifester Feindbilder katapultieren. Stress zersetzt in diesen Fällen die sozial konstruierte und kontrollierte Hemmschwelle gegenüber latent schlummernden Feindbildern und öffnet ihnen wieder den öffentlichen Raum. Weiterhin kann es unter Stress auch zu sozialmoralisch regressiven Lösungen bis zur Gewaltanwendung kommen, es erfolgen dann Rückschritte hinter das bislang erreichte moralische Niveau.

Sozialer Wandel, politischer Umbruch und neue Freiheiten

Prozesse der Modernisierung werden schon seit einiger Zeit unter dem Stichwort Individualisierung diskutiert. In vielem ähneln diese Diagnosen den Befunden von Erich Fromm über die wachsende

»Individuation«. Individualisierung meint einen Wandel im Verhältnis des Individuums zu den bisherigen, mehr oder weniger verbindlichen sozialen Bindungen, Traditionen, Orientierungen und Weltbildern. Stresstheoretisch ausgedrückt: Seine sozialen, moralischen und kulturellen Ressourcen verändern sich. Dieser Wandel bringt einerseits eine Abnahme an Eingebundensein, Begrenzung und Fremdbestimmung, zugleich wachsen Selbstbestimmung und Wahlmöglichkeiten; andererseits ist aber auch eine Abnahme an Fraglosigkeit, Orientierungsklarheit und emotionaler Sicherheit zu beobachten. Individualisierung bedeutet nicht das Ende von Bindungen und Verbindlichkeiten überhaupt, wohl aber schwinden nicht selbst gewählte Bindungen und Orientierungen an Ideologien und Werte wie auch an bestimmte Organisationen, Kollektive und Milieus.

Die »Sonnenseite« der Individualisierung bringt einen Zuwachs an Chancen, an Wahl- und Entscheidungsfreiheit. Die »Schattenseite« der Individualisierung führt zum Verlust von kollektiver Sinn-Sicherheit und damit zu Gefühlen der Isolation, Orientierungslosigkeit und Ohnmacht: Wer die Wahl hat, hat auch die Qual – die neuen Freiheiten sind riskante Freiheiten.

Stress bedeutet die Vorherrschaft der Unsicherheit, erscheint erdrückend und ist nicht mehr wie in einer Risikokalkulation verrechenbar mit den möglichen Vorteilen. Es fehlt dann an Risikobereitschaft, da subjektiv die Gefahren überwiegen. Freiheit selbst wird zum Stress, wenn Ressourcen und Kompetenzen fehlen, um riskante Freiheiten zu leben. Wer in der Freiheit nur Gefahren und keine Chancen sieht oder sich von den Freiheiten anderer bedroht fühlt, wird die Freiheit als Stress erleben und neigt dann dazu, die Freiheit anderer zu beschränken oder die eigene Freiheit gegen neue Sicherheiten einzutauschen.

Freiheit wird auch deshalb als Stress erlebt, weil die Ressourcen und Kompetenzen extrem ungleich verteilt sind. Von der Freiheit des ungleich besser Ausgestatteten und deshalb Überlegenen geht dann subjektiv eine Bedrohung aus. Stress-Bewältigung erfolgt dann oft auch auf Kosten anderer: Kompetitiver Wettbewerb verwandelt sich in den aggressiven Wettbewerb der »Ellenbogengesellschaft«.

Sozialer und ökonomischer Stress folgt heute vor allem aus dem Wettbewerbsdruck auf dem Arbeitsmarkt unter Bedingungen der Ungleichheit und aus Unsicherheit über den Umbau/Umbruch der sozialen Sicherungssysteme. Stress entsteht durch einen bislang ungesteuerten Prozeß des Knappwerdens bezahlter Arbeit. Während die einen am Stress in der Arbeit leiden und an der Furcht, die Arbeit verlieren zu können, bereitet es den anderen Stress, überhaupt Arbeit zu finden. Die Sorge, es nicht mehr zu schaffen, noch eine bezahlte Arbeit zu erhalten, verbindet sich bei längerer Arbeitslosigkeit mit der Angst, überflüssig zu sein. Nicht nur Überforderung, auch Unterforderung kann zur Qual werden.

Das neue Etikett, unter dem die Debatten um den Übergang vom Sozialstaat zum »Kapitalismus pur« (Nobert Blüm) geführt werden, heißt Globalisierung. Was für die einen die Hoffnung auf die Sonnenseiten des Weltmarktes ist, bedeutet für andere neue Unübersichtlichkeit und Angst vor dem Weltmarkt und seinen »global players«. Welche Politik kann ihre Bedingungen und Folgen regeln? Oder anders gefragt: Wieviel Globalisierung verträgt die Demokratie?

Demokratie ist die politische Ordnungsform der Freiheit. Sie verbindet die Freiheit von staatlicher Willkür und Repression mit der Freiheit des Bürgers zur Partizipation. Demokratie bewährt sich nicht schon durch ihre Existenz. In Zeiten rapiden sozialen Wandels und wirtschaftlicher Bedrängnis können Bürger in Angst die Flucht vor der Freiheit antreten. Demokratische *Strukturen* benötigen für ihre Überlebensfähigkeit und für ihr wirkungsvolles Gedeihen politische *Kulturen*, die sie stützen und sich entwickeln lassen.

Was ist aber die Bürgerrolle in Zeiten des stressvollen Wandels, von Unübersichtlichkeit, von Individualisierung und Globalisierung, von neuer nationaler wie multikultureller Identität? Wie gehen die Bürger in Ostdeutschland mit der neuen Demokratie um? Welche neuen Ressourcen und Kompetenzen müssen die Bürger entwickeln, um Politik mitzugestalten? Unter diesen Bedingungen fühlen sich Bürger schnell überfordert bei der Auswahl von Informationen, im politischen Streit, bei der Beurteilung von Alternativen und bei der möglichen Kontrolle von Entscheidungen. Entstehen dann nicht leicht Ängste, inkompetent zu sein, übervorteilt oder überfremdet zu werden?

Von einer Art »Kulturschock« kann man in Bezug auf die Veränderungen einer Gesellschaft in Richtung auf eine multikulturelle Gesellschaft sprechen. Der Umgang mit der neuen kulturellen und ethnischen Vielfalt ist stark durch Abgrenzung gegenüber Fremden, vor allem gegenüber Armutsflüchtlingen, Asylbewerbern und Arbeitsmigranten geprägt. Toleranzschwellen in einer Gesellschaft sind auch Stress-Schwellen. Sozialer Stress macht anfällig für Intoleranz. Die Aufnahmebereitschaft der »Einheimischen« ist abhängig vom Stress, dem sich die Bürger insgesamt ausgesetzt fühlen. Es sind jeweils nicht *allein* objektive Belastungen (zum Beispiel Arbeitslosigkeit, »Vereinigungsschock«, Ausländerzuwanderung) oder die subjektive Seite der Wahrnehmung und Bewältigungsversuche der Gestressten, die sie anfällig machen für Intoleranz. Erst ihr *Zusammenwirken* führt dazu. Es gibt keine absolute Toleranzgrenze gegenüber Migranten, sondern diese Grenze ist konstruiert und gelernt, also auch veränderbar.

Fremdenfeindlichkeit, so argumentieren Persönlichkeitstheorien, die auch in der Tradition von Erich Fromm stehen, habe ihre Ursache nicht in den Fremden, sondern in der Persönlichkeitsstruktur der Fremdenfeinde selbst. Hinter Fremdenfeindlichkeit verbirgt sich eine Furcht vor dem Fremden, und diese Furcht ist weniger ein Ergebnis eines bedrohlichen Verhaltens der Fremden, sondern eher eine Folge eigener Furchtsamkeit. Diese hat ihren Grund in einem schwachen, verunsicherten oder gekränkten Selbstwertgefühl, das zumeist aus deformierenden Familienverhältnissen abgeleitet wird. Die eigene Unsicherheit macht anfällig für Fluchtwege in Gruppen und Gemeinschaften, deren scheinbare überhebliche Sicherheit den schwachen einzelnen eine Chance gibt, durch Teilhabe an der vorgeblichen Stärke und Überlegenheit der Gruppe ihr eigenes Selbstwertgefühl wieder aufzurichten.

Diese These der Persönlichkeitstheorie wird von der Stress-Theorie als ein wichtiger Baustein aufgenommen, aber sie wird gleich zweifach erweitert: Erstens wird unterstrichen, daß das Selbstwertgefühl zwar eine äußerst wichtige Ressource ist, um mit Belastungen umzugehen, daß diese Ressource aber noch durch kognitive, moralische, soziale, kulturelle und materielle Ressourcen ergänzt und begleitet wird. Zweitens wird betont, daß es auch ein situativ verunsichertes Selbstwertgefühl geben kann, das nicht auf persönlichkeitsbedingte Strukturen zurückgeht.

Ich möchte vier unterschiedliche Stress-Konstellationen hervorheben, durch die Fremdenfeindlichkeit hervorgerufen werden kann:

1. Ein bestimmtes Auftreten, Erscheinungsbild und Verhalten von Migranten kann zu einer realen Belastung werden, die selbst von eher toleranten Bürgern als solche wahrgenommen wird. Dabei ist zu prüfen, ob es sich um ein frei gewähltes Verhalten der Migranten handelt oder um Reaktionen zum Beispiel auf eine wesentlich

politisch-administrativ zu verantwortende, quotierte und ghetto-isierende Unterbringung.

2. Unter Bedingungen bereits wirksamer sozialer Belastungen und dort, wo es zu Überforderungsgefühlen kommt, ist es wahrscheinlich, daß die Zuwanderer selbst als die Hauptbelastung angesehen werden. Vorurteile und Feindbilder gehören dann zum Repertoire der Stressreaktion mit ihren Vereinfachungen; die Abwertung der Fremden und Selbst-Aufwertung helfen Angst und Stress zu reduzieren.

3. Fremde werden dann als Belastung erlebt und wahrgenommen, wenn die Bürger der Aufnahmegesellschaft unzureichend auf den Kontakt mit ihnen vorbereitet sind.

4. Die Bedrohungsszenarien wurzeln nicht im realem Verhalten der Fremden und den Erfahrungen der Bürger, sondern gehen auf den inszenierten Stress einiger Meinungsführer zurück. In extremen Fällen kann es durchaus zu einer Konstellation der Bedrohung durch Fremde ohne eine reale (zahlenmäßig relevante) Existenz von Fremden kommen.

Gestresste Ostdeutsche

Die Anfälligkeit für fremdenfeindliche Reaktionen und autoritäre »Antworten« auf die Probleme der Gesellschaft und ihrer Bürger ist zur Zeit in Ostdeutschland wie auch in anderen postkommunistischen Gesellschaften besonders groß. Es fällt auf, daß die Xenophobie verbreiteter als in Westdeutschland ist, obwohl prozentual die Präsenz von Ausländern viel geringer ist. Das Gefühl, den Herausforderungen des Umbruchs nicht gewachsen zu sein, senkt vielfach die Schwelle zur Intoleranz.

Die Transformationsgesellschaft Ostdeutschlands ist in besonderer Weise eine Stress-Gesellschaft. Prozesse des Wandels vollzogen sich hier beschleunigter, radikaler, vielfältiger und zeitgleicher als im Westen – ein Bruch und keine mehr oder weniger stetige Veränderung der Lebensverhältnisse. Die Ankunft in der »Großen Freiheit Nr. BRD« (Daniela Dahn) wurde als Befreiung begrüßt. Die »Freiheit von...« hatte ihre große Feier. Aber es dauerte nicht lange, da erlebten viele Ostdeutsche das Sich-Einrichten in der Bundesrepublik als Stress. Vieles war für sie fremd, auf vieles waren sie überhaupt nicht vorbereitet, und von vielem fühlten sie sich überfordert. Ähnlich wie Erich Fromm fragte jetzt Friedrich Schorlemmer: *Macht Freiheit zu große Mühe?* Seine Antwort liest sich wie eine Passage aus *Die Furcht vor der Freiheit*: »Freiheit setzt Reife voraus und läßt reifen. Dabei konkurrieren stets die Angst vor der Freiheit und die Sehnsucht nach Freiheit in uns. Es ist so anstrengend, mündig zu sein. Es ist so bequem, sich einzufügen. Es macht Mühe, entscheiden zu sollen. Es ist stets leichter, Entscheidungen zu kritisieren, ohne sich den Dilemmasituationen stellen zu müssen, in denen bei widerstreitenden Interessen kompromißbereit verhandelt und gehandelt werden muß« (F. Schorlemmer, 1993, S. 154f.).

Da die Sozialisation in der DDR die Bürger auf eine Sicherheitsgesellschaft und nicht auf eine Risikogesellschaft vorbereitet hat, fühlen sich viele Bürger angesichts des Wandels zutiefst verunsichert und haben das Gefühl, sich nicht mehr zurechtzufinden. Der Umbruch brachte den ostdeutschen Bürgern eine Konfrontation mit mehreren, bislang unbekannten Herausforderungen:

- mit ökonomischer Konkurrenz und Unsicherheit,
- mit ideologischer und politischer Vielfalt,
- mit multikultureller Unterschiedlichkeit.

Vor allem unter dem Eindruck wachsender Xenophobie und rechter Gewalt wurde die These von der Kontinuität autoritärer Charaktere populär. Die Schwierigkeiten der Ostdeutschen mit der real existierenden Freiheit wurde als Erblast autoritärer Sozialisation in der DDR und als Folge überdauernder Mentalitäten interpretiert.

Die verbreitete Kontinuitätsthese verdeckt dreierlei:

- die Diskontinuität des Umbruchs, dessen Leistung man ehemals noch als »friedliche Revolution« gefeiert hat,
- die unterschiedlichen politischen Kulturen, die es bereits vor der Wende in der DDR gab, und
- die Tatsache, daß autoritäre Reaktionen eher ein Produkt offener und nicht geschlossener autoritärer Gesellschaften sind.

Die Kontinuitätsthese spricht nachträglich den Herrschenden in der DDR einen überwältigenden Erfolg bei der Anpassung der Bürger an die Normen autoritärer Herrschaft zu, die diese zwar gewünscht, aber nie erreicht haben. Die Wende wurde zwar nur von einer relativ »kleinen radikalen Minderheit« vollbracht; doch sie war nur möglich, weil die politische Kultur der DDR nie monolithisch war. Neben der offiziellen Verkündungskultur des Marxismus-Leninismus gab es immer eine pragmatische Alltagskultur, in der die Werte des Marxismus-Leninismus nur teilweise akzeptiert wurden. Verbunden damit existierte die sogenannte Nischenkultur des Rückzugs. Schließlich gab es eine kleine alternative Kultur, die vor allem eine demokratisch-sozialistische Veränderung des Systems anstrebte.

Die in der DDR-Gesellschaft oktroyierte Untertanenrolle gerät aus der Kontinuitätsperspektive zur freiwillig übernommenen Rolle, die die Bürger auch unter Bedingungen der Freiheit nicht aufgeben wollen. Autoritäre Systeme bringen zwar in der Freiheit ungeübte, aber doch auch sich nach Freiheit sehnende Menschen hervor: »Die autoritären Systeme können die Grundbedingungen nicht beseitigen, die zum Streben nach Freiheit führen, und sie können auch das Freiheitsverlangen nicht ausrotten, das diesen Bedingungen entspricht« (E. Fromm, 1941a, GA I, S. 356).

Ohne Zweifel gibt es auch kognitive Landkarten und mentale Muster, die auch nach dem Systembruch in der neuen Gesellschaft fortwirken, bis neue Bedingungen und Erfahrungen auch neue mentale Muster hervorbringen. Aber diese Filter, mit denen die Bürger teilweise noch ihre soziale Umwelt verarbeiten, sind eben nicht einfach psychische Verdopplungen autoritärer Herrschaft. Vielmehr sind es Bewältigungsstrategien, mit denen die Bürger ihre Balance gesucht haben zwischen unterdrückten Freiheitswünschen und partiell befriedigten Sicherheitsbedürfnissen. Allerdings muß auch hier differenziert werden, denn nicht alle fühlten sich in der DDR unterdrückt, nicht alle haben sich nach neuen Freiheiten gesehnt. Es gab auch die, die sich anerkannt und sicher (und mächtig!) im DDR-Sozialismus fühlten und die »die Wende« eher als Kränkung denn als Befreiung erlebten.

Bürger in Ostdeutschland haben nicht Stress, weil sie immer noch autoritär sind, sondern sie werden anfällig für autoritäre Reaktionen, wenn sie zuviel Stress haben. Die Schwierigkeiten mit der Freiheit und die Suche nach Sicherheit entstehen weniger als Folge einer bestimmten Charakterstruktur der Bürger Ostdeutschlands, sondern aus dem Zusammentreffen von noch nicht entwickelten neuen Kompetenzen, entwerteten alten Kompetenzen und noch vielfach fehlenden Ressourcen, um mit den Herausforderungen der real existierenden Demokratie und Marktwirtschaft umgehen zu können. Als Hauptquelle autoritärer Reaktionen erscheint dann nicht mehr die Kontinuität von Einstellungen, sondern die Diskontinuität von Kompetenzen.

Zehn Jahre nach der Wende gilt es aber auch zu betonen: Es sind nicht alle gleich belastet, und es fühlen sich nicht alle gleichermaßen überfordert. Es gibt auch diejenigen, die sich auf die Herausforderungen eingelassen haben, die gelernt haben, neue Ressourcen zu mobilisieren und neue Fähigkeiten zu entfalten.

Es wäre eine abstrakte Utopie zu meinen, man könnte in einer Welt ohne Belastungen oder ohne schwierige Anforderungen leben. Was sich ändern läßt, ist der Umgang mit den Anforderungen; was sich ändern läßt, ist die Einschätzung der bedrohlichen Anforderungen in ihrem Verhältnis zu den eigenen Möglichkeiten. Was sich beeinflussen läßt, ist die Bereitschaft, sich auf riskante Freiheiten einzulassen, um ihre Chancen wahrzunehmen. In der ihm eigenen Tonlage formulierte Erich Fromm sein Plädoyer für die Befähigung zur Freiheit: »Wir glauben (…), daß der Mensch frei und trotzdem nicht allein, kritisch und doch nicht voller Zweifel, unabhängig und doch ein integraler Teil der Menschheit sein kann. Diese Freiheit kann der Mensch dadurch erlangen, daß er sein Selbst verwirklicht, daß er er selbst ist« (E. Fromm, 1941a, GA I, S. 367).

Literaturnachweise

Fritzsche, K. P., 1998: *Die Stressgesellschaft*, München: Kösel.
Fromm, E.: siehe die Nachweise am Ende des Bandes.
Oesterreich, D., 1993: *Autoritäre Persönlichkeit und Gesellschaftsordnung*, Weinheim und München: Juventa.
Schorlemmer, F., 1993: *Freiheit als Einsicht. Bausteine für die Einheit*, München: Droemer.

Rainer Otte

Es geht um den Menschen!
Erich Fromms Bedeutung für eine Weltwirtschaftsethik

> Die Aussichten der heutigen Gesellschaft auf Rettung vom Standpunkt des Glücksspiels oder des Geschäfts zu betrachten, ist charakteristisch für den Geist einer Welt des Kommerzes.
>
> *Erich Fromm, 1976a, GA II, S. 410*

Folgt man den tonangebenden neoliberalen Denktraditionen, so sind Menschen bestrebt, ihren Nutzen zu maximieren und selber möglichst wenig zu zahlen. Ihre Rationalität lehrt sie, nüchtern die Arbeit zu optimieren und das Verhältnis von Aufwand und Ertrag zu verbessern. Entscheidungen sind, so lehrt Max Webers Definition der neuzeitlichen Rationalität, kühl zu kalkulieren, um aus einer arbeitsteiligen Wirtschaft eine Art »mechanisches Triebwerk« zu gestalten (M. Weber, 1973, S. 379ff.). Das Rad der Wirtschaft dreht sich, auch ohne seinen Schwung von den Kulturmomenten zu nehmen. Der Kinogänger grinst, wenn Charlie Chaplin im Film *Modern Times* in die Fänge der Zahnräder gerät und eine Choreographie aufführt, die die Bewegung der Maschine in ein menschliches Maß zurückholt und sie damit der Lächerlichkeit preisgibt.

In der Wirtschaft scheinen sich die Verhältnisse, die der Mensch initiiert, massiv gegen ihre Urheber richten zu können. Bereits im 18. Jahrhundert schrieb Adam Smith, Moralphilosoph in Edinburgh und Begründer der Politischen Ökonomie, den Wirtschaftswissenschaften folgenreiche Sätze ins Stammbuch:

> »Nicht vom Wohlwollen des Metzgers, Bauers und Bäckers erwarten wir, was wir zum Essen brauchen, sondern davon, daß sie ihre eigenen Interessen wahrnehmen. Wir wenden uns nicht an ihre Menschen-, sondern an ihre Eigenliebe, und wir erwähnen nicht die eigenen Bedürfnisse, sondern sprechen von ihrem Vorteil« (A. Smith, 1990, S. 17).

Aus dem Zusammenwirken von Einzelinteressen entsteht ein homogenes Bezugsfeld, in dem nur minimale anthropologische Grundannahmen vonnöten sind: Als Wirtschaftssubjekte sind Menschen isoliert, nutzenorientiert und rational. Das Wohlwollen des Bäckers scheint wenig zum Wohlbefinden seiner Kundschaft beizutragen; solange seine Laune nicht das Geschäft verdirbt, kann er tun und lassen, was er will. In dieser Welt geht es abstrakt, unpersönlich und eben geschäftsgemäß zu. Der *homo oeconomicus* ist ein willfähriges Mustermännchen, mit dessen Verhalten und Vorlieben sich gut und ausgiebig rechnen läßt. Er will haben, weil er nichts ist. Die augenscheinliche Naivität, ein lebensnahes und differenziertes Bild vom Menschen dieser ausgedünnten Kalkulationsfigur zu opfern, ist eine der Grundprämissen der modernen Ökonomie geblieben. Obwohl sie lautstark kritisiert wird, haben die neoklassischen Modelle kaum an Attraktivität eingebüßt (vgl. A. Etzioni, 1994).

Die Entfaltung wirtschaftlicher Rationalität gewann für Adam Smith geradezu an Schwung und Zielgenauigkeit, wenn sie nicht durch moralische Restriktionen oder humanistische Anforderungen kanalisiert wird. Die *unsichtbare Hand* des Marktes und nicht etwa politisch-ethische Vorgaben sollten aus den unzähligen Einzel-Egoismen das Wohl der ganzen Gesellschaft formen. Die Selbstorganisation der Wirtschaft, in der Adam Smith noch den Abglanz einer göttlich inspirierten Weltharmonie vermutete, wuchs zu einem epochalen Projekt heran, das auf die Unabhängigkeit von übergeordneten Zielsetzungen geradezu pochte. Mit klaren Worten hat Niklas Luhmann das aktuelle Selbstverständnis des Wirtschaftssystems als Wechselspiel von Preisen und Zahlungen verstanden (N. Luhmann, 1988, S. 33ff.). In der Wirtschaft*sethik* hingegen diagnostizierte der Soziologe eine Krankheit, glücklicherweise harmlos verlaufend, namens *Appellitis*: »Die Sache hat einen Namen: Wirtschaftsethik. Und ein Geheimnis, nämlich ihre Regeln. Aber meine Vermutung ist, daß sie zu der Sorte von Erscheinungen gehört wie auch die Staatsräson oder die englische Küche, die in der Form eines Geheimnisses auftreten, weil sie geheimhalten müssen, daß sie gar nicht existieren« (N. Luhmann, 1993, S. 134). Wer solcherart Appelle und Petitionen in die Welt setzt, macht sich also bestenfalls lächerlich und gerät wie weiland Charlie Chaplin in ein unfreundliches Getriebe.

Man muß sich heute darüber streiten, ob das von Luhmann empfohlene Schweigen ethischer und humanistischer Ansprüche nun die Heilung dieser Krankheit darstellt oder ob sie nicht schlichtweg diese Krankheit in ihrer akuten Form ist. Die Position, die Erich Fromm in dieser Frage einnahm, besticht im Gegensatz zu Luhmanns Klage über Vernebelungstendenzen durch ihre Deutlichkeit. Er zählte es zu den pathogenen Charakterzügen der Moderne, Subjekt und Objekt zu vertauschen:

> »Die Entwicklung des Wirtschaftssystems wurde nicht mehr durch die Frage: *Was ist gut für den Menschen?* bestimmt, sondern durch die Frage: *Was ist gut für das Wachstum des Systems?* (...) Diese These wurde durch eine Hilfskonstruktion abgestützt, wonach genau jene menschlichen Qualitäten, die das System benötigte – Egoismus, Selbstsucht und Habgier – dem Menschen angeboren seien« (E. Fromm, 1976a, GA II, S. 277; vgl. auch 1955a, GA IV, S. 169ff.).

Der Mensch wurde, was seine Produkte von ihm erforderten, er paßte sich selbst an das Werk seiner Hände an – und er tat es scheinbar gern und mit normativer Begeisterung. Die Gerüste seiner Welt sollten universale Geltung beanspruchen.

Die dazu erforderliche Umwertung und Indienstnahme menschlicher Kräfte war Thema von Fromms kritischen Zeitdiagnosen. Hinter den Fassaden des *homo oeconomicus* machte er den Abschied von einem Menschenbild aus, das auf selbstkritischer Eigenständigkeit und mitmenschlicher Verbundenheit gegründet war. Im offenen Gegensatz zu Adam Smiths unsichtbarer Hand konstatierte Fromm, daß die Erosion humaner Perspektiven keinesfalls gesellschaftliche Gleichgewichte organisiert, sondern wachsende zerstörerische Potentiale in Gang setzt. Die Widersprüche, die er im Jahre 1969 benannte, werfen ein bezeichnendes Licht auf den Fokus seines eigenen Denkens.

Gefährliche Konfliktpotentiale sah Fromm in den globalen wirtschaftlichen, ökologischen und militärischen Konfrontationen: Die reichen Staaten wurden immer reicher, die armen entsprechend ärmer; es fehlte angesichts der sichtbar werdenden Grenzen des Wachstums an ernstzunehmenden Anstrengungen, bestehendem Hunger und prognostizierbaren Katastrophen entgegenzuwirken. Die Naturbeherrschung hatte zu einer gigantischen Zerstörung der Umwelt geführt, die menschlicher Kontrolle spottete und verbrannte Erde gerade bei denen hinterließ, die am wenigsten zu den Nutznießern des Systems wurden. Bedrohliche Zukunftsszenarien wurden in den Industriestaaten publik, doch blieb die von Fromm und vielen anderen erhoffte Reaktion eines radikalen Wandels aus. Viele sahen in der Aufgabe, eigenes Verhalten und eigene Orientierungen zu ändern, eine stärkere Belastung als im achselzuckenden Hinnehmen erwarteter Katastrophen. Auch so entstanden geheime Komplizenschaften mit destruktivem Denken, das Fromm im Rahmen der Diagnosen der *Nekrophilie* grundlegend aufgewiesen hat (E. Fromm, 1973a, GA VII, S. 295–334).

»Unsere größte Schwäche liegt jedoch in der Tatsache begründet, daß wir keine Analyse des Systems vornehmen und daß Einzelinteressen den Vorrang haben vor dem Interesse an einer Reintegration des gesamten Systems« (E. Fromm, 1992k, GA XI, S. 299). Diese ungeliebte Aufgabe stellte Fromm mit gutem Grund in einen globalen Rahmen. Aktualisierungen seines Denken tun gut daran, ihre Positionen im Lichte der Globalisierung der Wirtschaft und der entstehenden Weltwirtschaftsethik zu prüfen.

Von der Tulpe zum Börsencrash

Im Jahre 1636 zahlte ein holländischer Landwirt die stolze Summe von 2500 Gulden für eine kostbare Tulpenzwiebel und mußte doch noch 1000 Pfund Käse, vier Ochsen, acht Schweine und große Mengen landwirtschaftlicher Produkte dazulegen, da sein Geld nicht reichte, um die geforderte Summe aufzubringen. Andere taten es ihm nach. Die Blumenzwiebeln, die schon seit geraumer Zeit aus der Türkei eingeführt und in den Niederlanden mit kundiger Hand veredelt wurden, entwickelten sich vom Verkaufsschlager zum Objekt blinder Spekulationswut, deren »Hysterie« breite Teile der Bevölkerung förmlich in den Sog eines Rausches versetzte (S. Schama, 1988, S. 379–388).

Börsen verbreiteten sich in Windeseile über das ganze Land, das über Nacht zum Hauptschauplatz europäischer Spekulanten geworden war. Der in das Land strömende Reichtum schien unermeßlich; unzählige Einwohner verkauften Haus und Hof, um ihre Mittel in Spekulationsgeschäfte zu stecken. Preiserhöhungen wurden euphorisch bejubelt, zeigten sie den Mitspielern doch, daß ihre

Einsätze gut aufgehoben waren und ihre Sache zum Besten stand. Nur ein Jahr später kam der unvermeidliche Zusammenbruch und stürzte Menschen und ganze Landstriche in Existenznöte, von denen sie sich erst nach Jahren wieder erholen sollten.

Diese Geschichte mit der nicht gerade überraschenden Pointe stellt eine Tragödie dar, der die Farce auf dem Fuße folgt. Die Kirche brandmarkte die Habsucht, die Obrigkeit drängte die Schuster zu ihren Leisten zurück, die Spaßmacher fanden reißenden Absatz für ihre harmlosen Satiren. Eine kritische Aufarbeitung fand indes niemals statt. Die Farce begann, als jeder so tat, als sei nichts geschehen und als gäbe es nichts einzusehen. Fragen *wir* mit Erich Fromm, »ob wir fähig sind, unsere historischen Einsichten in politisches Handeln umzusetzen«? (E. Fromm, 1961a, GA V, S. 50.)

Der kritische Ökonom John Kenneth Galbraith hat diese Episode der *Tulpenmanie* als Auftakt zu einer Anatomie der Finanzeuphorien in der modernen Geschichte verstanden. Seine Rekonstruktionen, die bis zum Börsencrash des Jahres 1987 reichen, offenbaren eine frappierende Gleichförmigkeit der Ereignisse. Am Anfang steht eine Neuigkeit wie etwa die Tulpen in Holland, Goldfunde im Wilden Westen oder Wirtschaftsoperationen der Reagan-Regierung in den USA. Menschen investieren, und die Kurse steigen, wie sie es erhofft haben. Die Euphorie zieht immer mehr Anleger in ihren Bann. Der soziale Sog verführt die Beteiligten dazu, jegliche Vorsicht zu verlieren und plötzlich unrealistische Ziele für erreichbar zu halten. Der Absturz ist kurz und endgültig. Spätere Reaktionen offenbaren, wie unterschiedlich die Rollen waren: Wer an der Euphorie verdient hat, wird dieses Ergebnis seiner Intelligenz oder seinem Wagemut zuschreiben. Die Opfer hingegen verdrängen die ganze Angelegenheit. Im Endeffekt tragen beide zu einer Flucht vor der Realität bei und blockieren eine kritische Aufarbeitung, die fortan zur Verhinderung solcher Zustände beitragen könnte.

Die Wirtschaftswissenschaften sieht Galbraith mit ebensolcher struktureller Blindheit geschlagen, die Erfolge rechtfertigt und die Pleiten vergißt. Dieser Verdrängungseffekt führt dazu, Intelligenz und herausragende wirtschaftliche Erfolge miteinander zu assoziieren getreu der Doktrin, die Märkte seien eine neutrale Instanz der Entscheidung (J. K. Galbraith, 1993, S. 1–34). Das 20. Jahrhundert feiert die »aggressiv operierenden, ertragsorientierten Manager der Investmentfonds wie Volkshelden« (P. L. Bernstein, 1997, S. 318).

Das Buch des risikobewußten Anlagespezialisten Peter L. Bernstein *Wider die Götter* ist ein Plädoyer für einen vorsichtigen Umgang mit der Börse im Zeitalter der Globalisierung. Für institutionelle Anleger ist gesorgt; sie können heute auf differenzierteste Modelle der Risikobewältigung zurückgreifen. Die Unwägbarkeiten der Börse werden mit risikosteuernden Anlagestrategien, sprich mit den Mitteln der Börse kuriert.

Die globalen Folgen gigantischer Finanzströme, die täglich in elektronischen Netzen fließen, haben nicht ansatzweise zu einem vergleichbaren *politischen* Risikobewußtsein geführt. 8000 Milliarden Dollar kursieren auf den globalen Finanzmärkten; sie machen Länder und Regionen zur *Boomtown* und berauben sie ihrer Existenzgrundlagen, sollten sich lukrativere Renditen in anderen Regionen erzielen lassen (H. Schmidt, 1998). Die Börseneuphorien folgen noch immer der Dramaturgie der *Tulpenmanie*.

In einer aufschlußreichen Mischung aus Angst und Bewunderung wurden Mitte der neunziger Jahre die Ökonomien der südostasiatischen *Tigerstaaten* als Taktgeber der Zukunft präsentiert. Deutsche Sozialpolitiker sahen sich im Falle von Leistungseinschränkungen der Pflicht zur demokratischen Begründung enthoben, forderte doch die Globalisierung beherzte Einschnitte für die internationale Konkurrenzfähigkeit. Doch binnen Jahresfrist wurden aus bewunderten Vorreitern der Globalisierung Länder, die von allen guten Investoren verlassen waren, sich rigiden Spardiktaten unterwerfen mußten und im Falle Indonesiens von Bürgerkriegen und Fremdenhaß geschüttelt wurden. Trotz spürbarer Einbrüche an den Börsen wiesen die Wirtschaftsdaten der USA oder Deutschlands in diesem Zeitraum Wachstumsraten auf. Die Globalisierung hat ihre Chancen und Risiken in höchst aufschlußreicher Weise verteilt.

Von den Verwüstungen und Opfergängen ganzer Volkswirtschaften ist nur die Rede, wenn sie massenmedial aufbereitet oder in einem Atemzug mit Hilfeleistungen genannt werden. Gern wird übersehen, daß die Rollen von Tätern und Opfern vertauscht werden. Die Spielregeln sind Ausdruck des Machtgefälles. *Transparency International (TI)*, eine internationale Koalition gegen Korruption in der Weltwirtschaft, hat ermittelt, daß rund ein Drittel der Auslandsschulden der »Dritten Welt« auf Korruption zurückzuführen sind. In der Regel beherrschen die Geber aus den Industrienationen des Nordens das Spielfeld. Schmiergelder sollen ihnen Wettbewerbsvorteile verschaffen. Bevor man den Nehmerländern Kleptokratie unterstellt, muß geklärt werden, in welcher Weise sie auf die Systemlogik der fremden Vorgaben reagieren. Wer die Täter nicht benennen will, versteht die Opfer falsch.

Für das Verständnis der anderen Seite der Medaille hat Erich Fromm grundlegende Einsichten und vor allem methodische Hilfestellungen entwickelt. Die Inflation im Deutschland der frühen zwanziger Jahre und die Weltwirtschaftskrise des Jahres 1929 ließen »an die Stelle des Zutrauens zur eigenen Initiative und des Mutes das Gefühl der Ohnmacht und Hoffnungslosigkeit« (E. Fromm, 1941a, GA I, S. 290) treten. Ohnmacht liefert das Selbstgefühl einem gefährlichen Schwanken zwischen Größenideen und der bohrenden Wertlosigkeit aus. Sie öffnet das Einfallstor für passive Haltungen. Um den quälenden Erfahrungen der Starre und der Unbeweglichkeit zu entfliehen, wird das Leben als ein Spiel definiert. Die Irrationalität der Zustände, die mit Massenarbeitslosigkeit und Kriegsgefahr permanente Bedrohungen in Szene setzen, läßt Menschen orientierungslos zurück, wenn sie nicht über seltene intellektuelle und kritische Ressourcen verfügen. Die Wartenden verstricken sich in der Ideologie, autoritäre Führergestalten oder der starke Staat würden den Spuk mit einem Gewaltstreich beenden (vgl. E. Fromm, 1937a, GA I, S. 189–206).

Fromms Warnungen und seine Anleitungen zu einer politisch wachen analytischen Sozialpsychologie gehören keinesfalls in die Aktenablagen der Geschichte. Die Berater Lowell Bryan und Diana Farrell von Mc Kinsey & Company Inc. verbinden ihre Vision des global entfesselten Kapitalismus mit einer Neubestimmung der Aufgaben demokratischer Staaten. »Tatsache ist, daß es immer weniger Sinn hat, von der ›Führung‹ einer Volkswirtschaft zu sprechen. Ob es uns nun paßt oder nicht, befinden wir uns auf dem Weg in eine Welt, in der niemand an den Hebeln der Macht sitzt« (L. Bryan und D. Farrell, 1997, S. 332). Diese wenig originelle Aussage wiederholt gängige neoliberale Formulierungen, doch die Berater von Mc Kinsey gehen nun einen Schritt weiter und empfehlen dem *Laissez-Faire* des globalisierten Kapitalismus die Nähe zu autoritären Staatsdoktrinen:

> »Wir gehen turbulenten Zeiten entgegen. Wir brauchen Helden, die uns führen, und keine Politiker, die Versprechen abgeben, die sie nicht halten können. Wir brauchen Führer von der Persönlichkeit eines *Churchill, eines Roosevelt* oder eines *Bismarck*, die die Länder zusammenschweißen und dazu bewe-

gen, gemeinsam die für den Übergang zu einem offenen globalen System erforderlichen grundlegenden Voraussetzungen durchzuführen« (L. Bryan, D. Farrell, 1997, S.258).

Den Autoren ist bewußt, daß »schwierige Zeiten« auch einen *Hitler* oder einen *Lenin* hervorbringen können. Hinter dieser Sorge steckt die Furcht, der Kapitalismus könnte nach Überwindung des Kalten Krieges versäumen, seine Spielregeln global durchzusetzen.

Wirtschaftsethik für eine Welt

Erich Fromm hat keine systematische Wirtschaftsethik formuliert, und doch bieten sich seine Ausführungen an, um mit der aktuellen Wirtschaftsethik in einen Dialog zu treten. Die Grundfrage nach Alternativen zu den kapitalistischen und kommunistischen Systemen spitzte Fromm in einem Manifest des Jahres 1960 zu:

> »Können wir nicht eine Industriegesellschaft aufbauen, in der das Individuum seine Rolle als aktives, verantwortliches Glied behält, das die Umstände beherrscht, anstatt von ihnen beherrscht zu werden? Sind wirtschaftlicher Wohlstand und ein erfülltes menschliches Dasein wirklich nicht miteinander vereinbar?« (E. Fromm, 1960b, GA V, S. 20.)

Angesichts der historischen Deformationen sozialistischer Projekte sah Fromm in den bürgerlichen Demokratien und ihren Wirtschaftsordnungen leichte, aber entscheidende Anfangsvorteile: »Bis jetzt ist das System des freien Unternehmertums dem kommunistischen System überlegen, weil es eine der größten Errungenschaften des modernen Menschen – die politische Freiheit – und mit ihr die Achtung vor der Würde und Individualität des Menschen bewahrt hat, die uns mit der grundlegenden Tradition des Humanismus verbindet« (E. Fromm, 1960b, GA V, S. 29).
Fromm ist nicht müde geworden, die Mißachtung dieser humanistischen Traditionen in den modernen Industriegesellschaften zu diagnostizieren und auf die Umsetzung der oft nur im Prinzip gewährten Freiheiten zu drängen. Es entspricht dem humanistischen

Kern seiner Analytischen Sozialpsychologie, die Widersprüche des Wirtschaftslebens in den Charakterstrukturen aufzudecken und ethische Debatten auf diese *conditio humana* zu beziehen. Dieses Vorgehen unterscheidet seine Herangehensweise von der heutigen Wirtschaftsethik. So überrascht es nicht, daß Fromm etwa der Kritik der Habgier breiten Raum widmet, wohingegen die aktuellen Debatten diesen Begriff lieber auf die mittelalterliche Ethik eines Thomas von Aquin oder ihre antiken Vorbilder bei Aristoteles beschränken wollen – wohl wissend, daß die Frage nach einem dem Menschen zuträglichen Maß von der Ökonomie nicht beantwortet werden kann (vgl. R. Otte, 1996, S. 40).

Die analytische Sozialpsychologie lehrt eine grundlegende Skepsis, die davor schützt, Soll und Ist oder Proklamation und Realität zu verwechseln. Konsumentenumfragen des *Instituts für Markt – Umwelt – Gesellschaft e. V.* konnten etwa belegen, daß Verbraucher sehr wohl über ethische Aspekte von Unternehmen unterrichtet werden wollen. 58% der Befragten gaben an, Produkte von Unternehmen zu bevorzugen, die auf Kinderarbeit verzichten, 47% verbinden ihre Präferenzen damit, daß Hersteller sparsam mit Energien und Rohstoffen umgehen (*imug*, 1997, S. 63). In den Fußspuren der *Revolution des Verbrauchers*, die Fromm forderte, sind derartige Entwicklungen mitsamt den Boykottaktionen der 90er Jahre – man denke an Reaktionen auf die Versenkung der Ölboje *Brent Spar* – zu begrüßen, zeigen sie doch, daß sich Verbraucher in die Lage bringen, die Industrie zu zwingen, Produktionen bestimmter Güter umzustellen oder Aktionen abzubrechen (vgl. E. Fromm, 1968a, GA IV, S. 350).

Nichtregierungsorganisationen wie *Greenpeace* und *Amnesty International* haben mittlerweile Kooperationsangebote für global tätige Unternehmen entwickelt. *Amnesty International* berät Unternehmen in Menschenrechtsfragen; auch *Greenpeace* versteht die Zusammenarbeit mit der Wirtschaft als Beitrag zu einer neuen Qualität der Globalisierung (T. Bode, 1998). Wirtschaftsethiker wie Thomas Donaldson von der Georgetown University in Washington sprechen multinationalen Unternehmen heute das Recht ab, in ihren ausländischen Niederlassungen die sozialen und ökologischen Mindeststandards ihrer Herkunftsländer außer Kraft zu setzen. Ihre ethische Aufgabe im Sinne einer wünschenswerten Globalisierung besteht darin, sich für die Angleichung der Lebensgrundlagen einzusetzen, wobei das Bessere den Maßstab abgibt (T. Donaldson,

1993). Bildungschancen, Verbot der Kinderarbeit, Garantien physischer Sicherheit, Bewegungs- und Versammlungsfreiheit, Gewährung gewerkschaftlicher Arbeit, Abschaffung von Quälerei und Diskriminierung müssen zu verbindlichen Zielen werden. Das Machtgefälle verlangt, ein ethisches Berichtssystem einzuführen und die kritische Öffentlichkeit zu beteiligen. Prinzipiell unterliegt das Engagement eines Ölkonzerns in Nigeria derselben Bewertung wie in dessen holländischen oder englischen Stammregionen.

Liberale Denker wie John Rawls fordern, daß jegliche sozialethische Ordnung zustimmungspflichtig ist. Globale Wirtschaftsordnungen machen da keine Ausnahme – selbst wenn sie ihre Geltungsansprüche bislang stärker aus der Normativität des Faktischen beziehen als aus demokratisch ausgehandelten Übereinkünften. Sie müssen sich im Konkreten dadurch ausweisen, soziale und ökonomische Ungleichheiten mit dem »größten zu erwartenden Vorteil für die am wenigsten Begünstigten« (J. Rawls, 1994, S. 60) zu verknüpfen. Ob diese Idee ihre Anhänger auch im Falle von Verzichtsforderungen um sich zu scharen weiß, muß bezweifelt werden. Die Rolle des souveränen Konsumenten etwa kann durchaus ethische Teilaspekte integrieren, ohne daß deren zugrunde liegende Ambitionen ernsthaft repräsentiert würden. Die Autoren der *imug*-Studie geben zu bedenken, daß der ethische Anspruch der Konsumenten nicht zuletzt von der Überzeugung abhängt, durch ihr Marktverhalten die Politik von Unternehmen beeinflussen zu können. Ist das nicht der Fall, dann »bleiben die Präferenzen für eine sozial-ökologische Verbesserung der gegenwärtigen Situation unterentwickelt, um dem ständigen *Gefühl der Ohnmacht* zu entgehen« (*imug* 1997, S. 15). Hier sind langfristig stärkere humanistische Orientierungen nötig. Die Einsicht in den Unterschied zwischen der Passivität des Konsums und der Aktivität der Gestaltung des eigenen Lebens ist für Fromm eine unverzichtbare Grundlage des humanistischen Konsums (E. Fromm, 1968a, GA IV, S. 346ff.).

Eine Weltwirtschaftsethik, die solche subjektiven Faktoren systematisch untergewichtet, ist für Fromm zum Scheitern verurteilt. So sehr er die Analysen des *Club of Rome* begrüßte – er zweifelte doch aus guten Gründen an der Idee, Menschen durch die Präsentation von Zahlenmaterial und Prognosen zur Umkehr zu bewegen (E. Fromm, 1976a, GA II, S. 279). Nach dem Überschreiten der Grenzen des Wachstums ist angesichts einer expandierenden Weltbevölkerung eine *Wirtschaft der Gerechtigkeit* ein zentrales Anliegen der

Weltwirtschaftsethik (G. Piel, 1994, S. 396). Verbleibt man in der Logik des *homo oeconomicus*, dann sind Knappheitsfelder wie Wasser, Luft, Bodenschätze oder Energieträger monetär zu bewerten, um rechenbare Größen für eine gerechte Verteilung zu gewinnen oder Marktmechanismen als Anreiz zu nutzen, ökologischere Substitute zu entwickeln. In die Gegenrichtung zielt der Vorschlag des Friedensforschers Johan Galtung im Hinblick auf Erfahrungen mit Sanktionen: »Das Kapital hat nicht an sich eine normdurchsetzende Funktion; es wird, gerade indem es *nicht* eingesetzt wird, zu Durchsetzungszwecken verwendet« (J. Galtung, 1994, S. 219). In diesem Sinne lassen sich Forderungen nach Schuldenerlaß für die von der Zahlungsunfähigkeit gefährdeten Entwicklungsländer als ethisch und pragmatisch gebotene Einschränkung der Logik von Zahlungen verstehen.

Eine humanistische Weltwirtschaftsethik muß sich im klaren darüber sein, daß die Strategie monetärer Bewertungen eine Hilfestellung sein kann, um etwa im Rahmen einer ökologischen Steuerreform Energieverbrauch und Schadstoffausstoß zu verteuern. Durch die Nutzung von Ressourcen der natürlichen Umwelt greifen Menschen, Gesellschaften und Unternehmen auf fremdes »Vermögen« zurück, das Eigentum aller Menschen und Lebensgrundlage kommender Generationen ist. Das Kriterium der Nachhaltigkeit, 1987 von der Brundtland-Kommission formuliert, will die Ressourcenentnahme und Schadstoffeinträge auf das Maß der natürlichen Regenerationsfähigkeit begrenzen. Nachhaltiges Wirtschaften setzt einen Verzicht voraus, um von den »Zinsen der Natur« leben zu können. Die Notwendigkeit des Verzichts betrifft besonders die Industrienationen.

Der Horizont dieses grundlegenden Appells bleibt jedoch im Vergleich mit den Ambitionen humanistischer Ethik beschränkt. Heute steht die Forderung des Primats der politischen Ethik vor der Logik des Marktes in Gefahr, als Wunschdenken mißverstanden zu werden. Armut, Ächtung und Demütigung werden kaum als Anlaß genommen, humane Forderungen als Strukturprinzip der globalen Ökonomie zu begreifen (vgl. T. Maak, 1998, S. 21 und 41f.). Bevor die Globalisierung als blinder Zwang zum großen Schicksal akzeptiert wird, müssen die Adressaten gewisse Schluckbeschwerden überwunden haben. Die Ambivalenz von Zustimmung und Ablehnung wird im politisch-ökonomischen Handeln selten bewußt, wenn der Einzelne das gerne tut, was das Funktionieren des Systems von ihm verlangt und Liebe und Haß verdrängt. Aus diesem forcierten Verkennen und Vergessen speisen sich Projekte mit einem versteckten Reservoir aggressiver Projektionen und selbstzerstörerischer Potentiale. Fromm brachte diese Situation wiederholt auf den Begriff einer chronischen leichten Schizophrenie. Bezogen auf wirtschaftliches Handeln läßt sie sich formulieren mit Amitai Etzionis Worten: »Je mehr die Menschen das neoklassische Paradigma zum Leitsatz für ihr Verhalten machen, desto mehr wird ihre Fähigkeit unterminiert, eine Marktwirtschaft aufrechtzuerhalten.« (A. Etzioni, 1994, S. 446).

Verantwortung, ein Schlüsselbegriff der aktuellen Wirtschaftsethik, hat eine Wende zum Konkreten eingeleitet, die eine Reihe von Philosophien wie die *Diskursethik*, der *Kommunitarismus*, die *utilitaristische Ethik* oder *Theorien der Gerechtigkeit* mit jeweils unterschiedlichem Ansatz reflektieren (vgl. R. Otte, 1996). Jede ethische Reflexion setzt aber voraus, daß Menschen dahinterstehen, die sich um das, was sein soll, bemühen und eigenes Engagement nicht scheuen. Erich Fromms Bedeutung für die Weltwirtschaftsethik liegt nicht zuletzt darin begründet, Warnung und Ermutigung zu verknüpfen: »Zum erstenmal in der Geschichte hängt das *physische Überleben der Menschheit von einer radikalen seelischen Veränderung des Menschen ab*« (E. Fromm, 1976a, GA II, S. 279).

In die Falle resignativer Beschwörungen der Ohnmacht des Menschen gegenüber der Allmacht der Zustände ist Fromm nicht gegangen. An die Stelle von Konsumenten und Produzenten setzte er Menschen und forderte von ihnen, sich und andere als Menschen zu begreifen. Man darf behaupten, daß die Globalisierung ein ethisches Kernanliegen des Frommschen Denkens darstellt. »Bis heute bin ich froh«, sagte er im Interview kurz vor seinem Tod, »die Erfahrung gemacht zu haben, von der das Alte Testament sagt: ›Du sollst den Fremden lieben wie dich selbst; denn ihr seid Fremde in Ägypten gewesen‹ (Lev 19, 34). Man kann den Fremden wirklich nur verstehen, wenn man selbst ganz und gar ein Fremder war. Ein Fremder zu sein aber heißt, in der ganzen Welt zu Hause zu sein« (E. Fromm, 1979d, S. 27f.).

Bernstein, P. L., 1997: *Wider die Götter. Die Geschichte von Risiko und Risikomanagement von der Antike bis heute,* München: Gerling Akademie Verlag.

Bode, T., 1998: »Weltvolk probt Aufstand«, in: *Frankfurter Allgemeine Zeitung,* 31. 12. 1998, S. 46.

Bryan, L., und Farrell, D., 1997: *Der entfesselte Markt. Die Befreiung des globalen Kapitalismus,* Wien: Ueberreuter.

Davidson, T., 1999: »Moral Minimums for Multinationals«, in: *Ethical Issues in Business. A Philosophical Approach,* hg. von T. Donaldson und P. H. Werhane, Englewood Cliffs, N. J.: Prentice Hall, S. 58–75.

Etzioni, A., 1994: *Jenseits des Egoismus-Prinzips. Ein neues Bild von Wirtschaft, Politik und Gesellschaft,* Stuttgart: Schäffer-Poeschel.

Fromm, E.: siehe die Nachweise am Ende des Bandes.

Galbraith, J. K., 1993: *A short history of financial euphoria,* New York: Penguin.

Galtung, J., 1994: *Menschenrechte – anders gesehen,* Frankfurt: Suhrkamp.

imug – Institut für Markt-Umwelt-Gesellschaft e.V., 1997: *Unternehmenstest. Neue Herausforderungen für das Management der sozialen und ökologischen Verantwortung,* München: Vahlen.

Luhmann, N., 1988: *Die Wirtschaft der Gesellschaft.* Frankfurt: Suhrkamp.

Luhmann, N., 1993: »Wirtschaftsethik – als Ethik?«, in: *Wirtschaftsethik und Theorie der Gesellschaft,* hg. von Josef Wieland, Frankfurt: Suhrkamp, S. 134–147.

Maak, T., 1998: »Globalisierung und die Suche nach den Grundlagen einer lebensdienlichen Weltökonomie«; in: *Weltwirtschaftsethik. Globalisierung auf dem Prüfstand der Lebensdienlichkeit,* hg. von T. Maak und Y. Lunau, Bern/Stuttgart/Wien: Haupt, S. 19–44.

Otte, R., 1996: »Der Stachel der Verantwortung. Nachhaltiges Denken und wirtschaftliche Vernunft«, in: Frankfurter Allgemeine Zeitung, *Wirtschaftsbuch,* Frankfurt.

Piel, G., 1994: *Erde im Gleichgewicht. Wirtschaft und Ethik für eine Welt,* Stuttgart: Klett-Cotta.

Rawls, J., 1994: *Die Idee des politischen Liberalismus. Aufsätze 1978–1989*, hg. von Wilfried Hinsch, Frankfurt: Suhrkamp.

Schama, S., 1988: *Überfluß und schöner Schein. Zur Kultur der Niederlande im goldenen Zeitalter*, München: Kindler.

Schmidt, H., 1998: »Vorsicht, Finanzhaie. Die Geldgier von wenigen darf nicht länger Weltkrisen auslösen«, in: *Die Zeit*, 42/1998, S. 3.

Smith, A., 1990: *Der Wohlstand der Nationen. Eine Untersuchung seiner Natur und seiner Ursachen*, München: Deutscher Taschenbuch Verlag.

Weber, M., 1973: »Asketischer Protestantismus und kapitalistischer Geist«, in: *Soziologie, Universalgeschichtliche Analysen, Politik*, hg. von Johannes Winckelmann. Stuttgart: Kröner, S. 357–381.

Die Autoren

Burkhard Bierhoff, Prof. Dr. (geb. 1950), ist Privatdozent an der Universität Dortmund und Fachhochschullehrer am Fachbereich Sozialwesen der FH Lausitz; Forschungsschwerpunkte: Erziehungstheorie, Subjekttheorie. Er ist Gründungsmitglied der Internationalen Erich-Fromm-Gesellschaft.

Ausgewählte Veröffentlichungen: »Vom Gesellschafts-Charakter zur humanistischen Kritik der Erziehung«, in: *Erich Fromm und die Frankfurter Schule,* hg. von M. Kessler und R. Funk, Tübingen: Francke, 1991, S. 11–22; »Zum Zusammenhang von Arbeit, Charakter und Erziehung«, in: *Wissenschaft vom Menschen. Jahrbuch der Internationalen Erich-Fromm-Gesellschaft,* Band 4: *Arbeit – Entfremdung – Charakter,* Münster: LIT-Verlag, 1993, S. 29–62; *Erich Fromm. Analytische Sozialpsychologie und visionäre Gesellschaftskritik,* Opladen: Westdeutscher Verlag, 1993.

Jan Dietrich (geb. 1974) studiert zur Zeit Theologie, Geschichte und Philosophie an der Universität Tübingen. Redakteur von *Fromm-Forum,* der Zeitschrift der Internationalen Erich-Fromm-Gesellschaft. Darin »Das Religionsverständnis Erich Fromms« (Heft 3/1999, S. 32f.).

Volker Frederking, Dr. (geb. 1958), seit 1994 Akademischer Rat, seit 1999 Akademischer Oberrat an der Pädagogischen Hochschule Heidelberg. Forschung und Lehre in Literaturwissenschaft, Literaturdidaktik und Medien. Besondere Schwerpunkte: Literatur des 18. bis 20. Jahrhunderts; Rezeptionsforschung; Literaturpsychologie; handlungs- und produktionsorientierter Literaturunterricht; Kreativitätsförderung; Neue Medien.

Ausgewählte Veröffentlichungen: »Die Rezeption Meister Eckharts im Werk Erich Fromms« (1994); »Neue Inhalte, Wege und Ziele der Deutschlehrer(innen)-Ausbildung in Studium und Referendariat« (1998); »Deutschunterricht konkret« (1999).

K. Peter Fritzsche, Prof. Dr. (geb. 1950), ist seit 1993 Professor für Politikwissenschaft an der Universität Magdeburg. Schwerpunkte:

Vorurteilsforschung, Toleranzforschung, Menschenrechtserziehung. 1998 erschien beim Kösel-Verlag in München sein Buch *Die Stressgesellschaft. Vom schwierigen Umgang mit den rasanten gesellschaftlichen Veränderungen.*

Rainer Funk, Dr. (geb. 1943), hat über Erich Fromms Sozialpsychologie und Ethik promoviert, war Fromms letzter Assistent und ist sein literarischer Rechte- und Nachlaßverwalter sowie der Herausgeber der *Erich-Fromm-Gesamtausgabe* (1980/81 in zehn Bänden, 1999 in zwölf Bänden). An biographischen Arbeiten über Erich Fromm entstand 1983 der Band *Erich Fromm* in der Reihe Rowohlts Bildmonographien und 1999 unter dem Titel *Erich Fromm – Liebe zum Leben* eine Bild-Biographie bei der Deutschen Verlags-Anstalt, die eine ausführliche biographische Skizze und über 250 meist unbekannte Fotos und Dokumente enthält. Beruflich ist er als Psychoanalytiker in eigener Praxis in Tübingen tätig, wo er auch das Erich-Fromm-Archiv (Ursrainer Ring 24, 72076 Tübingen) unterhält.

Jürgen Hardeck, Dr. (geb. 1958), Studium der Vergleichenden Religionswissenschaft, Sinologie und Philosophie in Bonn. Nach Tätigkeit im kommunalen Kulturmanagement derzeit beim Ministerium für Kultur, Jugend, Familie und Frauen Rheinland-Pfalz in Mainz beschäftigt. Promotion 1990 mit der Arbeit *Religion im Werk von Erich Fromm. Eine religionswissenschaftliche Untersuchung* (LIT-Verlag Münster), 1992 in überarbeiteter Version unter dem Titel *Vernunft und Liebe. Religion im Werk von Erich Fromm* als Ullstein Taschenbuch erschienen.

Helmut Johach, Dr. (geb. 1941), arbeitet als Sozialtherapeut in einer Fachklinik für junge Suchtkranke und als Supervisor in freier Praxis. Er ist Gründungsmitglied der Internationalen Erich-Fromm-Gesellschaft und schrieb Beiträge zu mehreren Sammelbänden über Erich Fromms Leben und Werk (u.a. *Erich Fromm und die Kritische Pädagogik,* 1991; *Erich Fromm und die Frankfurter Schule,* 1992). Von 1991 bis 1995 war er Schriftleiter des Jahrbuchs *Wissenschaft vom Menschen – Science of Man* der Internationalen Erich-Fromm-Gesellschaft.
Ausgewählte Veröffentlichungen: »Analytische Sozialpsychologie und gesellschaftskritischer Humanismus. Die Aktualität Erich Fromms«, in: *Neue Sammlung,* 22. Jg. (1982), S. 366–390; *Soziale*

Therapie und Alltagspraxis. Ethische und methodische Aspekte einer Theorie der sozialen Berufe. Weinheim/München: Juventa 1993.

Jürgen Kalcher, Prof. (geb. 1935), nach dem Studium der Sozialarbeit und der Psychologie Tätigkeit in der Sozialen Gruppenarbeit und in der Heimerziehung. 1968 Lehrbeauftragter, dann 1970 Dozent, seit 1980 Professor für Methodenlehre und Psychologie am Fachbereich Sozialpädagogik der Fachhochschule Hamburg. Berufliche Auslandsaufenthalte in den USA und Frankreich (Paris). Arbeitsgebiete: Öffentliche Erziehung, Soziale Arbeit mit Gruppen, Interkulturalität/Fremdheit, System- und Kommunikationstheorien. Zahlreiche Veröffentlichungen zu diesen Bereichen.

Gerd Meyer, Prof. Dr. (geb. 1942), ist Professor für Politikwissenschaft am Institut für Politikwissenschaft der Universität Tübingen. Seine Arbeitsschwerpunkte sind: Politische Systeme Mittel- und Osteuropas, Politische Kulturen/Politische Psychologie.
   Ausgewählte Veröffentlichungen: Co-Autor von *Die Charaktermauer. Zur Psychoanalyse des Gesellschafts-Charakters in Ost- und Westdeutschland,* hg. von der Internationalen Erich-Fromm-Gesellschaft, Göttingen: Vandenhoeck & Ruprecht 1995; *Die politischen Kulturen Ostmitteleuropas im Umbruch/The Political Cultures of Central Eastern Europe in Transition* (deutsch und englisch), Tübingen: Francke Verlag 1993; »Zwischen Haben und Sein. Psychische Aspekte des Transformationsprozesses in postkommunistischen Gesellschaften«, in: *Aus Politik und Zeitgeschichte,* B 5/1997, S. 17–28.

Rainer Otte, Dr. (geb. 1956), ist Journalist mit den Fachgebieten Wirtschaft, Medizin und Kultur. Zur Wirtschaftsethik erschienen zahlreichen Publikationen im »Blick durch die Wirtschaft« der *Frankfurter Allgemeinen Zeitung.* 1996 veröffentlichte er sein Buch *Der Stachel der Verantwortung. Nachhaltiges Denken und wirtschaftliche Vernunft.* Als Dokumentarfilmer realisierte er zum Leben und Werk von Erich Fromm die Produktionen »*Mut zum Menschen*« und »*Leben durch Geschichte*«.

Ludwig A. Pongratz, Prof. Dr. (geb. 1948), war nach dem Lehramtsstudium in Schule, Lehrerfortbildung und Erwachsenenbildung tätig. 1976 Promotion in Erziehungswissenschaften; 1984 Habilitation für Allgemeine Pädagogik, seit 1992 Universitätsprofessor für Allgemeine Pädagogik und Erwachsenenbildung an der Technischen Universität Darmstadt. Seine Arbeitsschwerpunkte sind: Erziehungs- und Bildungsphilosophie, Kritische Theorie, Theoriegeschichte der Pädagogik, Erwachsenenbildung. Zahlreiche Veröffentlichungen.

Carsten Schmidt (geb. 1966) studierte für das Lehramt Gesellschaftslehre und Biologie an der Gesamthochschule Kassel. Examensarbeit: »Zum Verhältnis von Individualpsychologie und Gesellschaftsanalyse in Alexander und Margarete Mitscherlichs Buch *Die Unfähigkeit zu trauern*«. Seit 1995 Arbeit an einer Dissertation über Erich Fromms NS-Analysen. Lebt und arbeitet in Gießen.

Helmut Wehr, Dr. (geb. 1950), seit 1986 an der Pädagogischen Hochschule Heidelberg Wissenschaftlicher Mitarbeiter (Akademischer Rat) in der Allgemeinen Pädagogik. Senatsbeauftragter für das Studium an Realschulen, Geschäftsführer des (reformpädagogischen) Weltbundes für die Erneuerung der Erziehung (WEE). Zunächst fast 20 Jahre als Realschullehrer und Beratungslehrer an verschiedenen Realschulen tätig. Gründungsmitglied der Internationalen Erich-Fromm-Gesellschaft.
Ausgewählte Veröffentlichungen: Das Subjektmodell der Kritischen Theorie Erich Fromms als Leitbild humanistischen pädagogischen Handelns. Frankfurt etc.: Peter Lang Verlag 1989; *Erich Fromm – zur Einführung,* Hamburg: Junius Verlag 1990; »Erich Fromms Sicht der Mensch-Umwelt-Beziehung – ein pädagogischer Versuch«, in: M. Zimmer (Hg.): *Von der Kunst, umweltgerecht zu planen und zu handeln,.* 2. überarbeitete Aufl., Osnabrück 1997, S. 219–233.

Nachweise der Zitate aus dem Werk
Erich Fromms

Die Zitate Erich Fromms sind entnommen der *Gesamtausgabe in zwölf Bänden*, hg. von Rainer Funk, Stuttgart und München (Deutsche Verlags-Anstalt) und München (Deutscher Taschenbuch Verlag) 1999; die Bände I bis X sind seitengleich mit der *Erich-Fromm-Gesamtausgabe in zehn Bänden*, hg. von Rainer Funk, Stuttgart (Deutsche Verlags-Anstalt) 1980/1981 sowie München (Deutscher Taschenbuch Verlag) 1989; Band XI und XII (= Nachgelassene Schriften mit eigenem Namen- und Begriffregister) werden von der Deutschen Verlags-Anstalt in gebundener Form auch als Ergänzung zur zehnbändigen Gesamtausgabe angeboten. Ein auf den neuesten Stand gebrachtes Schriftenverzeichnis Erich Fromms befindet sich in Band X der *Erich-Fromm-Gesamtausgabe in zwölf Bänden*, S. 373ff.

– 1929a: »Psychoanalyse und Soziologie«, GA I, S. 3–5.
– 1930a: *Die Entwicklung des Christusdogmas. Eine psychoanalytische Studie zur sozialpsychologischen Funktion der Religion*, GA VI, S. 11–68.
– 1931b: »Politik und Psychoanalyse«, GA I, S. 31–36.
– 1932a: »Über Methode und Aufgabe einer Analytischen Sozialpsychologie. Bemerkungen über Psychoanalyse und historischen Materialismus«, GA I, S. 37–57.
– 1932b: »Die psychoanalytische Charakterologie und ihre Bedeutung für die Sozialpsychologie«, GA I, S. 59–77.
– 1937a: »Zum Gefühl der Ohnmacht«, GA I, S. 189–206.
– 1941a: *Die Furcht vor der Freiheit*, GA I, S. 215–392.
– 1947a: *Psychoanalyse und Ethik. Bausteine zu einer humanistischen Charakterologie*, GA II, S. 1–157.
– 1949c: »Über psychoanalytische Charakterkunde und ihre Anwendung zum Verständnis der Kultur«, GA I, S. 207–214.
– 1950a: *Psychoanalyse und Religion*, GA VI, S. 227–292.
– 1951a: *Märchen, Mythen, Träume. Eine Einführung in das Verständnis einer vergessenen Sprache*, GA IX, S. 161–309.
– 1955a: *Wege aus einer kranken Gesellschaft*, GA IV, S. 1–254.
– 1956a: *Die Kunst des Liebens*. GA IX, S. 439–518.

- 1960a: *Psychoanalyse und Zen-Buddhismus*, GA VI, S. 301–356.
- 1960b: *Den Vorrang hat der Mensch! Ein sozialistisches Manifest und Programm*, GA V, S. 19–41.
- 1960c: »Gründe für eine einseitige Abrüstung«, GA V, S. 213–224.
- 1961a: *Es geht um den Menschen! Eine Untersuchung der Tatsachen und Illusionen in der Außenpolitik*, GA V, S. 43–197.
- 1962a: *Jenseits der Illusion. Die Bedeutung von Marx und Freud*, GA IX, S. 39–168.
- 1962b (zus. mit M. Maccoby): »Die Frage der Zivilverteidigung«. GA V, S. 225–242.
- 1963d: »Der revolutionäre Charakter«, GA IX, S. 343–353.
- 1964a: *Die Seele des Menschen. Ihre Fähigkeit zum Guten und zum Bösen*, GA II, S. 159–268.
- 1966a: *Ihr werdet sein wie Gott. Eine radikale Interpretation des Alten Testaments und seiner Tradition*, GA VI, S. 83–226.
- 1966h: »Marschiert Deutschland bereits wieder?«, GA V, S. 13–17.
- 1967b: »Propheten und Priester«, GA. V, S. 295–307.
- 1968a: *Die Revolution der Hoffnung. Für eine Humanisierung der Technik*. GA IV, S. 255–377.
- 1970b (zusammen mit M. Maccoby): *Psychoanalyse und Charakterologie in Theorie und Praxis. Der Gesellschafts-Charakter eines mexikanischen Dorfes*, GA III, S. 231–540.
- 1970i: »Pro und Contra Summerhill«, GA IX, S. 415–423.
- 1973a: *Anatomie der menschlichen Destruktivität (The Anatomy of Human Destructiveness)*, GA VII.
- 1974b: »Im Namen des Lebens. Ein Portrait im Gespräch«, GA XI, S. 609–630.
- 1976a: *Haben oder Sein. Die seelischen Grundlagen einer neuen Gesellschaft*, GA II, S. 269–414.
- 1979d: »Erich Fromm: du Talmud à Freud. Interview mit Gérard Khoury«, Erich-Fromm-Archiv.
- 1980a: *Arbeiter und Angestellte am Vorabend des Dritten Reiches. Eine sozialpsychologische Untersuchung*, GA III, S. 1–230.
- 1989a [1974–75]: *Vom Haben zum Sein. Wege und Irrwege der Selbsterfahrung*, GA XII, S. 393–483.
- 1989b [1922]: *Das jüdische Gesetz. Zur Soziologie des Diasporajudentums*, GA XI, S. 19–126.
- 1990n [1965]: »Die deutsche Frage«, GA XI, S. 493–498.
- 1990t [1948]: »Für eine Kooperation von Israelis und Palästinensern«, in: GA XI, S. 523–527.

- 1991d [1974]: *Therapeutische Aspekte der Psychoanalyse,* GA XII, S. 259–367.
- 1991e [1953]: »Die Pathologie der Normalität des heutigen Menschen. Vier Vorlesungen aus dem Jahr 1953«, GA XI, S. 211–266.
- 1992e [1937]: »Die Determiniertheit der psychischen Struktur durch die Gesellschaft. Zur Methode und Aufgabe einer Analytischen Sozialpsychologie«, GA XI, 129–175.
- 1992k [1969]: »Die Überlebenschancen der westlichen Gesellschaft«, GA XI, S. 291–300.
- 1992l [1968]: »Auf der Suche nach einer humanistischen Alternative«, GA XI, S. 567–577.
- 1992r [1978]: »Bemerkungen über die Beziehungen zwischen Deutschen und Juden«, GA XI, S. 597–600.
- 1994e [1974–78]: »Unveröffentlichte Fragmente Erich Fromms«, in: V. Frederking, *Durchbruch vom Haben zum Sein. Erich Fromm und die Mystik Meister Eckharts*, Paderborn: Ferdinand Schöningh, 1994, S. 423–457.

Internationale
ERICH FROMM Gesellschaft e.V.

Die Internationale ERICH FROMM Gesellschaft ist eine
eingetragene, gemeinnützige, wissenschaftliche Vereinigung.
Sie dient der Erhaltung, Erforschung, Weiterentwicklung und
Vermittlung der Erkenntnisse und Ideen Erich Fromms.

Die Internationale ERICH FROMM Gesellschaft fördert
Aufbau, Ausbau und Pflege des Erich-Fromm-Archivs.
Dieses ist am Sitz der Gesellschaft und enthält Erich Fromms
Bibliothek und seinen wissenschaftlichen Nachlaß.

Die Internationale ERICH FROMM Gesellschaft unterstützt die Vermittlung der wissenschaftlichen Erkenntnisse
und Ideen Erich Fromms durch Veranstaltungen auf nationaler und internationaler Ebene sowie durch Publikationen.

Wenn Sie Interesse an der Mitgliedschaft haben, das Erich-
Fromm-Archiv zum Studium nutzen wollen, die Arbeit der
Internationalen ERICH FROMM Gesellschaft durch eine
steuerlich absetzbare Spende fördern wollen, wenden Sie sich
bitte an:

Internationale ERICH FROMM Gesellschaft e.V.
Ursrainer Ring 24, D-72076 Tübingen
E-Mail: fromm@germanymail.com
Homepage: http://www.erich-fromm.de/
Konto: Kreissparkasse Tübingen (BLZ 64150020)
Kontonummer: 254313

Erich Fromm im dtv

»Vielleicht zählt er für künftige Interpreten dereinst zu den Wortführern jener Kraft, die durch ihre mutigen Ideen dazu beitragen können, daß wir toleranter und hilfsbereiter, bedürfnisloser und friedfertiger werden.«
Ivo Frenzel

Arbeiter und Angestellte am Vorabend des Dritten Reiches
dtv 4409

Die Seele des Menschen
dtv 35005

Das Christusdogma und andere Essays
Die wichtigsten religions-kritischen Schriften
dtv 35007

Psychoanalyse und Ethik
Bausteine zu einer humanistischen Charakterologie
dtv 35011

Über den Ungehorsam
dtv 35012

Die Furcht vor der Freiheit
dtv 35024

Über die Liebe zum Leben
Rundfunksendungen von Erich Fromm
dtv 35036

Es geht um den Menschen
Tatsachen und Fiktionen in der Politik
dtv 35057

Liebe, Sexualität und Matriarchat
Beiträge zur Geschlechterfrage
dtv 35071

Sigmund Freud
Seine Persönlichkeit und seine Wirkung
dtv 35096

Die Kunst des Liebens
dtv 36102

Haben oder Sein
Die seelischen Grundlagen einer neuen Gesellschaft
dtv 36103

Erich Fromm Gesamtausgabe in zwölf Bänden
Herausgegeben von Rainer Funk
dtv 59043

dtv

C.G. Jung – Taschenbuchausgabe

Herausgegeben von Lorenz Jung auf der Grundlage
der Ausgabe 'Gesammelte Werke' dtv 59016
Auch einzeln erhältlich

Die Beziehungen zwischen dem Ich und dem Unbewußten
dtv 35120
Ein Überblick über die Grundlagen der Analytischen Psychologie

Antwort auf Hiob
dtv 35121
In diesem Spätwerk wirft Jung Grundfragen der religiösen Befindlichkeit des Menschen auf.

Typologie
dtv 35122
Die vier "Funktionen" der Jungschen Typenlehre – Denken, Fühlen, Empfinden und Intuition – werden hier dem extravertierten und dem introvertierten Typus zugeordnet.

Traum und Traumdeutung
dtv 35123

Synchronizität, Akausalität und Okkultismus
dtv 35124
Jungs Beschäftigung mit dem Okkulten, auf der Suche nach den Tiefendimensionen des Unbewußten

Archetypen
dtv 35125

Wirklichkeit der Seele
dtv 35126
Eine Aufsatzsammlung zu Themenbereichen, die von der Analytischen Psychologie beeinflußt werden

Psychologie und Religion
dtv 35127
C.G. Jung beschreibt Religion als eine der ursprünglichsten Äußerungen der Seele gegenüber dem Göttlichen.

Psychologie der Übertragung
dtv 35128
Die Übertragung, einer der Zentralbegriffe der Analytischen Psychologie, wird hier umfassend erklärt.

Seelenprobleme der Gegenwart
dtv 35129
In dieser Aufsatzsammlung stellt Jung die Grundfragen der modernen praktischen Psychologie dar.

Wandlungen und Symbole der Libido
dtv 35130
Das zentrale Werk, mit dem sich C.G. Jung von Sigmund Freud löste